本書の見方と使い方

1 POINT 頻出度順だから効率的に学習できる！

本書では過去問23年分（約70回分）を徹底分析し、出題回数に応じて、A～Cのランクに分けて出題しています。試験によく出る順に学習できるので、効率的に学習できます。

Aランク
過去の試験で最も出題されているもの。

Bランク
過去の試験でよく出題されているもの。

Cランク
出題頻度はそれほど多くないが、満点をめざすなら学習しておきたいもの。

頻出度 **A** ランク

読み①

● 次の傍線部分の読みを**ひらがな**で記せ。1～26は**音読み**、27～42は**訓読み**である。

- ☐ 1 同盟国との紐帯を重視する。
- ☐ 2 門番に誰何される。
- ☐ 3 優しい祖母の膝下で育てられた。
- ☐ 4 彼此の違いは歴然としている。
- ☐ 5 彼は期待を一身に集める尤物だ。
- ☐ 6 壺中の天に遊ぶ。
- ☐ 7 杏林は医者の異称である。
- ☐ 8 禰宜が神前に供物を捧げる。
- ☐ 9 厩舎の敷きわらを替える。
- ☐ 10 修験者は錫杖を手にしている。

解答
1 ちゅうたい じゅうたい 辞
2 すいか 辞
3 しっか
4 ひし 辞
5 ゆうぶつ 辞
6 こちゅう
7 きょうりん 辞
8 ねぎ 辞
9 きゅうしゃ
10 しゃくじょう 辞

- ☐ 11 親族の集まりに甥姪も参加した。
- ☐ 12 この辺りの地層は頁岩から成る。
- ☐ 13 荏苒として日を送っている。
- ☐ 14 母のことを萱堂という。
- ☐ 15 戯れに禿筆をとって詩を作る。
- ☐ 16 這般の事情により計画は中止された。
- ☐ 17 若くして輔弼の任に当たった。
- ☐ 18 稗史は民間の細かい物語だ。
- ☐ 19 後輩は皆彼を欽慕した。
- ☐ 20 あまりの椿事に言葉も無い。

解答
11 せいてつ
12 けつがん 辞
13 じんぜん 辞
14 けんどう 辞
15 とくひつ
16 しゃはん
17 ほひつ 辞
18 はいし
19 きんぼ 辞
20 ちんじ

14

出題分野

漢字検定準１級では10の分野に分かれています。

目標時間と自己採点記入欄

実際の試験時間（60分）から換算した目標時間と合格点です。

5 POINT 別冊「漢字検定準1級合格ブック」で準１級用漢字を完全マスター！

「準１級用漢字表」をはじめ、「試験に出る四字熟語の問題」「試験に出る故事・諺の問題」など役立つ資料をコンパクトにまとめました。持ち運びに便利なので、別冊だけ持ち歩いて、いつでもどこでも暗記ができます。赤シートにも対応しています。

POINT 2 赤シート対応だから スピーディにチェックできる！

答えを赤シートで隠しながら解いていけばいいので、気軽に問題を解くことができます。

チェックボックス

間違えた問題をチェックできるので、くり返し勉強できます。

21 参道には土産物屋が櫛比している。
22 俗諺も役に立つことがある。
23 美しい汀渚で水鳥が遊んでいる。
24 病人の枕頭に親族が集まった。
25 彼の慧眼には敬服している。
26 僧の歌唄に信者が手を合わせた。
27 胸底に澱のように沈んだ言葉がある。
28 夕食を用意して客人を饗した。
29 衆に擢んでた才能で出世した。
30 深い山の硲で暮らす。
31 鴫は湿原や草原に棲む。
32 鐙に片足かけて一呼吸おいた。
33 今日は籾すりの作業を行う。
34 今朝の海はよく凪いでいる。

21 しっぴ　22 ぞくげん　23 ていしょ 辞　24 ちんとう　25 けいがん　26 かばい　27 おり　28 もてな　29 ぬき　30 はざま 辞　31　32　33　34

35 諸国に伝わる噺を収集する。
36 合戦で一番鑓の手柄を立てた。
37 夜が明けたので蔀を上げる。
38 栂の木には様々な用途がある。
39 身に覚えの無い誹りを受けた。
40 樫の木でテーブルを作った。
41 収穫した穀物が堆く積まれている。
42 世の柵を振り捨てる。

35 はなし　36 やり　37 しとみ 辞　38 つが／とが　39 そし　40 かし　41 うずたか　42 しがらみ

意味をCheck!

1 紐帯…二つのものを結びつける役割を担うもの。
2 誰何…呼びかけて名を確かめること。
4 彼此…あれとこれと。
5 尤物…優れたもの。
7 杏林…医者のこと。古代中国の故事に由来する。
8 禰宜…下級の神官。
10 錫杖…僧や修験者の杖。
12 頁岩…粘土質の堆積岩。
13 荏苒…月日が徒に移り行くさま。
14 萱堂…母のこと。昔の中国で母の居室の庭に萱草を植えたことに由来する。
17 輔弼…君主に助言して国政を助けること。
19 欽慕…敬いしたうこと。
23 汀渚…海や湖の波打ちぎわのこと。
30 硲…狭い谷あい。
37 蔀…寝殿造における屏障具の一つ。

15

POINT 3 辞書いらずの 丁寧な解説！

辞書を引きたくなるような難しい言葉には、意味を掲載してあります。四字熟語もすべて意味が入っているので、辞書を引く手間が省けて効率的に学習できます。

ひよこのパラパラマンガ

疲れたときにめくってみてください。

辞書のアイコン

この問題の解答または文中の語句について、「意味をCheck!」欄で意味を説明しています。

POINT 4 仕上げに使える 模擬試験３回分収録！

本試験とそっくりの形式の模擬試験を３回分用意してあります。実際の試験の60分間で解いて、自己採点してみましょう。

本書の特長

頻出度順だから効率的に学習できる

試験にでやすい漢字を分析

漢字検定準1級では、**すべての常用漢字(2136字)と準1級用漢字を合わせた約3000字**が出題範囲になります。

とはいえ、この字がすべて出題されるわけではありません。

下の表を見てください。この表は、漢字検定の過去問題23年分(約70回分)の試験で実際に出題された問題を分析した結果です。

読みの問題では「澱」や「誰何」などが8回も出題されています。四字熟語のうちの二字を書く問題では、「猪突猛進」が10回出題されています。

分析結果からA、B、Cランクに分類

本書では、この結果をもとにして、出題回数が多い順に**Aランク**(最頻出問題)、**Bランク**(必修問題)、**Cランク**(満点問題)の3つのランクに分類して問題を掲載しています。

過去問題23年分で出題の多い問題

出題分野	出題例(出題回数)
読み	澱・鳴・誰何・紐帯 など(8回) 厩舎・鐽(7回) 鐙・苛む・柵 など(6回)
表外の読み	具[つぶさ]・設える[しつらえる](8回) 縦[ほしいまま] など(7回)
熟語の読み・一字訓読み	畢生—畢わる(5回) 肇造—肇める など(4回)
共通の漢字	退(退勢・退嬰 など)(3回) 希(希代・希釈 など)(2回)
書き取り	宥める(8回) 冴える(7回)
誤字訂正	媒煙⇩煤煙 など(3回) 解渋⇩晦渋 など(2回)
四字熟語(書き)	猪突猛進・甜言蜜語(10回) 牽強附会・虚心坦懐 など(9回)
四字熟語(意味)	牽強附会・麦秀黍離 など(4回) 一蓮托生・氷肌玉骨 など(3回)
対義語・類義語	強靱⇔脆弱 など(7回) 経緯—顚末(6回)
故事・諺	栴檀・糟糠(8回) 恢恢・轍鮒(7回)

A ランク
最頻出問題。**過去に何度も繰り返し出題された問題**で、これからも出題されやすい「**試験によく出る問題**」です。準1級合格のためには必ずおさえておきたい問題です。

B ランク
必修問題。出題頻度はそれほど高くありませんが、今後出題される可能性が高い問題です。

C ランク
満点問題。出題頻度は高くありませんが、満点をめざすなら覚えておきたい問題です。

準1級用漢字の中で、出題分野によっては出ない漢字もあります。本書は頻出度順のため、そのような漢字を覚えなくて良いようになっています。

漢字検定準1級 受検ガイド

実施は年3回、だれでも受けられる

漢字検定は、年齢、性別、国籍を問わず、だれでも受検できます。

準1級の受検方法は、公開会場での個人の受検のみで、準会場での団体受検、コンピューターを使って試験を受けるCBT受検はありません。

試験に関する問合せ先

公益財団法人
日本漢字能力検定協会
【ホームページ】https://www.kanken.or.jp/
＜本部＞
京都市東山区祇園町南側551番地

ホームページにある「よくある質問」を読んで該当する質問がみつからなければメールフォームでお問合せください。電話でのお問合せ窓口は0120-509-315(無料)です。

漢字検定の概要

試験実施	年3回 ①6月中の日曜日 ②10～11月中の日曜日 ③翌年1～2月中の日曜日
試験会場	全国と海外の主要都市
受検料	5500円(準1級)
申込方法	①インターネットもしくは携帯電話から専用フォームで申し込みを行い、クレジットカードやコンビニエンスストアで決済を行う ②指定のコンビニエンスストアに設置された端末機で申し込みを行い、レジにて検定料を支払う
申込期間	検定日の約3か月前から1か月前まで
試験時間	60分 開始時間の異なる級を選べば2つ以上の級を受検することもできる
合格基準	200点満点で正答率80%程度(160点程度)以上が合格の目安
合格の通知	合格者には合格証書、合格証明書、検定結果通知が、不合格者には検定結果通知が郵送される

※本書の情報は制作時点のものです。受検をお考えの方は、ご自身で(公財)日本漢字検定能力協会の発表する最新情報をご確認ください。

審査基準による各級のレベルと出題内容

級	レベル（対象漢字数）	程度	主な出題内容	合格基準	検定時間
1	大学・一般程度（約6000字）	常用漢字を含めて、約6000字の漢字の音・訓を理解し、文章の中で適切に使える。	漢字の読み／漢字の書取／故事・諺／対義語・類義語／同音・同訓異字／誤字訂正／四字熟語	200点満点中80%程度	各60分
準1	大学・一般程度（約3000字）	常用漢字を含めて、約3000字の漢字の音・訓を理解し、文章の中で適切に使える。	漢字の読み／漢字の書取／故事・諺／対義語・類義語／同音・同訓異字／誤字訂正／四字熟語	200点満点中80%程度	各60分
2	高校卒業・大学・一般程度（2136字）	すべての常用漢字を理解し、文章の中で適切に使える。	漢字の読み／漢字の書取／部首・部首名／送り仮名／対義語・類義語／同音・同訓異字／誤字訂正／四字熟語／熟語の構成	200点満点中80%程度	各60分
準2	高校在学程度（1951字）	常用漢字のうち1951字を理解し、文章の中で適切に使える。	漢字の読み／漢字の書取／部首・部首名／送り仮名／対義語・類義語／同音・同訓異字／誤字訂正／四字熟語／熟語の構成	200点満点中70%程度	各60分
3	中学卒業程度（1623字）	常用漢字のうち約1600字を理解し、文章の中で適切に使える。	漢字の読み／漢字の書取／部首・部首名／送り仮名／対義語・類義語／同音・同訓異字／誤字訂正／四字熟語／熟語の構成	200点満点中70%程度	各60分
4	中学校在学程度（1339字）	常用漢字のうち約1300字を理解し、文章の中で適切に使える。	漢字の読み／漢字の書取／部首・部首名／送り仮名／対義語・類義語／同音・同訓異字／誤字訂正／四字熟語／熟語の構成	200点満点中70%程度	各60分

※5級以下は省略

漢字検定準1級の審査基準

常用漢字2136字と、準1級用漢字（別冊参照）を合わせた約3000字が準1級の対象漢字になっています。

程度	常用漢字を含めて、約3000字の漢字の音・訓を理解し、文章の中で適切に使える。	
領域・内容	**[読むことと書くこと]** 常用漢字の音・訓を含めて、約3000字の漢字の読み書きに慣れ、文章の中で適切に使える。	●熟字訓、当て字を理解していること。 ●対義語、類義語、同音・同訓異字などを理解していること。 ●国字を理解していること（峠、凧、畠など）。 ●複数の漢字表記について理解していること（國—国、交叉—交差 など）。
	[四字熟語・故事・諺] 典拠のある四字熟語、故事成語・諺を正しく理解している。	
	[古典的文章] 古典的文章の中での漢字・漢語を理解している。	

※約3000字の漢字は、JIS第一水準を目安とする。

※本書は出題が予想される形式で構成しています。実際の試験は、（公財）日本漢字能力検定協会の審査基準の変更の有無にかかわらず、出題形式や問題数が変更されることもあります。

2020年度からの試験制度変更について

平成29年改訂の小学校学習指導要領が2020年度から全面実施されたことに伴い、漢字検定でも一部の漢字の配当級が変更になりました。2～7級以上は変更がありますが準1級には変更ありません。

【出題分野別】学習のポイント

読み

配点●1問1点×30問＝30点（総得点の15％）
9割の問題が準1級用の漢字からの出題です。音読みが20問、訓読みが10題問われます。

❶準1級漢字をマスターする

短文中の漢字の読みを答える問題で、準1級用の漢字を中心に出題されます。全部で30問あり、音読みが20問、訓読みが10問となっています。

過去問題23年分では

- 澱（おり）
- 誰何（すいか）
- 紐帯（ちゅうたい・じゅうたい）
- 鴫（しぎ）
- 厩舎（きゅうしゃ）
- 硲（はざま）

などがよく出題されています。

総得点の15％を占める得点源ですので、漢字や熟語の意味を理解しながら、読み方をしっかり身につけてください。

❷訓読みは国字をチェック

10問中の2問程度ですが、訓読みで準1級用の漢字の国字が出題されています。漢字数は多くないので、ぜひ全部覚えておきましょう。

俣（また）　凧（たこ）　凪（な）ぐ
椙（すぎ）　椛（もみじ）　樫（かし）
硲（はざま）　鑓（やり）　雫（しずく）
鰯（いわし）　鱈（たら）　鴫（しぎ）

❸音と訓を混同しない

せっかく正しく読めても、音読みと訓読みを間違えると不正解になります。問われているのは音・訓どちらなのかを確認しながら、解答を記入しましょう。

表外の読み

配点●1問1点×10問＝10点（総得点の5％）
常用漢字の読みの中で、常用漢字表にない読みが問われます。

❶常用漢字の表外の読みを覚える

短文中に示された常用漢字の表外の読みを答える問題です。

過去問題23年分では

- 具（つぶさ）
- 詰る（なじ）
- 縦（ほしいまま）
- 設える（しつら）

などがよく出題されています。

❷資料を活用して事前の学習を

漢字自体は易しくても、常用漢字表に掲載されていない音訓には見慣れないものが多いので、事前の学習が不可欠です。別冊34～40ページの「よく出る常用漢字の表外の読み」で確認しておきましょう。

熟語の読み・一字訓読み

配点●1問1点×10問＝10点（総得点の5％）

主に準1級用の漢字を使った熟語と、その意味に合った訓読みを答える問題です。

❶音読みと訓読みの知識が必要

主に準1級用の漢字を使った二字の熟語の読みと、その熟語の意味に合った熟語のうち一字の訓読みの読み方を答える問題です。

過去問題23年分では

● 肇造…肇める（ちょうぞう・はじ）
● 礪行…礪く（れいこう・みが）
● 畢生…畢わる（ひっせい・お）

などがよく出題されています。

❷複数の訓読みがあるものに注意

右の列の「畢生」は、生を終えるまでの間、終生、一生という意です。「畢」には、「畢（お）わる」「畢（ことごと）く」という2つの訓読みがありますが、意味に合うのは「畢（お）わる」のほうなので、こちらを答えます。

共通の漢字

配点●1問2点×5問＝10点（総得点の5％）

解答となる漢字は、すべて常用漢字です。

❶共通の常用漢字を入れて熟語を完成

2つの短文中に示された熟語の空欄に、共通して入る漢字の読みを後の選択肢から選び、常用漢字に直す問題です。

過去問題23年分では

● 党は（退）勢にある／（退）嬰的な姿勢
● （希）代の名人／薬品を（希）釈する

などが出題されています。

❷下級の漢字も油断は禁物

常用漢字を答える問題ですが、問題となる熟語には準1級用漢字が使われていることも多いため、意外に正答率は高くありません。準1級用漢字を含め、漢字と意味を把握しておきましょう。

書き取り

配点●1問2点×20問＝40点（総得点の20％）

8割以上の問題が準1級用の漢字からの出題です。

❶準1級用の漢字が出題される

短文中のカタカナ部分を漢字に直す問題です。8割以上の問題が準1級用の漢字で、20問中、2問は同音異義語、2問は同訓異字が出題されます。

過去問題23年分では

● 宥める（なだ）　● 冴える（さ）
● 漏洩（ろうえい）　● 斡旋（あっせん）

などが出題されています。

❷最も大きな得点源

書き取りの配点は40点で、総得点の20％に相当し、大きな得点源としたいところです。読めるが書けない、ということがないように、準1級用の漢字を正しく書けるように準備してください。

誤字訂正

配点●1問2点×5問＝10点（総得点の5％）

誤字の大半は常用漢字で、正しい漢字には、準1級用漢字が7割程度使われています。

❶短文の中から誤字を見つけ出す

30字程度の短文の中から、使い方の誤った漢字を探し出し、正しい漢字に直す問題です。

過去問題23年分では

- ●猛斤類を観察する。（斤⇩禽）
- ●媒煙による公害が起こる。（媒⇩煤）

などが出題されています。

❷注意深く文章を読むことが大切

誤字・正しい字ともに常用漢字も使われていますが、中には熟語としては準1級用の漢字が使われている場合も多いので、誤字に気づきにくいかもしれません。意味を考えながら、注意深く文章を読んで誤字を探してください。

四字熟語

配点●1問2点×15問＝30点（総得点の15％）

準1級用の漢字を使った四字熟語が8割程度を占めています。

❶問1は空欄を埋める問題

四字熟語の問題は、問1、問2の2問に分かれています。問1が1問2点×10問で20点分、問2が1問2点×5問で10点分を占めています。

問1では、四字熟語の2字分が空欄で示され、空欄に当てはまる言葉を後の選択肢から選んで漢字2字に直します。

出題される四字熟語の多くが、準1級用の漢字を使った四字熟語です。

過去問題23年分では

- ●（　　）猛進（猪突猛進〔ちょとつもうしん〕）
- ●（　　）神助（天佑神助〔てんゆうしんじょ〕）
- ●（　　）附会（牽強附会〔けんきょうふかい〕）
- ●（　　）蜜語（甜言蜜語〔てんげんみつご〕）
- ●虚心（　　）（虚心坦懐〔きょしんたんかい〕）

などがよく出題されています。

❷問2では意味と読みを問われる

問2は、意味に合う四字熟語を選び、そのうちの、2字分の読みを答える問題です。5つの意味が示され、後の選択肢から意味の合うものを選びます。

過去問題23年分では

- ●理屈をこじつける…牽強附会（けんきょう）
- ●友人を想う情……屋梁落月（おくりょう）
- ●亡国の嘆き……麦秀黍離（しょり）

などが出題されています。

❸下級の四字熟語も要チェック

数は多くありませんが、「経世済民」「克己復礼」など、下級の漢字を使った四字熟語も出題されています。

漢字、意味とも、知らない四字熟語について解答を類推するのは非常に難しい作業です。

別冊41～58ページの「試験に出る四字熟語の問題」で確認しておきましょう。

対義語・類義語

配点●1問2点×10問＝20点（総得点の10％）

問題には常用漢字も使われますが、解答には準1級用の漢字が7割程度使われています。

❶解答には準1級用漢字が多い

後の選択肢から適切な語（ひらがな）を選んで漢字に直し、対義語・類義語を作る問題です。どちらも5問ずつ出題され、解答の7割程度には準1級用の漢字が含まれています。過去問題23年分では

対義語 ●強靭⇔脆弱　●進取⇔退嬰

類義語 ●経緯＝顚末　●固執＝拘泥

などが出題されています。

❷下級も含めて学習を

数は多くありませんが、「諫言⇔追従」「逐電＝出奔」のように、常用漢字のものもあります。下級の熟語も含めて、幅広い学習が必要です。

故事・諺

配点●1問2点×10問＝20点（総得点の10％）

8割程度が準1級用の漢字が出題されています。

❶8割程度が準1級用漢字

故事や諺の中のカタカナ部分を漢字に直して書く問題です。解答となる漢字・熟語の多くに準1級用の漢字が使われています。

過去問題23年分では

●センダンは双葉より芳し。（栴檀）

●ソウコウの妻は堂より下さず。（糟糠）

●テップの急。（轍鮒）

などがよく出題されています。

❷意味を知れば漢字も覚えやすい

故事や諺は、意味を知っていれば比較的漢字を連想しやすい問題です。別冊59～84ページの「試験に出る故事・諺の問題」で確認しておきましょう。

文章題

配点●「書き取り」1問2点×5問＝10点、「読み」1点×10問＝10点合計20点（総得点の10％）

準1級用漢字が中心に出題されます。

❶「読み」と「書き取り」の問題

明治、大正、昭和初期のころの著名な文芸作品などから抜粋した文章が、2～3文出題されます。そのなかの傍線のカタカナ部分を漢字に直し（5問）、波線部を読みに直します（10問）。

文章題とはいっても、実際には「読み」と「書き取り」の問題といえます。問題の多くは準1級用漢字ですが、常用漢字の表外の読みなども出題されます。

❷ふだんから文芸作品に親しもう

文章題のための試験勉強には、「読み」と「書き取り」の勉強で十分ですが、もし余裕があれば、明治～昭和初期の文芸作品を読み、独特の言い回しや表現に慣れておくとよいでしょう。

も・く・じ

[頻出度順]問題集

Aランク 最頻出問題

Bランク 必修問題

本書は、
●[頻出度順]問題集(A、B、Cランク)
●模擬テスト
●[別冊]漢字検定準1級合格ブック
で構成されています。

Cランク 満点問題

模擬テスト …… 199

［別冊］漢字検定準1級合格ブック

準1級用漢字のなかには、標準字体とは別に、「許容字体」と呼ばれる異なる字体を持つ漢字があります。漢字検定準1級の試験では、字形が正しければ標準字体・許容字体どちらを書いても正解となります。また、複数の解答がある場合1級用漢字や常用漢字で解答しても正解となります。

本書では、模範解答として標準字体のみを掲載していますが、許容字体を書いても正解になりますので詳しくは別冊1～33ページの「準1級用漢字表」をご覧ください。

また、1級用漢字も正解となる出題に関しては、1級用漢字を使用した解答も括弧をつけて掲載しています。

本書は2023年11月現在の情報に基づいています。

[頻出度順]問題集

最頻出問題

過去の試験で最も出題されているもの。

必修問題

過去の試験でよく出題されているもの。

満点問題

出題頻度はそれほど多くないが、
満点をめざすなら学習しておきたいもの。

パラパラマンガです。
息抜きしたいときにめくってね。
いたずら好きのひよこが
帽子をとろうとしているよ。

読み①

目標時間 20分

1回目 ／42

2回目 ／42

● 次の傍線部分の読みを**ひらがな**で記せ。1～26は**音読み**、27～42は**訓読み**である。

□ 1 同盟国との紐帯を重視する。
□ 2 門番に誰何される。
□ 3 優しい祖母の膝下で育てられた。
□ 4 彼此の違いは歴然としている。
□ 5 彼は期待を一身に集める尤物だ。
□ 6 壺中の天に遊ぶ。
□ 7 杏林は医者の異称である。
□ 8 禰宜が神前に供物を捧げる。
□ 9 厩舎の敷きわらを替える。
□ 10 修験者は錫杖を手にしている。

解答

1 ちゅうたい じゅうたい 辞
2 すいか 辞
3 しっか
4 ひし 辞
5 ゆうぶつ 辞
6 こちゅう
7 きょうりん 辞
8 ねぎ 辞
9 きゅうしゃ
10 しゃくじょう 辞

□ 11 親族の集まりに甥姪も参加した。
□ 12 この辺りの地層は頁岩から成る。
□ 13 荏苒として日を送っている。
□ 14 母のことを萱堂という。
□ 15 戯れに禿筆をとって詩を作る。
□ 16 這般の事情により計画は中止された。
□ 17 若くして輔弼の任に当たった。
□ 18 稗史は民間の細かい物語だ。
□ 19 後輩は皆彼を欽慕した。
□ 20 あまりの椿事に言葉も無い。

解答

11 せいてつ
12 けつがん 辞
13 じんぜん 辞
14 けんどう 辞
15 とくひつ
16 しゃはん
17 ほひつ 辞
18 はいし
19 きんぼ 辞
20 ちんじ

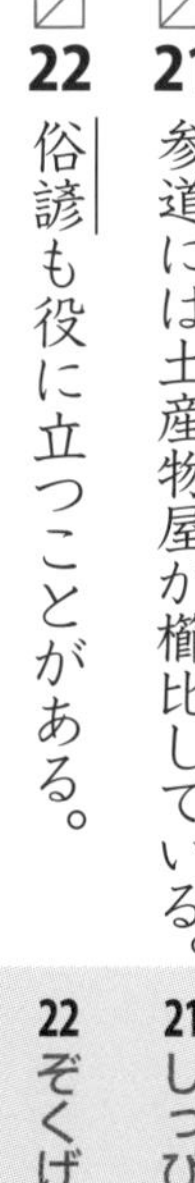

□ 21 参道には土産物屋が櫛比している。
□ 22 俗諺も役に立つことがある。
□ 23 美しい汀渚で水鳥が遊んでいる。
□ 24 病人の枕頭に親族が集まった。
□ 25 彼の慧眼には敬服している。
□ 26 僧の歌唄に信者が手を合わせた。
□ 27 胸底に澱のように沈んだ言葉がある。
□ 28 夕食を用意して客人を饗した。
□ 29 衆に擢んでた才能で出世した。
□ 30 深い山の硲で暮らす。
□ 31 鴫は湿原や草原に棲む。
□ 32 鐙に片足かけて一呼吸おいた。
□ 33 今日は籾すりの作業を行う。
□ 34 今朝の海はよく凪いでいる。

21 しっぴ
22 ぞくげん
23 ていしょ 辞
24 ちんとう
25 けいがん
26 かばい
27 おり
28 もてな
29 ぬき
30 はざま 辞
31 しぎ
32 あぶみ
33 もみ
34 な

□ 35 諸国に伝わる噺を収集する。
□ 36 合戦で一番鑓の手柄を立てた。
□ 37 夜が明けたので蔀を上げる。
□ 38 栂の木には様々な用途がある。
□ 39 身に覚えの無い誹りを受けた。
□ 40 樫の木でテーブルを作った。
□ 41 収穫した穀物が堆く積まれている。
□ 42 世の柵を振り捨てる。

35 はなし
36 やり
37 しとみ 辞
38 つが／とが
39 そし
40 かし
41 うずたか
42 しがらみ

意味をCheck!

1 紐帯…二つのものを結びつける役割を担うもの。
2 誰何…呼びかけて名を確かめること。
4 彼此…あれとこれと。
5 尤物…優れたもの。
7 杏林…医者のこと。古代中国の故事に由来する。
8 禰宜…下級の神官。
10 錫杖…僧や修験者の杖。
12 頁岩…粘土質の堆積岩。
13 荏苒…月日が徒に移り行くさま。

14 萱堂…母のこと。昔の中国で母の居室の庭に萱草を植えたことに由来する。
17 輔弼…君主に助言して国政を助けること。
19 欽慕…敬いしたうこと。
23 汀渚…海や湖の波打ちぎわのこと。
30 硲…狭い谷あい。
37 蔀…寝殿造における屛（へい）障具の一つ。

読み②

●次の傍線部分の読みをひらがなで記せ。1〜26は**音読み**、27〜42は**訓読み**である。

1 三月三日に上巳の節句を祝う。
2 辛酉の年に革命が起こる。
3 山中で老爺が炭を焼いていた。
4 鉤餌を取られてばかりいる。
5 わが云為を常に正しくする。
6 禾穂がすくすくと伸びてきた。
7 翰墨を書斎にそろえる。
8 急灘で小舟を操る。
9 鶴九皐に鳴き、声天に聞こゆ。
10 何かというと古諺を引く癖がある。

解答

1 じょうし
2 しんゆう 辞
3 ろうや
4 こうじ
5 うんい
6 かすい 辞
7 かんぼく 辞
8 きゅうだん きゅうたん
9 きゅうこう 辞
10 こげん

11 経を唱えながら托鉢僧が行く。
12 樗材を取り立ててもらった。
13 乃公出でずんば、と立候補する。
14 卜占を商売にして生計を立てる。
15 哀咽の声が外まで聞こえた。
16 目標に向かって孜孜として励む。
17 ご清穆のこととお慶び申し上げます。
18 暢達で読み易い文章だ。
19 晩年に漸く儲君を得た。
20 年長者に揖譲の態度を見せる。

解答

11 たくはつ
12 ちょざい 辞
13 だいこう 辞
14 ぼくせん
15 あいえつ
16 しし
17 せいぼく
18 ちょうたつ 辞
19 ちょくん
20 ゆうじょう 辞

21 陰暦十月を亥月ともいう。
22 畑に廐肥をやる。
23 時代の尖兵としての生涯を送った。
24 父母の椿寿を祈る。
25 死者を悼む挽歌を詠む。
26 郁郁として文なるかな。
27 戦いに備えて矢を矧ぐ。
28 毎晩のように悪夢に苛まれている。
29 感涙に咽ぶ。
30 昔は呪いで病気が治ると信じた。
31 この件は姑く置くとしよう。
32 腹違いの弟妹を蔑ろにする。
33 耳元を掠めてボールが飛んできた。
34 友人宅を屢訪ねて話し込んだ。

21 がいげつ
22 きゅうひ
23 せんぺい
24 ちんじゅ
25 ばんか 辞
26 いくいく
27 は 辞
28 さいな
29 むせ
30 まじな
31 しばら
32 ないがし
33 かす
34 しばしば

35 昔の誼でよろしく頼む。
36 喫煙が徐々に体を蝕んでいった。
37 良心の尤めを感じる。
38 木の俣に腰掛けて本を読む。
39 役人に賂いを贈る。
40 宛ら墨絵のような冬景色だ。
41 艮の方角は鬼門に当たる。
42 忠勤を嘉して領地を与える。

35 よしみ 辞
36 むしば
37 とが
38 また
39 まいな
40 さなが
41 うしとら 辞
42 よみ 辞

意味をCheck!

2 辛酉…「かのととり」という干支の組み合わせ。「かのと」と「とり」が一つになったもの。
6 禾穂…イネ科の植物の穂。
7 翰墨…筆と墨。詩文や書画のこと。
9 九皐…曲がりくねった深い沢。
12 樗材…役に立たない材木、人。また、自分のことをへりくだって言う言葉。
13 乃公…男性が目下の者に対して自分を指していう一人称。我が輩。
18 暢達…のびのびしていること。
20 揖譲…へりくだった温和な動作をすること。
25 挽歌…人の死を悼む詩歌。
27 矧ぐ…竹に羽をつけて矢を作ること。
35 誼…何かの縁でつながった関係。
41 艮…北東。
42 嘉する…よしとする。褒め称える。

読み③

目標時間 20分

1回目 /42

2回目 /42

● 次の傍線部分の読みをひらがなで記せ。1～26は**音読み**、27～42は**訓読み**である。

1 父に向かって一揖した。
2 禾穀の収量を予測する。
3 祁寒甚だしき日が続く。
4 優れた人々と芝蘭の交わりを結ぶ。
5 思わず快哉を叫んだ。
6 帽子の徽章が輝いて見える。
7 弓箭の家に生を享けた。
8 兵隊たちが廠舎で眠っている。
9 病後の痩軀が痛々しい。
10 ちらりと一瞥して通り過ぎた。

解答

1 いちゆう 辞
2 かこく 辞
3 きかん 辞
4 しらん 辞
5 かいさい
6 きしょう
7 きゅうせん 辞
8 しょうしゃ
9 そうく
10 いちべつ

11 赫灼として後世に残る偉業だ。
12 翠黛の美女を見初める。
13 蓑笠の翁が釣り糸を垂れている。
14 獣の牝牡を見分ける。
15 良家の子女らしからぬ口吻だった。
16 戦を前に戎馬を集めた。
17 敵の爪牙にかかる。
18 傷んだ古書を補綴する。
19 顔を紅潮させて赫怒した。
20 熊掌は美味として珍重される。

解答

11 かくしゃく
12 すいたい 辞
13 さりゅう 辞
14 ひんぼ
15 こうふん
16 じゅうば 辞
17 そうが
18 ほてい ほてつ
19 かくど 辞
20 ゆうしょう

☑21 夙夜怠ること無し。
☑22 修験者の兜巾には意味がある。
☑23 鶯遷を祝う言葉を贈った。
☑24 艶冶な眼差に魅入られた。
☑25 衆生を弘誓の網ですくいあげる。
☑26 ここは時代の先端をいく都邑だ。
☑27 山に椙の苗木を植える。
☑28 小刀を手に八重葎を分けて進んだ。
☑29 政界再編の魁となる行動を起こす。
☑30 廓言葉について調べている。
☑31 椛の葉が夕陽に照り映える。
☑32 形が歪なところが却って面白い。
☑33 話の筋道を辿る。
☑34 甑に坐するが如き暑さだ。

21 しゅくや 辞
22 ときん
23 おうせん 辞
24 えんや
25 ぐぜい 辞
26 とゆう 辞
27 すぎ
28 やえむぐら
29 さきがけ
30 くるわ
31 もみじ
32 いびつ
33 たど
34 こしき 辞

☑35 忠言を忽せに聞くなかれ。
☑36 精神の靫やかさを保つ。
☑37 彼は頗る付きの変わり者だ。
☑38 今年になって病状は愈進んだ。
☑39 長兄は迺ち次の国主だ。
☑40 左右の狛犬が社殿を守っている。
☑41 いつ雨が降り出すかと気も坐だ。
☑42 ＩＣとは集積回路の謂だ。

35 ゆるが 辞
36 しな
37 すこぶ
38 いよいよ
39 すなわ
40 こまいぬ
41 そぞろ
42 いい

意味をCheck!

1 一揖…軽いお辞儀。
2 禾穀…稲。または穀物の総称。
3 祁寒…「祁」は「大いに」の意。
4 芝蘭…霊芝と藤袴の香草をいい、才能や人徳のすぐれた人のたとえ。
7 弓箭…弓矢を取る身である武士のこと。
12 翠黛…美人の眉。
13 蓑笠…みのとかさを身につけた人。
16 戎馬…軍馬。
19 赫怒…激しく怒ること。

21 夙夜…早朝から深夜まで。一日中。
23 鶯遷…立身出世すること。また、昇進などを祝う言葉。
25 弘誓…広大な誓願。仏の、広く衆生を救済しようとする誓い。
26 都邑…都会。または都と村のこと。
34 甑…蒸し器。後の蒸籠。
35 忽せ…いいかげん。

読み④

● 次の傍線部分の読みを**ひらがな**で記せ。1～26は**音読み**、27～42は**訓読み**である。

1 豊頰の美女がにっこり笑った。
2 ようこそ茅屋にお越し下された。
3 源氏は清和天皇の後胤と言われる。
4 彼は近世芸能史に造詣が深い。
5 彼は斯界の権威として知られる。
6 食事に象箸玉杯を用いる。
7 指摘を受けて謬見を正した。
8 脇息にもたれて書を読む。
9 これはほんの献芹に過ぎぬものだ。
10 ここには旧陸軍の工廠があった。

解答
1 ほうきょう 辞
2 ぼうおく
3 こういん 辞
4 ぞうけい
5 しかい 辞
6 ぞうちょ 辞
7 びゅうけん
8 きょうそく
9 けんきん
10 こうしょう 辞

11 俊彦な青年たちが改革を主導した。
12 国宝の厨子が公開された。
13 何を聞いても遁辞を弄するだけだ。
14 素晴らしい牝馬を手に入れた。
15 資料を瀏覧する。
16 国境に聯亙する山脈を越える。
17 馨香が及ぶように感化が広まった。
18 侃直な気性に信頼を寄せる。
19 身辺の物はまさに鶏肋だ。
20 軒下に提灯を懸吊する。

解答
11 しゅんげん
12 ずし
13 とんじ
14 ひんば
15 りゅうらん 辞
16 れんこう 辞
17 けいこう 辞
18 かんちょく
19 けいろく
20 けんちょう

21 鍾愛の一人娘を嫁がせた。
22 茸茸たる夏草が行く手を遮る。
23 夜ひそかに叩扉する者があった。
24 駅頭で鄭重にお出迎えする。
25 戊夜には起きて出発の準備をした。
26 包帯や薬匙を手提箱に入れる。
27 舞台の艶姿が視線を集める。
28 双方の意見を摺り合わせる。
29 春の野へ花を摘みに之く。
30 籾を箕でふるう。
31 冷たい川の水を掬って飲んだ。
32 霊験灼な神社にお参りする。
33 寛大に恕すことなど出来ない。
34 俄には信じがたい思いだ。

21 しょうあい 辞
22 じょうじょう 辞
23 こうひ
24 ていちょう 辞
25 ぼや 辞
26 やくし
27 あですがた
28 す
29 ゆ
30 み
31 すく
32 あらたか
33 ゆる
34 にわか

35 神棚に榊を供える。
36 腰に栃餅を提げて旅に出た。
37 匁は貫の千分の一に当たる。
38 敵を詑く計略を立てた。
39 巽の方角から竜巻が襲ってくる。
40 敵の様子を覗う。
41 今朝は鰯が大漁だ。
42 木の葉の間から雨の雫がこぼれた。

35 さかき 辞
36 とちもち 辞
37 もんめ
38 あざむ
39 たつみ 辞
40 うかが
41 いわし
42 しずく

意味をCheck!

1 豊頬…ふっくらと美しい豊かなほおのこと。
3 後胤…子孫。
5 斯界…この社会。この分野。
6 象箸…象牙で作った箸。
10 工廠…旧陸海軍直属の軍需品製造工場。
15 劉覧…通覧。目を通すこと。
16 聯亙…つながってつづくこと。
17 馨香…よい香りのこと。遠くまで及ぶ徳のたとえ。
21 鍾愛…非常にかわいがること。

22 茸茸…草や毛がびっしりと生えている様子。
24 鄭重…手厚く礼儀正しいこと。ていねいなこと。
25 戊夜…寅の刻。午前四時。
35 榊…神木として神に供せられる常緑樹の総称。
36 栃餅…トチノキの実を混ぜてついた餅のこと。
39 巽…東南の方角。

頻出度 A ランク

読み⑤

目標時間 20分

1回目 ／42

2回目 ／42

●次の傍線部分の読みを**ひらがな**で記せ。1〜26は**音読み**、27〜42は**訓読み**である。

□1 優渥なるお言葉に感激した。
□2 寛大な心で諒恕を決めた。
□3 御殿の絢飾に目をみはる。
□4 或問形式で文章を綴る。
□5 山里に砧声が聞こえる。
□6 あの事件は庚寅の年に起こった。
□7 都が置かれていた夙昔を懐かしむ。
□8 俗界を捨てて薙髪した。
□9 庖厨では夕食の準備をしている。
□10 そんな没義道なことは許せない。

解答

1 ゆうあく 辞
2 りょうじょ
3 けんしょく
4 わくもん
5 ちんせい 辞
6 こういん
7 しゅくせき 辞
8 ちはつ ていはつ
9 ほうちゅう 辞
10 もぎどう 辞

□11 この老杉は樹齢何年だろうか。
□12 ついに叡断が下された。
□13 釜中魚を生ず。
□14 鴨脚はいちょうの別名だ。
□15 茅茨切らず土階三等のみ。
□16 侃侃として人に屈しない。
□17 暁闇をついて行列は出発した。
□18 胡乱な人物を捕まえた。
□19 山砦に拠って最後の抵抗をする。
□20 碩徳の人に教えを請うた。

解答

11 ろうさん
12 えいだん
13 ふちゅう
14 おうきゃく
15 ぼうし 辞
16 かんかん 辞
17 ぎょうあん
18 うろん 辞
19 さんさい
20 せきとく 辞

- 21 玉座の前で叩頭の礼をした。
- 22 竪子と罵られて憤る。
- 23 酒色に耽溺する。
- 24 樗の小枝は巻曲して規矩に中たらず。
- 25 切手を封筒に貼付する。
- 26 乃父の安否を問う。
- 27 今夜は鱈で鍋料理だ。
- 28 空が乍ち厚い雲に覆われた。
- 29 僻言は言わないものだ。
- 30 前の車の轍を辿っていく。
- 31 友の死を悲しみ戚む。
- 32 じゃじゃ馬娘に殆手を焼く。
- 33 在庫品を値引きして売り捌く。
- 34 表面はわざと遜ってみせた。

21	こうとう 辞
22	じゅし 辞
23	たんでき 辞
24	ちょ 辞
25	ちょうふ てんぷ
26	だいふ 辞
27	たら
28	たちま
29	ひがごと 辞
30	わだち
31	いた
32	ほとほと
33	さば
34	へりくだ

- 35 権力に阿るようなことはしない。
- 36 坐らにして世界の大勢を知る。
- 37 強風に煽られて火は燃え広がった。
- 38 些かもやましいところは無い。
- 39 ついに野望が潰える時がきた。
- 40 誰かを庇っているのは明らかだ。
- 41 郁しい花の香がする。
- 42 夙に大成の兆しがあった。

35	おもね 辞
36	いなが 辞
37	あお
38	いささ
39	つい
40	かば
41	かぐわ
42	つと

意味をCheck!

1 優渥…天子の恩沢が懇ろで手厚いこと。
5 砧声…布などのしわを伸ばす台であるきぬたを打つ音。
7 夙昔…むかし。
9 庖厨…台所。
10 没義道…情け知らずなこと。
15 茅茨…植物のチガヤとイバラのこと。また、それらでふいた粗末な屋根や家。
16 侃侃…剛直のさま。
18 胡乱…怪しいこと。

---

20 碩徳…徳の高いこと。
22 竪子…幼い子供のこと。また、人を軽蔑して言う言葉。
23 耽溺…酒色などに夢中になること。
24 樗…ゴンズイ。材の用途がない雑木。
26 乃父…他人の父。また、単に父。
29 僻言…道理に合わないこと。
35 阿る…へつらうこと。
36 坐ら…座ったままで。即座に。

読み⑥

目標時間 20分

1回目 ／42　2回目 ／42

● 次の傍線部分の読みを**ひらがな**で記せ。1～26は**音読み**、27～42は**訓読み**である。

1 国禁を犯して焚刑に処せられた。
2 蟹行文字を読むのは苦手だ。
3 三者鼎談の成果に期待する。
4 繭紬はやままゆの糸を織って作る。
5 病竈にメスを入れる。
6 衣を蟬脱のように残して消えた。
7 使い慣れた矛戟を手に戦った。
8 台所に立って烹炊の指図をする。
9 緩やかな岡阜が続いている。
10 外甥を迎えて家の跡継ぎとした。

解答

1 ふんけい 辞
2 かいこう
3 ていだん
4 けんちゅう
5 びょうそう 辞
6 せんだつ 辞
7 ぼうげき
8 ほうすい
9 こうふ
10 がいせい

11 杵臼の交わりを結んで久しい。
12 姪孫を入れると一族は大人数だ。
13 曽遊の地を再び訪ねた。
14 正月の晴着用に綾子の帯を買う。
15 鄭声に耳を塞ぐ。
16 政治の腐敗を厭悪する。
17 彼は穆穆とした好人物だ。
18 木立が建物を掩蔽している。
19 契約書に実印を押捺した。
20 毎日を蔚蔚として過ごす。

解答

11 しょきゅう 辞
12 てっそん
13 そうゆう 辞
14 りんず
15 ていせい 辞
16 えんお
17 ぼくぼく 辞
18 えんぺい
19 おうなつ
20 うつうつ

☐21 死者のために念仏廻向する。
☐22 豪宕な気性が彼を指導者にした。
☐23 刈穫した麦を倉庫に運んだ。
☐24 紅蓮の炎が家々を焼き尽くした。
☐25 坤軸が折れたかのような揺れだった。
☐26 砦柵で敵の騎馬隊を防ぐ。
☐27 樵を道案内に峠越えする。
☐28 竹の箆で印をつける。
☐29 勝利を讃えて国旗を掲揚する。
☐30 禿びた鉛筆を大事に使う。
☐31 瀞が深い水を湛えている。
☐32 事ここに至れば奈ともしがたい。
☐33 主君に叛いて兵を挙げる。
☐34 柾目を生かした建材を使う。

21 えこう
22 ごうとう 辞
23 がいかく
24 ぐれん
25 こんじく 辞
26 さいさく
27 きこり
28 へら
29 たた
30 ち 辞
31 とろ
32 いかん
33 そむ
34 まさめ 辞

☐35 守りの堅い城を攻め倦む。
☐36 最近矢鱈にのどが渇く。
☐37 父と二人で奴凧を作った。
☐38 岨道を這うようにして登った。
☐39 全く儘ならぬ世の中だ。
☐40 港に船が湊まってきた。
☐41 荒れた庭に葎が生い茂る。
☐42 春用に鴇色の口紅を買った。

35 あぐ
36 やたら
37 やっこだこ
38 そばみち そわみち 辞
39 まま
40 あつ
41 むぐら
42 ときいろ 辞

意味をCheck!

1 焚刑…火あぶりの刑。
5 病竈…病菌に侵されている箇所。「病巣」に同じ。
6 蟬脱…セミのぬけがら。俗世間から抜け出すこと。中身のないこと。
11 杵臼…きねとうす。「杵臼の交わり」は身分の上下に捉われない親交。
13 曽遊…前に訪れたことがあること。
15 鄭声…野卑な音楽。

17 穆穆…穏やかで立派なさま。
22 豪宕…おおらかで小事にこだわらないこと。
25 坤軸…大地の中心を貫いているとされる想像上の軸。地軸。
30 禿びる…先がすり切れて短くなる。
34 柾目…樹心に平行してまっすぐな木目。
38 岨道…険しい山道。
42 鴇色…トキの羽のような淡紅色。「鴇」は「朱鷺」とも書く。

読み ⑦

目標時間 20分

1回目 /42

2回目 /42

●次の傍線部分の読みを**ひらがな**で記せ。1〜26は**音読み**、27〜42は**訓読み**である。

1 鉄桶水を漏らさず。
2 花は散り残鶯がものうげに鳴く。
3 皇子の誕生は壬寅の年だった。
4 党の推挽を受けて立候補する。
5 大嘗会を行う祭場を設ける。
6 岸辺に荻花の群落を見た。
7 冬野菜の播種期が近付いた。
8 肇国の英雄を神格化する。
9 どうか事情を憐察してほしい。
10 証言は事実が歪曲されていた。

解答

1 てっとう 辞
2 ざんおう
3 じんいん
4 すいばん
5 だいじょうえ 辞
6 てきか てっか 辞
7 はしゅ
8 ちょうこく 辞
9 れんさつ
10 わいきょく

11 暴戻の領主に領民は背を向けた。
12 霊廟にこもって祈る。
13 無謀な出兵計画を諫止する。
14 粟粒のような領地を必死で守る。
15 花蕊が風に震えている。
16 群臣輯睦して天下はよく治まった。
17 老いた僧は巡錫の旅を続けた。
18 谷の底から灘響が聞こえてくる。
19 厨芥を処理する。
20 若さゆえ人生を舛誤する。

解答

11 ぼうれい
12 れいびょう
13 かんし
14 ぞくりゅう
15 かずい
16 しゅうぼく 辞
17 じゅんしゃく 辞
18 だんきょう たんきょう 辞
19 ちゅうかい
20 せんご

21 杜漏な辞書で役に立たない。
22 主君の前に膝行した。
23 十代の頃から穎脱の感があった。
24 大雨でついに堰堤が崩れた。
25 取るに足りない井蛙の見だ。
26 桑梓を植えて子孫の助けとする。
27 追われて苫屋に身を潜めた。
28 そろそろ袷が欲しくなる季節だ。
29 ボートが波に翫ばれる。
30 公判では容疑を悉く否定した。
31 念仏の合間に鉦の音が聞こえた。
32 椴松はパルプの原料となる。
33 山里に砧を打つ音がする。
34 畑の作物を粥いで生計を立てた。

21 ずろう
22 しっこう
23 えいだつ 辞
24 えんてい
25 せいあ
26 そうし 辞
27 とまや
28 あわせ
29 もてあそ
30 ことごと
31 かね
32 とどまつ
33 きぬた 辞
34 ひさ 辞

35 長く裳裾を引いた姿が美しい。
36 もう勉強にも読書にも倦んだ。
37 女人は檜扇で顔を隠した。
38 仕入れた商品は全て捌けた。
39 長い黒髪を櫛る。
40 庚申の年に都に大火が起こった。
41 哨の兵を四方に立てる。
42 この参考書は必ず須いるべきだ。

35 もすそ
36 う
37 ひおうぎ
38 は
39 くしけず
40 かのえさる
41 みはり
42 もち

意味をCheck!

1 鉄桶…堅固ですきがないこと。
5 大嘗会…天皇が即位後はじめて行う新嘗祭。最重要の神事。
6 荻花…オギ（イネ科の多年草）の花。
8 肇国…新しく国をつくること。建国。
16 輯睦…穏やかでむつまじいこと。
17 巡錫…僧侶が各地をめぐって布教すること。
18 灘響…急流のひびき。

23 穎脱…才能が人並み以上に優れていること。錐の先が袋を突き破って外に出るように才気が外に現れることから。
26 桑梓…父母への敬慕。故郷。桑梓を植えて子の暮らしの助けとしたことから。桑は養蚕用、梓は木工用。
33 砧…木槌で布を打つのに用いた木や石の台。布を柔らかくし、艶を出すために打った。
34 粥ぐ…売る。

読み ⑧

目標時間 20分

1回目 ／42

2回目 ／42

● 次の傍線部分の読みを**ひらがな**で記せ。1〜26は**音読み**、27〜42は**訓読み**である。

□ **1** 激しい剣戟の響きが聞こえてきた。
□ **2** 乞骸して故郷で余生を送る。
□ **3** 肴核が次々に宴会場に運ばれる。
□ **4** 長年切手を蒐集してきた。
□ **5** 勝者に賞牌を授与する。
□ **6** 疑わしい人物を審訊する。
□ **7** 舌尖鋭く相手を論破した。
□ **8** 巽位に火の手があがった。
□ **9** 手芸教室で捺染を習う。
□ **10** かつて繭糸は主要輸出品だった。

解答

1 けんげき
2 きつがい 辞
3 こうかく 辞
4 しゅうしゅう
5 しょうはい
6 しんじん
7 ぜっせん
8 そんい 辞
9 なっせん
10 けんし

□ **11** 琉璃色の空に飛行機雲が鮮やかだ。
□ **12** 鰐魚が獲物を襲った。
□ **13** 試験に落ちて掻頭する。
□ **14** 佳辰を選んで結納を交わす。
□ **15** 岸荻の穂が白く光って見える。
□ **16** 万国叶和して太平を喜ぶ。
□ **17** サンゴは暖海の腔腸動物だ。
□ **18** 今後の外交政策について諮諏する。
□ **19** 酋領を懐柔して味方につけた。
□ **20** 世諺に教えられることも多い。

解答

11 るり
12 がくぎょ
13 そうとう
14 かしん 辞
15 がんてき
16 きょうわ
17 こうちょう
18 ししゅ 辞
19 しゅうりょう
20 せいげん

21 紛糾した事態に舛錯する。
22 叩首して罪を詫びた。
23 盤桓してなお憂いは消えず。
24 斌斌たる士を輩出する。
25 倭訓の辞書は古くからある。
26 律詩の第五、第六句を頸聯と言う。
27 春の塘でつくしを摘んだ。
28 魚網に錘をつけて沈めた。
29 女学生のおしゃべりが姦しい。
30 敵の攻撃を禦ぐ。
31 潤目鰯を干物にする。
32 店晒しの品がほこりまみれだ。
33 川の流れで砂金を淘げる。
34 一等賞に当たって夷顔だ。

21 せんさく 辞
22 こうしゅ 辞
23 ばんかん 辞
24 ひんぴん 辞
25 わくん
26 けいれん
27 つつみ
28 おもり
29 かしま
30 ふせ
31 うるめいわし
32 たなざら
33 よな 辞
34 えびすがお

35 背中に灸を据える。
36 年若い主君をよく丞けた。
37 白絹十五疋を引き出物にする。
38 「杢」は大工を意味している。
39 籾殻を集めて燃やす。
40 櫓太鼓が聞こえてくる。
41 奄ちのうちに姿を消した。
42 布を韓紅に染める。

35 やいと
36 たす
37 ひき
38 もく
39 もみがら
40 やぐら
41 たちま
42 からくれない 辞

意味をCheck!

2 乞骸…辞職を願い出ること。君主に一身を捧げたので辞職の際はせめて遺骸だけでも頂きたいと願い出た故事から。
3 肴核…酒のさかな。「肴」は獣肉と魚肉。「核」は果物。
8 巽位…南東の方角。
14 佳辰…めでたい日柄。吉日。
18 諮諏…上の者が下の者にたずね、相談すること。
21 舛錯…錯乱すること。
22 叩首…額を地につけて拝礼すること。
23 盤桓…あちらこちら歩き回ること。
24 斌斌…外形と内面の質が共に備わり、調和がとれているさま。「彬彬」とも書く。
33 淘げる…細かい物を水中でゆすって選り分けること。
42 韓紅…濃く美しい紅色。韓(朝鮮、また中国の古称)から伝わった紅色の意。

読み / 表外の読み / 熟語の読み・一字訓読み / 共通の漢字 / 書き取り / 誤字訂正 / 四字熟語 / 対義語・類義語 / 故事・諺 / 文章題 / 模擬テスト

表外の読み①

目標時間 20分

1回目 ／42

2回目 ／42

● 次の傍線部分は常用漢字である。その**表外の読み**を**ひらがな**で記せ。

1 昨夜の出来事を具に語る。
2 来客の席を設える。
3 裏切り行為を詰る。
4 大臣の任免を縦に行う。
5 大枚を投じて宝石を購う。
6 ご厚意まことに辱い。
7 勇んで槍を扱く。
8 祖父に肖った名をつける。
9 あれからはや十年を閲する。
10 今後のことを強かに計算している。

解答

1 つぶさ 辞
2 しつら
3 なじ
4 ほしいまま 辞
5 あがな 辞
6 かたじけな
7 しご 辞
8 あやか 辞
9 けみ 辞
10 したた 辞

11 コンビニの前に若者が屯している。
12 あそこにいるのが件の男だ。
13 友人の恋人に邪な思いを抱く。
14 草むらに集く虫の声がする。
15 話の緒をつかむ。
16 彼は策略に長けている。
17 ボランティアの人たちを労う。
18 失敗したのは偏に私の責任だ。
19 予てからの注意を無視する。
20 悪事に与することはできない。

解答

11 たむろ
12 くだん
13 よこしま
14 すだ 辞
15 いとぐち
16 た
17 ねぎら
18 ひとえ
19 かね 辞
20 くみ

□ 21 夢か現か見分けがつかない。
□ 22 総務を掌る部署に配属された。
□ 23 他人のことをとやかく論う。
□ 24 退却軍の殿を命じられる。
□ 25 日々の仕事に勤しむ。
□ 26 国王に見える栄誉を得た。
□ 27 剰え雨まで降ってきた。
□ 28 度重なる凶悪事件に戦く。
□ 29 申し入れを快く諾う。
□ 30 古里の母に手紙を認める。
□ 31 今回は適うまくいっただけだ。
□ 32 話し終えて徐に立ち上がった。
□ 33 頑に首を横に振る。
□ 34 九十に垂とする老人の話を聞いた。

21 うつつ
22 つかさど 辞
23 あげつら 辞
24 しんがり
25 いそ
26 まみ
27 あまつさ
28 おのの
29 うべな 辞
30 したた 辞
31 たまたま
32 おもむろ
33 かたくな
34 なんなん 辞

□ 35 作品は粗でき上がった。
□ 36 通行人に態とぶつかる。
□ 37 相手の立場を慮る。
□ 38 後に気まずい凝りが残った。
□ 39 実行のためには某かの金がいる。
□ 40 故事に擬えて間違いを諭す。
□ 41 事の次第を詳らかにする。
□ 42 月光が清かに照らす。

35 ほぼ
36 わざ
37 おもんぱか
38 しこ
39 なにがし
40 なぞら 辞
41 つまび 辞
42 さや

意味をCheck!

1 **具に**…いろいろと詳しく。
4 **縦**…自分の思い通りに。
5 **購う**…買い求める。
7 **扱く**…細長いものを握ったり指で挟んだりし、強く押さえつけるようにしながら手や指を動かすこと。
8 **肖る**…自分もそうなりたいと願う。まねをする。
9 **閲する**…経る。
10 **強か**…冷静に、抜け目なく。
14 **集く**…多く集まって鳴くこと。

19 **予て**…以前から。
22 **掌る**…管理する。任務としてことにあたる。
23 **論う**…あれこれと言いたてる。
29 **諾う**…承知する。
30 **認める**…手紙などを書くこと。
34 **垂とする**…まさにそうなろうとする。
40 **擬える**…まねて作る。仮としてみなす。
41 **詳らか**…物事の細かいところまではっきりしているさま。

表外の読み②

目標時間 20分

1回目 ／42

2回目 ／42

● 次の傍線部分は常用漢字である。その**表外の読み**を**ひらがな**で記せ。

□ 1 悪法が罷り通る。
□ 2 約やかな生活をおくる。
□ 3 動もすれば感情的になる。
□ 4 胸の中を不安が過る。
□ 5 浴衣に着替えて寛いだ。
□ 6 甚だしく興味を殺がれた。
□ 7 宴席で薦被りを開ける。
□ 8 転た隔世の感にたえない。
□ 9 敵兵を誘きいれる。
□ 10 新しい土を入れて均す。

解答

1 まか 辞
2 つづま 辞
3 やや
4 よぎ
5 くつろ
6 そ 辞
7 こもかぶ 辞
8 うた 辞
9 おび
10 なら

□ 11 万ご相談にあずかります。
□ 12 国王に謁える光栄に浴した。
□ 13 祭壇の前に額ずく。
□ 14 容疑者を問い糾す。
□ 15 人生は禍福得喪交至る。
□ 16 自由になる金のないことを託つ。
□ 17 宮殿の階を月光が照らす。
□ 18 故にもったいをつける。
□ 19 行列の先頭が支えているようだ。
□ 20 弓に矢を番えて狙いを定めた。

解答

11 よろず
12 まみ
13 ぬか 辞
14 ただ
15 こもごも 辞
16 かこ 辞
17 きざはし
18 ことさら
19 つか
20 つが

21 ほんの遊びに作ったものだ。
22 温かいもてなしに気持ちが解れた。
23 審らかに申し述べる。
24 国際法に則った処置だった。
25 熟れやすいものを選んで食べる。
26 濃やかな心づかいを示す。
27 親切を受けて心が和いだ。
28 昔の好でよろしく頼む。
29 支持を得られなかったことを憾みに思う。
30 友の結婚を寿ぐ。
31 それは私の与り知らぬことだ。
32 暮れ泥む頃に宿に着いた。
33 学業においては努努怠ることなかれ。
34 不確かな情報は漫りに拡散しない。

21 すさ 辞
22 ほぐ
23 つまび
24 のっと
25 こな 辞
26 こま
27 な
28 よしみ
29 うら
30 ことほ
31 あずか
32 なず 辞
33 ゆめゆめ 辞
34 みだ

35 人々は挙って万歳を叫んだ。
36 身内だけで細やかな祝宴を開く。
37 戦死者を悼む碑がある。
38 自分の考えは略述べ終わった。
39 仕事は都てやり終えた。
40 一流の書家の文字は斉しく整っている。
41 おかげで命存えることができた。
42 目的の物を目敏く拾い出した。

35 こぞ
36 ささ
37 いしぶみ
38 ほぼ
39 すべ
40 ひと
41 なが
42 ざと

意味をCheck!

1 **罷り通る**…我が物顔に通ること。
2 **約やか**…質素。簡素。
6 **殺ぐ**…弱める、減ずる。
7 **薦被り**…薦で包んだ四斗入りの酒樽。
8 **転た**…ある感慨に打たれるさま。
13 **額ずく**…額が地につくほど丁寧にお辞儀をすること。
15 **交**…次々に現れる様子。かわるがわる。

16 **託つ**…愚痴をこぼす。不平を言う。
21 **遊び**…慰みごとのこと。
25 **熟れる**…食べたものが消化されること。
32 **泥む**…物事が進まないさま。「暮れ泥む」は暮れそうで暮れないこと。
33 **努努**…「努」(決して)を重ねて強調した語。決して決して。

熟語の読み・一字訓読み①

目標時間 29分

1回目 /62

2回目 /62

● 次の**熟語**の**読み**と、その**語義**にふさわしい**訓読み**を（送りがなに注意して）**ひらがな**で記せ。

〈例〉健勝…勝れる⇩ けんしょう／すぐ

ア 1 肇造…2 肇める

イ 3 鍾寵…4 鍾める

ウ 5 礪行…6 礪く

エ 7 畢生…8 畢わる

オ 9 紛擾…10 擾れる

カ 11 匡弼…12 弼ける

キ 13 檮昧…14 昧い

解答

1 ちょうぞう 辞
2 はじめる
3 しょうちょう 辞
4 あつめる
5 れいこう
6 みがく
7 ひっせい 辞
8 おわる
9 ふんじょう
10 みだれる
11 きょうひつ
12 たすける
13 とうまい 辞
14 くらい

ク 15 劃定…16 劃る

ケ 17 趨向…18 趨く

コ 19 汎愛…20 汎い

サ 21 優渥…22 渥い

シ 23 晦冥…24 晦い

ス 25 弘毅…26 毅い

セ 27 凋残…28 凋む

ソ 29 遁辞…30 遁れる

解答

15 かくてい 辞
16 くぎる
17 すうこう
18 おもむく
19 はんあい
20 ひろい
21 ゆうあく 辞
22 あつい
23 かいめい
24 くらい
25 こうき
26 つよい
27 ちょうざん
28 しぼむ
29 とんじ
30 のがれる

タ 31 厭悪…32 悪む
チ 33 謬説…34 謬る
ツ 35 掩蓋…36 掩う
テ 37 恢偉…38 恢きい
ト 39 蕃殖…40 蕃る
ナ 41 編輯…42 輯める
ニ 43 瀆職…44 瀆す
ヌ 45 允可…46 允す

31 えんお 32 にくむ
33 びゅうせつ 辞 34 あやまる
35 えんがい 36 おおう
37 かいい 38 おおきい
39 はんしょく 40 しげる
41 へんしゅう 42 あつめる
43 とくしょく 辞 44 けがす
45 いんか 辞 46 ゆるす

ネ 47 盈虚…48 盈ちる
ノ 49 翫笑…50 翫る
ハ 51 捷報…52 捷つ
ヒ 53 烹煎…54 烹る
フ 55 遡航…56 遡る
ヘ 57 臆度…58 臆る
ホ 59 董督…60 董す
マ 61 阻碍…62 碍げる

47 えいきょ 辞 48 みちる
49 がんしょう 50 あなどる
51 しょうほう 52 かつ
53 ほうせん 辞 54 にる
55 そこう 56 さかのぼる
57 おくたく 辞 58 おしはかる
59 とうとく 辞 60 ただす
61 そがい 62 さまたげる

意味をCheck!

1 肇造…はじめて造ること。
3 鍾寵…寵（めぐみ、いつくしみ）を一身にあつめること。非常にかわいがること。
7 畢生…一生を終わるまで。終生。
11 匡弼…非をただし、助けること。

13 檮昧…愚かなこと。「檮」は切り株。また、無知のさま。
15 劃定…区切り定めること。
21 優渥…天子の恩沢や詔勅がねんごろで手厚いこと。
33 謬説…まちがった説。

43 瀆職…公務員などが職をけがすこと。汚職。
45 允可…ゆるすこと。
47 盈虚…満ち欠け。栄えることと滅ぶこと。
53 烹煎…食物を煮る、いること。料理すること。
57 臆度…おしはかること。
59 董督…取り締まること。監督すること。

熟語の読み・一字訓読み②

目標時間 29分

1回目 ／62

2回目 ／62

● 次の**熟語**の**読み**と、その**語義**にふさわしい**訓読み**を（送りがなに注意して）**ひらがな**で記せ。

〈例〉健勝…勝れる⇩ { **けんしょう** / **すぐ** }

☐ア 1 曝書…2 曝す
☐イ 3 冶金…4 冶る
☐ウ 5 窺管…6 窺く
☐エ 7 永訣…8 訣れる
☐オ 9 嬰鱗…10 嬰れる
☐カ 11 凱風…12 凱らぐ
☐キ 13 敦厚…14 敦い

解答

1 ばくしょ 辞　2 さらす
3 やきん　4 いる
5 きかん 辞　6 のぞく
7 えいけつ 辞　8 わかれる
9 えいりん 辞　10 ふれる
11 がいふう 辞　12 やわらぐ
13 とんこう　14 あつい

☐ク 15 勃爾…16 勃かに
☐ケ 17 苦諫…18 諫める
☐コ 19 蒐荷…20 蒐める
☐サ 21 拘繫…22 繫ぐ
☐シ 23 顚墜…24 顚れる
☐ス 25 按罪…26 按べる
☐セ 27 切瑳…28 瑳く
☐ソ 29 夷坦…30 夷らか

解答

15 ぼつじ 辞　16 にわかに
17 くかん　18 いさめる
19 しゅうか 辞　20 あつめる
21 こうけい　22 つなぐ
23 てんつい　24 たおれる
25 あんざい　26 しらべる
27 せっさ　28 みがく
29 いたん　30 たいらか

タ 31 徽言…32 徽い

チ 33 艶聞…34 艶かしい

ツ 35 仰臥…36 臥す

テ 37 堰塞…38 堰く

ト 39 嘉尚…40 嘉する

ナ 41 赫灼…42 赫く

ニ 43 纏着…44 纏う

ヌ 45 綿亙…46 亙る

31 きげん 辞
32 よい
33 えんぶん
34 なまめかしい
35 ぎょうが
36 ふす
37 えんそく 辞
38 せく
39 かしょう 辞
40 よみする
41 かくしゃく
42 かがやく
43 てんちゃく
44 まとう
45 めんこう 辞
46 わたる

ネ 47 哀咽…48 咽ぶ

ノ 49 侃侃…50 侃い

ハ 51 匡弼…52 匡す

ヒ 53 鞠育…54 鞠う

フ 55 耽溺…56 耽る

ヘ 57 膏沃…58 膏える

ホ 59 轟音…60 轟く

マ 61 纂述…62 纂める

47 あいえつ
48 むせぶ
49 かんかん 辞
50 つよい
51 きょうひつ
52 ただす
53 きくいく 辞
54 やしなう
55 たんでき 辞
56 ふける
57 こうよく 辞
58 こえる
59 ごうおん
60 とどろく
61 さんじゅつ 辞
62 あつめる

1 曝書…蔵書を出して、風に当てること。本を虫干しすること。
5 窺管…管の中からのぞく。見識が狭いことのたとえ。
7 永訣…死別すること。
9 嬰鱗…鱗に触れる。怒らせること。

11 凱風…南から吹くおだやかな風。
15 勃爾…にわかに起こること。「爾」はその通りである意を示す助字。
19 蒐荷…荷物が各地から一か所に集まること。
31 徽言…よいことば。善言。

37 堰塞…水流をせき止めること。
39 嘉尚…ほめたたえること。
45 綿亙…連なりわたること。
49 侃侃…信念を曲げないさま。剛直なさま。
53 鞠育…大切に養い育てること。

55 耽溺…酒色などに夢中になること。
57 膏沃…地味がよく肥えていること。
61 纂述…材料を集め、文章に書いて述べること。

読み
表外の読み
熟語の読み・一字訓読み
共通の漢字
書き取り
誤字訂正
四字熟語
対義語・類義語
故事・諺
文章題
模擬テスト

共通の漢字①

●次の各組の二文の（　）には**共通**する漢字が入る。その読みを後の□から選び、**常用漢字（一字）**で記せ。

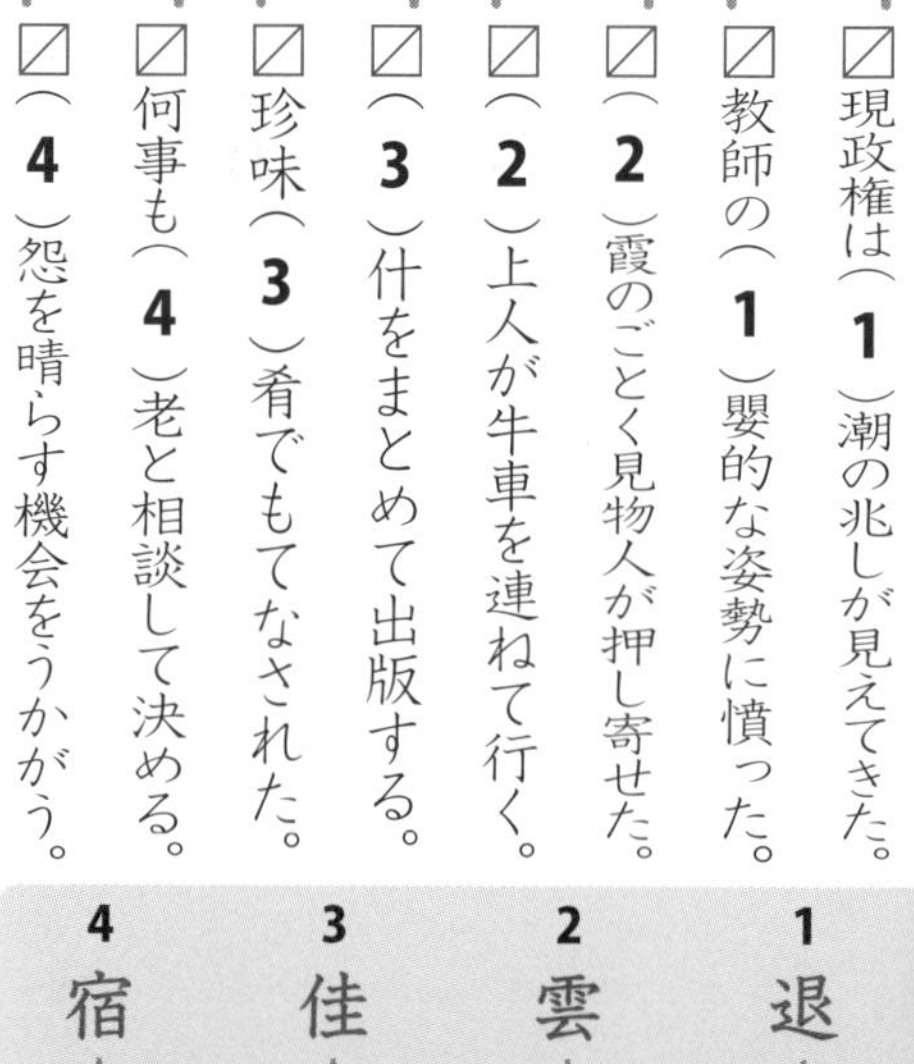

- ☑現政権は（**1**）潮の兆しが見えてきた。
- ☑教師の（**1**）嬰的な姿勢に憤った。

- ☑（**2**）霞のごとく見物人が押し寄せた。
- ☑（**2**）上人が牛車を連ねて行く。

- ☑（**3**）什をまとめて出版する。
- ☑珍味（**3**）肴でもてなされた。

- ☑何事も（**4**）老と相談して決める。
- ☑（**4**）怨を晴らす機会をうかがう。

うん・えん・か・しゅく・せき・たい・ふう・へん

解答

1 退：退潮（たいちょう）／退嬰（たいえい）辞

2 雲：雲霞（うんか）／雲上人（うんじょうびと）

3 佳：佳什（かじゅう）辞／佳肴（かこう）

4 宿：宿老（しゅくろう）辞／宿怨（しゅくえん）

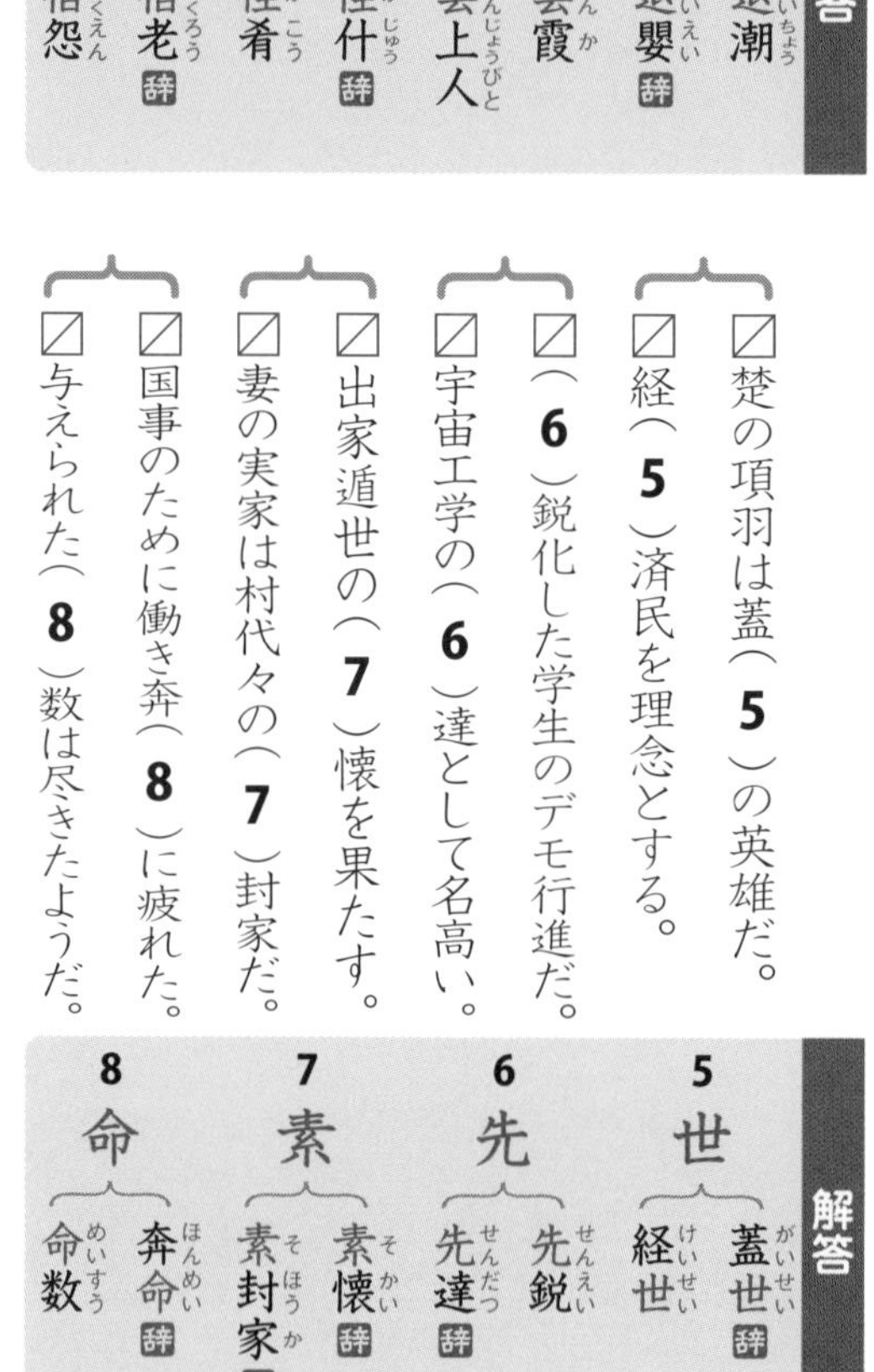

- ☑楚の項羽は蓋（**5**）の英雄だ。
- ☑経（**5**）済民を理念とする。

- ☑（**6**）鋭化した学生のデモ行進だ。
- ☑宇宙工学の（**6**）達として名高い。

- ☑出家遁世の（**7**）懐を果たす。
- ☑妻の実家は村代々の（**7**）封家だ。

- ☑国事のために働き奔（**8**）に疲れた。
- ☑与えられた（**8**）数は尽きたようだ。

こく・しょ・せい・せん・そ・とう・めい・れん

解答

5 世：蓋世（がいせい）辞／経世（けいせい）

6 先：先鋭（せんえい）／先達（せんだつ）辞

7 素：素懐（そかい）辞／素封家（そほうか）辞

8 命：奔命（ほんめい）辞／命数（めいすう）

かん・き・きょう・こ・そつ・たい・へい・ほう

□大多数の友人は（9）籍に入った。
□伝染病の広がりに（9）胎を抱く。
□繁華街は（10）騒の巷と化した。
□酔（10）もほどほどにせよと叱られた。
□（11）履のように捨て去る。
□時（11）を改めるよう努める。
□御（12）情を有難く思う。
□御（12）恩は決して忘れない。
□倉（13）の間、失礼をお詫びする。
□（13）爾ながら一言申し上げたい。

9	10	11	12	13
鬼	狂	弊	芳	卒
鬼籍（きせき）	狂騒（きょうそう）	弊履（へいり）辞	芳情（ほうじょう）辞	倉卒（そうそつ）辞
鬼胎（きたい）辞	酔狂（すいきょう）	時弊（じへい）辞	芳恩（ほうおん）	卒爾（そつじ）

あん・かつ・き・けつ・こう・せん・はい・れき

□食糧や飲料水を（14）分する。
□成（14）を手に委員会に臨んだ。
□元はと言えば国民の（15）税だ。
□敵の隙をついて（15）路を開く。
□将軍は（16）代の戦略家だ。
□薬品の（16）釈には注意を要する。
□作家と批評家が舌（17）を繰り広げる。
□ヨーロッパに（17）雲が動いた。
□兄と兄嫁とは（18）一対の夫婦だ。
□（18）餌をもっておびき出す。

14	15	16	17	18
案	血	希	戦	好
案分（あんぶん）	血税（けつぜい）	希代（きだい）	舌戦（ぜっせん）	好一対（こういっつい）
成案（せいあん）	血路（けつろ）	希釈（きしゃく）	戦雲（せんうん）	好餌（こうじ）

意味をCheck!

1 退嬰…消極的なこと。
3 佳什…詩歌のすぐれた作品。
4 宿老…経験を積んだ老巧の人。武家における重臣。
5 蓋世…世をおおいつくすほど意気盛んで優れていること。
6 先達…その分野の先駆者。後進を指導する経験者。
7 素懐…かねてからの考えや願い。
7 素封家…財産家。
8 奔命…命令に従い、忙しく走り回って働くこと。
9 鬼胎…おそれ。心配。
11 弊履…破れた履物。惜し気もなく捨てられるもの。
11 時弊…その時代の弊害や悪習。
12 芳情…他人の心づかいを敬っていう語。「芳」は他人の物事に冠する敬称。芳志、芳名など。
13 倉卒…突然であること。

共通の漢字②

目標時間 9分

1回目 ／18

2回目 ／18

● 次の各組の二文の（　）には**共通**する漢字が入る。その読みを後の□から選び、**常用漢字（一字）**で記せ。

□領海侵犯多発は（ **1** ）心にたえない。
□向（ **1** ）のみぎりご自愛ください。

□もとより苦（ **2** ）は察している。
□人々に（ **2** ）情を訴える。

□結婚して（ **3** ）累が増えた。
□遺産をめぐる（ **3** ）争が最近多い。

□古戦場に攻防の事（ **4** ）を追う。
□この書は祖師の真（ **4** ）だそうだ。

かん・けい・こ・しん・せき・ちゅう・とう・はん

解答

1 寒　寒心（かんしん）　向寒（こうかん）
2 衷　苦衷（くちゅう）辞　衷情（ちゅうじょう）辞
3 係　係累（けいるい）　係争（けいそう）
4 跡　事跡（じせき）　真跡（しんせき）辞

□穎（ **5** ）の者に官位を与える。
□長編小説はやっと（ **5** ）稿した。

□今回の選挙に私（ **6** ）があったという。
□委（ **6** ）を尽くして説明する。

□文学賞の候補になったのは欣（ **7** ）だ。
□ちょうど（ **7** ）便があったので頼んでおいた。

□犀（ **8** ）な刃物で切り刻んだ。
□主役とは役者冥（ **8** ）に尽きる。

が・き・きょく・こう・さい・だつ・ふく・り

解答

5 脱　穎脱（えいだつ）　脱稿（だっこう）
6 曲　私曲（しきょく）辞　委曲（いきょく）
7 幸　欣幸（きんこう）　幸便（こうびん）
8 利　犀利（さいり）　冥利（みょうり）

□党内派閥をめぐり（ 9 ）闘が続く。
□一人ひそかに（ 9 ）涙にむせんだ。

□（ 10 ）荒の年は流民が増える。
□独居老人を狙った（ 10 ）行だった。

□尊（ 11 ）謹んで拝読しました。
□事務は繁（ 11 ）よろしきを得ている。

□先方の名に御（ 12 ）存と書き添えた。
□頂戴物の礼には御（ 12 ）与の語を使う。

□雪の降る夜は（ 13 ）閑としている。
□式場は（ 13 ）厳とした空気に包まれた。

あん・かん・きょう・けい・しん・そう・ふん・りん

9	10	11	12	13
暗	凶	簡	恵	森
暗闘（あんとう）	凶荒（きょうこう）	尊簡（そんかん）辞	恵存（けいぞん）辞	森閑（しんかん）辞
暗涙（あんるい）	凶行（きょうこう）	繁簡（はんかん）	恵与（けいよ）	森厳（しんげん）辞

□殺害現場は酸（ 14 ）を極めていた。
□日本の油絵の（ 14 ）祖とされる。

□三十年もの苦（ 15 ）に耐えた。
□（ 15 ）畜を人間同様に大切に扱う。

□すっかり時（ 16 ）に乗り遅れた。
□悲しみの（ 16 ）露した音楽だ。

□実は兄弟と知って（ 17 ）驚した。
□まだ（ 17 ）飯のための苦労を知らない。

□二人の技能に（ 18 ）庭はない。
□地道な努力が合格への捷（ 18 ）だ。

いっ・えき・かい・きっ・けい・び・りゅう・ろう

14	15	16	17	18
鼻	役	流	喫	径
酸鼻（さんび）辞	苦役（くえき）	時流（じりゅう）	喫驚（きっきょう）	径庭（けいてい）辞
鼻祖（びそ）辞	役畜（えきちく）	流露（りゅうろ）	喫飯（きっぱん）辞	捷径（しょうけい）

意味をCheck!

2 苦衷…心中の苦しみ。
2 衷情…本当の気持ち。まごころ。
4 真跡…その人が書いたと認められる筆跡。
6 私曲…不正な手段で自分の利益になるようにすること。
11 尊簡…相手からの手紙を敬っていう語。
12 恵存…物を贈るときに相手の名に書き添えて「どうかお手元に置いて下さい」の意を表す語。
13 森閑…ひっそりと静かなさま。
13 森厳…いかめしくおごそかなさま。
14 酸鼻…むごたらしく、いたましいこと。「酸」はつらい、いたましい。
14 鼻祖…物事を最初に始めた人。
17 喫飯…食事をすること。また、生活をすること。
18 径庭…大きな差異。

共通の漢字③

●次の各組の二文の（　）には共通する漢字が入る。その読みを後の□から選び、常用漢字（一字）で記せ。

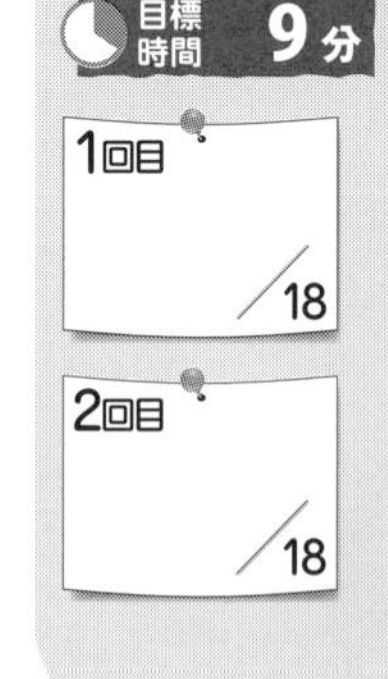

- □創業者は（1）量な人物だった。
- □三時間もの長（1）舌をふるう。

- □何を言っても遁（2）にしか聞こえない。
- □蕪（2）を連ねて御礼の挨拶とした。

- □医学は世界に冠（3）する水準にある。
- □宇宙船との通信が杜（3）した。

- □不定愁（4）の患者を診察する。
- □テレビCMの（4）求効果を調べる。

きょう・こう・じ・すい・ぜつ・そ・そう・は

解答

1 広　広量（こうりょう）　長広舌（ちょうこうぜつ）
2 辞　遁辞（とんじ）辞　蕪辞（ぶじ）辞
3 絶　冠絶（かんぜつ）辞　杜絶（とぜつ）
4 訴　愁訴（しゅうそ）辞　訴求（そきゅう）

- □舌（5）火を吐くごとく追及する。
- □師匠の前に（5）坐した。

- □いずれ（6）趨の上ご意見賜りたい。
- □（6）眉のお許しを頂ければ光栄です。

- □逢（7）が時は用心が必要だ。
- □豪壮な邸宅は伏（7）殿との噂だ。

- □開腹手術の（8）後は順調だ。
- □大地震を（8）兆するかのような現象だ。

こう・せい・せん・たん・はい・ま・よ・りゅう

解答

5 端　舌端（ぜったん）辞　端坐（たんざ）
6 拝　拝趨（はいすう）　拝眉（はいび）
7 魔　逢魔が時（おうまがとき）辞　伏魔殿（ふくまでん）
8 予　予後（よご）　予兆（よちょう）

□聖人に次ぐ賢人を（ 9 ）聖という。
□白（ 9 ）紀は中生代最後の時代だ。

□（ 10 ）熱地獄のような暑さが続く。
□春の野原に陽（ 10 ）が立つ。

□惜しむことなく寺に（ 11 ）捨する。
□合掌して随（ 11 ）の涙を流す。

□（ 12 ）多の人々が平和を願った。
□違反行為は黙（ 12 ）できない。

□（ 13 ）臥して星空を眺めた。
□大（ 13 ）なことを言う人だ。

あ・えん・おう・き・きょ・ぎょう・にん・はつ

9	10	11	12	13
亜	炎	喜	許	仰
亜聖（あせい）辞	炎熱（えんねつ）	喜捨（きしゃ）辞	許多（きょた）辞	仰臥（ぎょうが）
白亜（はくあ）	陽炎（ようえん）辞	随喜（ずいき）	黙許（もっきょ）	大仰（おおぎょう）

□陰では因（ 14 ）親父と言われている。
□黙って金を出すのは（ 14 ）腹だ。

□マラリアは間（ 15 ）的に発熱する。
□喪中につき年賀を（ 15 ）礼する。

□英（ 16 ）の学生に奨学金を出す。
□獄中で悔（ 16 ）の念にかられる。

□社業（ 17 ）昌を祈念する。
□（ 17 ）運にのって事業を拡大する。

□治癒例は過去に（ 18 ）見される。
□胸中の疑団が霧（ 18 ）した。

けつ・ご・ごう・さい・さん・しつ・ねん・りゅう

14	15	16	17	18
業	欠	悟	隆	散
因業（いんごう）	間欠（かんけつ）	英悟（えいご）	隆昌（りゅうしょう）	散見（さんけん）
業腹（ごうはら）辞	欠礼（けつれい）	悔悟（かいご）	隆運（りゅううん）	霧散（むさん）

意味をCheck!

2 無辞…乱雑で品位のない言葉。自分の言葉や文章をへりくだっていう語。
3 冠絶…飛び抜けてすぐれていること。

4 愁訴…心配や歎きを訴えること。「不定愁訴」は原因不明の体調の悪さ。
5 舌端…弁舌。「舌端火を吐く」はことば鋭く説き立てること。

7 逢魔が時…夕暮れ時。わざわいが起こると考えられた。
9 亜聖…儒教において聖人である孔子に次ぐ人。孟子、または顔回。
10 陽炎…「かげろう」とも読む。

11 喜捨…寺社や貧しい人に金品を差し出すこと。
12 許多…「あまた」とも読む。
14 業腹…非常に悔しくて腹立たしいこと。いまいましいこと。

共通の漢字④

● 次の各組の二文の（　）には**共通**する漢字が入る。その読みを後の□から選び、**常用漢字（一字）**で記せ。

目標時間 9分

1回目 ／18

2回目 ／18

☐牛（**1**）を執り盟約を結ぶ。
☐六十歳を（**1**）順という。

☐定年後に（**2**）学の楽しみを見出す。
☐（**2**）節を汚す行為を恥じる。

☐（**3**）見を披露させていただく。
☐（**3**）賤の出ながら顕官に就いた。

☐親の金で（**4**）蕩の限りを尽くす。
☐諸国を歴（**4**）して見聞を広めた。

い・こう・じ・じゅう・ばん・ひ・ほう・ゆう

解答

1 **耳**　牛耳（ぎゅうじ）辞　耳順（じじゅん）

2 **晩**　晩学（ばんがく）　晩節（ばんせつ）辞

3 **卑**　卑見（ひけん）辞　卑賤（ひせん）

4 **遊**　遊蕩（ゆうとう）　歴遊（れきゆう）

☐斎場には（**5**）咽の声が満ちた。
☐戦災孤児に（**5**）憐の情を催す。

☐新企画を前に意欲（**6**）溢する。
☐ひき逃げ事故で（**6**）死を遂げた。

☐美しくも（**7**）馴な文字遣いだ。
☐過ちを許す（**7**）量を示した。

☐姿は魁（**8**）にして武芸に秀でる。
☐人（**8**）を選んで指導者と仰ぐ。

あい・おう・か・が・かく・きゅう・けつ・ど

解答

5 **哀**　哀咽（あいえつ）　哀憐（あいれん）

6 **横**　横溢（おういつ）　横死（おうし）辞

7 **雅**　雅馴（がじゅん）辞　雅量（がりょう）辞

8 **傑**　魁傑（かいけつ）　人傑（じんけつ）

☐しきりに（9）波を送る。
☐麦（9）は夏の季語である。

☐英（10）とうたわれて留学する。
☐多くの（10）秀が学ぶ名門校だ。

☐晩餐会のために扮（11）する。
☐落（11）して山寺に籠もる。

☐秋（12）のごとく捨て去られる。
☐（12）情的な舞を舞う。

☐（13）狗として追い使われる。
☐手のこんだご馳（13）をいただく。

かん・さい・しゅう・しゅん・しょく・せん・そう・はく

9 秋
秋波（しゅうは）
麦秋（ばくしゅう）辞

10 俊
英俊（えいしゅん）
俊秀（しゅんしゅう）

11 飾
扮飾（ふんしょく）辞
落飾（らくしょく）

12 扇
秋扇（しゅうせん）辞
扇情（せんじょう）

13 走
走狗（そうく）辞
馳走（ちそう）

☐高（14）主義を掲げて生きる。
☐山村の暮らしを実地（14）査する。

☐面会の約束を失（15）した。
☐責任を取る旨の（15）書を渡す。

☐（16）徳は報いを期待しない。
☐（16）鬱な曇り空が続く。

☐疑念は胸（17）に秘めた。
☐哲学の深（17）に迫る。

☐妨害行為もさらに（18）意しない。
☐和解を拒む者が（18）在している。

あん・いん・おう・かい・そん・ちょう・とう・ねん

14 踏
高踏（こうとう）
踏査（とうさ）

15 念
失念（しつねん）
念書（ねんしょ）

16 陰
陰徳（いんとく）辞
陰鬱（いんうつ）

17 奥
胸奥（きょうおう）
深奥（しんおう）

18 介
介意（かいい）
介在（かいざい）

意味をCheck!

1 牛耳…「牛耳を執る」は同盟の盟主となること。その組織の中心人物として主導権を握ること。
2 晩節…晩年の節操。
3 卑見…つまらない意見。自分の意見の謙譲語。

6 横死…不慮の災難で死ぬこと。
7 雅馴…文章や言葉が品よく優美で、よく練れていること。
7 雅量…度量の広いこと。

9 麦秋…初夏。麦の熟れるころ。
11 扮飾…身なりを飾り、よそおうこと。
12 秋扇…秋になって使われなくなった扇。時季外れで役に立たないもの。愛を失った女性のたとえ。

13 走狗…猟犬。また、人の手先となって働く者。
16 陰徳…人知れずなされた立派な行為。

書き取り①

目標時間 20分

1回目 ／42

2回目 ／42

● 次の傍線部分の**カタカナ**を**漢字**で記せ。

- 1 泣きだした子どもを**ナダ**める。
- 2 頭が鋭く**サ**える。
- 3 顧客情報が**ロウエイ**した。
- 4 刀を抜いて草を**ナ**いだ。
- 5 父の**イハイ**に手を合わせる。
- 6 ダム湖が大量の水を**タタ**える。
- 7 就職の**アッセン**をしてもらう。
- 8 この食品は**タンパク**質が多い。
- 9 手柄を立てて本領**アンド**を許された。
- 10 鉛筆を削って**トガ**らせる。

解答

1	2	3	4	5	6	7	8	9	10
宥	冴	漏洩	薙	位牌	湛	斡旋	蛋白	安堵・案堵	尖

- 11 二人の候補を**テンビン**に掛ける。
- 12 **オオゲサ**な話は信じない。
- 13 お土産に**ツクダニ**を買って帰った。
- 14 あの人は**ヒガ**みっぽいのが玉に傷だ。
- 15 先輩を**リョウガ**する力をつけた。
- 16 強いようで意外と**モロ**い。
- 17 社史を**ヘンサン**する担当になる。
- 18 過失を認めて**ワ**びる。
- 19 古墳の周囲から**ハニワ**が出土した。
- 20 この川には危険な**ワニ**が潜んでいる。

解答

11	12	13	14	15	16	17	18	19	20
天秤	大袈裟	佃煮	僻 辞	凌駕・陵駕 辞	脆	編纂	詫	埴輪	鰐

21 敵を倒して**ガイカ**をあげる。

22 転倒して**ダイタイ**骨を折った。

23 交通事故で**ヒンシ**の重傷を負った。

24 粘土に**ヘラ**で形をつける。

25 台風に備えて**ロウソク**を買った。

26 大人になり**ケイカク**が取れたようだ。

27 出港を**フトウ**に立って見送る。

28 引越荷物を**コンポウ**する。

29 **コンペキ**の空に白球が弧を描く。

30 帰宅してすぐ**セッケン**で手を洗う。

31 **シノツ**く雨を冒して出かける。

32 優勝が決まった瞬間**カイサイ**を叫んだ。

33 博士号を得て**ハク**を付けた。

34 巧みな手綱**サバ**きで暴れ馬を鎮めた。

21	22	23	24	25	26	27	28	29	30	31	32	33	34
凱歌 辞	大腿	瀕死	篦	蠟燭	圭角 辞	埠頭 辞	梱包	紺碧	石鹼	篠突 辞	快哉 辞	箔 辞	捌

35 時代の**チョウジ**としてもてはやされる。

36 彼との**ユウギ**は高校以来続く。

37 監督不行届が今回の問題を**ジャッキ**した。

38 駅で落ち合う**テハズ**になっている。

39 **ウ**の花が夏の到来を告げる。

40 **ウ**の目鷹の目で探し出す。

41 音楽市場を**セッケン**する。

42 洗顔用**セッケン**を泡立てる。

35	36	37	38	39	40	41	42
寵児 辞	友誼	惹起 辞	手筈 辞	卯	鵜 辞	席捲 席巻	石鹼

意味をCheck!

14 僻む…物事を素直に受け取らない。ゆがんだ考え方をする。
15 凌駕・陵駕…他を超えて、その上にでること。
21 凱歌…勝利を祝う歌。勝どき。
26 圭角…言行が角立って、円満でないさま。
27 埠頭…波止場。船着き場。
31 篠…「篠突く雨」は篠(細い竹)を束ねて突きおろすような激しい雨。

32 快哉…たいへん痛快なこと。
33 箔…「箔が付く」はよい値打ちがつくこと。
35 寵児…評判になって人気を集める人。
37 惹起…引きおこすこと。
38 手筈…前もって準備しておく一定の順序。
40 鵜…「鵜の目鷹の目」はしつこく探し出そうとする鋭い目付き。

書き取り②

目標時間 20分

1回目 ／42

2回目 ／42

● 次の傍線部分の**カタカナ**を**漢字**で記せ。

1 非常識な態度に**アゼン**とする。
2 後方から敵を**カクラン**する。
3 伯父の**ヒゴ**を受けて育った。
4 **カンキツ**系の香りが好きだ。
5 いつも**キゼン**たる態度を崩さない。
6 もう顔も見たくない**ダキ**すべき男だ。
7 書き上げた手紙を**トウカン**する。
8 囲炉裏の火で天井が**スス**けている。
9 情況はかなり**ヒッパク**している。
10 損失を**ホテン**する方策を立てる。

解答

1 唖然
2 攪乱 辞
3 庇護
4 柑橘
5 毅然
6 唾棄 辞
7 投函
8 煤
9 逼迫
10 補塡

11 幸せな思いが暫く**ヨウエイ**していた。
12 彼の速球は**ケタ**外れに速い。
13 裏で**チョウホウ**機関が暗躍していた。
14 医者も**サジ**を投げる重病だ。
15 **フンソウ**を終えて撮影開始を待つ。
16 命乞いを冷たく**イッシュウ**した。
17 **コソク**な手段でやりすごす。
18 花弁の中に数十本の**メシベ**がある。
19 校庭に**ダエン**形のトラックを描く。
20 **リュウチョウ**な英語でスピーチをした。

解答

11 揺曳 辞
12 桁
13 諜報
14 匙
15 扮装 辞
16 一蹴
17 姑息 辞
18 雌蕊
19 楕円
20 流暢

21 彼女の**ドウコウ**は青味を帯びている。
22 事故の犠牲者に**モクトウ**を捧げる。
23 台風で**アマドイ**が壊れてしまった。
24 部屋の片付けは**オックウ**だ。
25 お土産に**カマボコ**をいただいた。
26 志望校に合格して**ウレ**しい。
27 兄弟やいとこ達が**セイゾロ**いした。
28 刀の**ツバ**は現代では美術品だ。
29 文章の要点を**ハソク**する。
30 修験者が**ホラ**貝を吹いた。
31 運命に**ホンロウ**された生涯だった。
32 **リョウセン**を伝って山頂を目指す。
33 **イビツ**な茶碗が出来上がった。
34 金庫の金を**ワシヅカ**みにした。

21 瞳孔
22 黙禱
23 雨樋
24 億劫
25 蒲鉾
26 嬉
27 勢揃
28 鍔 辞
29 把捉 辞
30 法螺
31 翻弄
32 稜線 辞
33 歪
34 鷲摑

35 若者は食欲**オウセイ**だ。
36 自由**キママ**に生きる。
37 世紀を**マタ**いで常に第一線にいた。
38 新聞は社会の**ボクタク**と言われる。
39 祖父は苦しそうに**セ**いた。
40 作品の仕上げを**セ**いた。
41 洗い終えた食器を**フ**く。
42 杉板で屋根を**フ**く。

35 旺盛
36 気儘
37 跨
38 木鐸 辞
39 咳（喘・嗽）
40 急
41 拭
42 葺

意味をCheck!

2 攪乱…かき乱すこと。「コウラン」の慣用読み。
6 唾棄…忌み嫌い、軽蔑すること。
11 揺曳…後まで長く尾を引くこと。
15 扮装…俳優が演じる役柄らしく身なりを装うこと。
17 姑息…一時的にやり過ごすこと。その場しのぎ。
28 鍔…刀剣のつかと刀身との境に挟んで、柄を握る手を防御するもの。
29 把捉…しっかりとつかまえること。理解すること。
32 稜線…山の尾根の線。
38 木鐸…昔、中国で法令などを触れて歩く時に鳴らした、舌が木製の鈴。社会を教導する人のことを言う。

書き取り③

目標時間 20分

1回目 ／42

2回目 ／42

● 次の傍線部分のカタカナを漢字で記せ。

1 話に**オヒレ**が付いて広まった。
2 到来物を分けて**モラ**う。
3 真っ赤な**リンゴ**をかじる。
4 船を港に**エイコウ**する。
5 国のために身を**テイ**して働く。
6 事情は**サクソウ**としている。
7 球界に**サンゼン**と輝く記録を残した。
8 **ミケン**にしわを寄せる。
9 民衆を**ケイモウ**する必要がある。
10 **ラセン**階段を伝って屋上に出た。

解答
1 尾鰭 辞
2 貰
3 林檎
4 曳航
5 挺 辞
6 錯綜 辞
7 燦然 辞
8 眉間
9 啓蒙
10 螺旋

11 **フモト**の登山口に集合した。
12 結核性**セキツイ**カリエスを患う。
13 **サイバシ**で煮物を取り分ける。
14 最後**ツウチョウ**を突き付ける。
15 **バテイ**の音がカツカツと響く。
16 神経を**サカナ**でされたような気分だ。
17 親方に**ノコギリ**の使い方を教わる。
18 相手が一瞬**ヒル**むのを見て反撃した。
19 **ケイフン**は肥料になる。
20 **コトナカ**れ主義で世間を渡ってきた。

解答
11 麓
12 脊椎
13 菜箸
14 通牒
15 馬蹄
16 逆撫
17 鋸
18 怯
19 鶏糞
20 事勿 辞

□ 21 **ゼッポウ**鋭く答弁を迫る。
□ 22 **ヒマツ**を浴びながら滝を見物する。
□ 23 初夏になると**ビワ**の実が熟す。
□ 24 結婚式に**ホウバイ**を招待する。
□ 25 **シシュウ**で花模様を描く。
□ 26 彼の言うことなど**フンパン**物だ。
□ 27 思い切り殴って**リュウイン**を下げた。
□ 28 昨年同時期を**シノ**ぐ雨量だ。
□ 29 **カスミ**網で小鳥を捕まえる。
□ 30 上空から見ると人家は**ケシ**粒のようだ。
□ 31 時**アタカ**も良しと正体を現す。
□ 32 若い時から**ホリュウ**の質だった。
□ 33 企画書が社長の**ゲキリン**に触れた。
□ 34 夜なべ仕事で目が**クボ**む。

21	舌鋒 辞
22	飛沫
23	枇杷
24	朋輩 傍輩
25	刺繍
26	噴飯 辞
27	溜飲
28	凌 陵
29	霞
30	芥子
31	恰 宛
32	蒲柳 辞
33	逆鱗
34	窪 凹

□ 35 それは日常の**サジ**に過ぎない。
□ 36 皮膚科で**シッシン**をみてもらった。
□ 37 局面打開の**ショコウ**が見えてきた。
□ 38 酒色に**タンデキ**して身を滅ぼした。
□ 39 敵陣に**セッコウ**を放った。
□ 40 **セッコウ**像を描写する。
□ 41 夜空に一瞬**センコウ**が走った。
□ 42 大学で西洋美術史を**センコウ**する。

35	些(瑣)事 辞
36	湿疹
37	曙光 辞
38	耽溺
39	斥候
40	石膏
41	閃光
42	専攻

意味をCheck!

1 尾鰭が付く…話が伝わるうちに実際よりも大げさになること。
5 挺する…他に先立って進むこと。
6 錯綜…複雑に入り組んでいること。
7 燦然…あざやかに光り輝くこと。
20 事勿れ…「事勿れ主義」は平穏無事を願う消極的な思考や態度。

21 舌鋒…物の言い方が鋭いこと。
26 噴飯…こらえきれずに笑い出すこと。
32 蒲柳…「蒲柳の質」は病弱な体質のこと。
35 些事…つまらないこと。（「瑣」は1級用漢字）
37 曙光…物事の先に見え始めた明るい兆候。

書き取り④

目標時間 20分

1回目 ／42

2回目 ／42

● 次の傍線部分の**カタカナ**を**漢字**で記せ。

1 夕方までに全商品が**サバ**けた。
2 **サンサン**たる南国の陽光を浴びる。
3 食堂の**イス**を新調する。
4 平家は**エイヨウ**の限りを尽くした。
5 テロ集団の**シュカイ**が捕まる。
6 **ソウダ**を誤り船は氷山に衝突した。
7 口止めされたことを**シャベ**る。
8 父の自慢は**ヒノキ**の風呂だ。
9 **ホオヅエ**を突いて話を聞く。
10 詩文を**チョウタク**する。

解答

1 捌
2 燦燦（粲粲）
3 椅子
4 栄耀 栄曜 辞
5 首魁 辞
6 操舵
7 喋
8 檜
9 頬杖
10 彫（雕）琢 辞

11 弟に限ってそんな**ハズ**は無い。
12 負傷した腕を**カバ**う。
13 **マンコウ**の賛意を示した。
14 馬に**クラ**を置く。
15 うさぎは鷲の**エジキ**になった。
16 **フスマ**の絵は狩野派のものだ。
17 妹のわがままに**イラ**だつ。
18 革の**カバン**を提げて出勤する。
19 都会生活で**アカヌ**けたようだ。
20 全く**カイショウ**のない男だ。

解答

11 筈
12 庇
13 満腔
14 鞍
15 餌食
16 襖
17 苛
18 鞄
19 垢抜
20 甲斐性 辞

□ **21** 三党**テイリツ**して政局は不安定だ。
□ **22** トーストの上でバターが**トロ**ける。
□ **23** 新しい環境に**ジュンチ**させる。
□ **24** 夕方の**アカネ**雲が美しい。
□ **25** 口の**スボ**んだ花瓶に花を生けた。
□ **26** **ジンゾウ**移植手術は無事終了した。
□ **27** 年始の**アイサツ**回りに出掛ける。
□ **28** 検査の結果胃に**ガン**がみつかった。
□ **29** イソップの話は**グウイ**に富む。
□ **30** 十分**ゴ**していけるだけの実力がある。
□ **31** 川は全て**アンキョ**化されている。
□ **32** **サンロク**にベースキャンプを設ける。
□ **33** 体制批判の**キュウセンポウ**に立つ。
□ **34** **サワラビ**に春の息吹を感じる。

21 鼎立 辞
22 蕩
23 馴致 辞
24 茜
25 窄
26 腎臓
27 挨拶
28 癌
29 寓意 辞
30 伍 辞
31 暗渠 辞
32 山麓
33 急先鋒
34 早蕨

□ **35** 向こう岸まで船を**コ**いだ。
□ **36** 芝居の**ダイゴミ**を味わう。
□ **37** 社会の敵に**テッツイ**を下す。
□ **38** 父は高校で**キョウベン**を執っている。
□ **39** **シシ**として修養を積む。
□ **40** **シシ**累累たる戦場を後にする。
□ **41** 秘密をあばかれ顔面**ソウハク**になる。
□ **42** 古人の**ソウハク**をなめる。

35 漕
36 醍醐味 辞
37 鉄槌 鉄鎚 辞
38 教鞭
39 孜孜(孳孳) 孜々(孳々)
40 死屍
41 蒼白
42 糟粕(魄)

意味をCheck!

4 栄耀…栄えてはぶりのよいこと。ぜいたくをすること。
5 首魁…首領。首謀者。
10 彫琢…刻み磨くこと。転じて、詩文を練り上げること。
20 甲斐性…「甲斐性無し」は生活力がないこと。頼りにならないこと。
(「雕」は1級用漢字)
21 鼎立…三者が互いに対立すること。

---

23 馴致…少しずつならすこと。
29 寓意…他事にかこつけてほのめかすこと。
30 伍する…同等の位置に並ぶこと。
31 暗渠…蓋をしたり地下に設けたりした水路。
36 醍醐味…深く味わって得られる良さ。
37 鉄槌を下す…きびしく処罰する。

書き取り⑤

● 次の傍線部分の**カタカナ**を**漢字**で記せ。

1 ついに海の**モクズ**となった。
2 良き**ハンリョ**を得て幸せだ。
3 ドラマの中で幕末の志士に**フン**する。
4 **ワキメ**もふらず仕事に専念する。
5 厨子王は木を**コ**り安寿は汐を汲んだ。
6 犯人の足跡を**タド**って行く。
7 **タユ**むことなく勉学に励む。
8 四年に一度**ウルウ**年がある。
9 **チ**びた下駄をはいている。
10 **ニラ**は独特の臭みがある。

解答

1 藻屑 辞
2 伴侶 辞
3 扮
4 脇目
5 樵 辞
6 辿
7 弛
8 閏
9 禿
10 韮

11 **オダ**てて何とか自信を持たせる。
12 高原の**シラカバ**林を歩く。
13 鳥が木の実を**ツイバ**んでいる。
14 池の**ヒゴイ**が水を跳ねた。
15 社会の**チュウタイ**は無視できない。
16 「**ボダイジュ**」はシューベルトの作曲だ。
17 会場は**リッスイ**の余地もなかった。
18 中年になって**カップク**が良くなった。
19 幸運にも**ヨロク**にあずかった。
20 是非ともご**レンサツ**を賜りたい。

解答

11 扇煽
12 白樺
13 啄
14 緋鯉
15 紐帯
16 菩提樹
17 立錐 辞
18 恰幅 辞
19 余禄 辞
20 憐察 辞

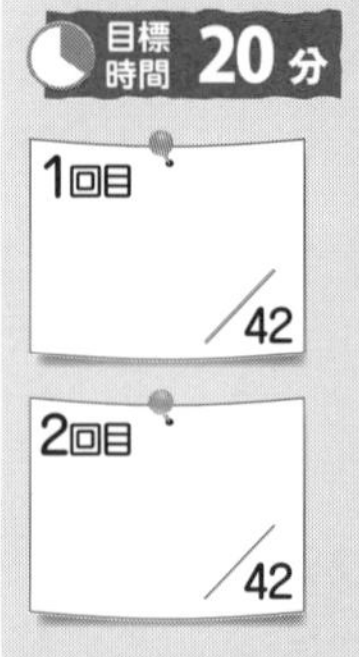

- □ 21 **ウエン**な表現で意を示す。
- □ 22 美しい**サンゴショウ**を守る。
- □ 23 **ウンカ**の如く敵軍が押し寄せた。
- □ 24 どうやら肩を**ダッキュウ**したようだ。
- □ 25 傷口が**カノウ**している。
- □ 26 胃にできた**ガンシュ**の転移を認める。
- □ 27 裕福な伯父が死んで**カネヅル**を失った。
- □ 28 亡き友を**シノ**ぶ会を開く。
- □ 29 **ソウテイ**部員が川で練習している。
- □ 30 釣った**ニジマス**を囲炉裏で焼く。
- □ 31 年を取ってすっかり**コウコウヤ**になった。
- □ 32 プロジェクトの一員に**バッテキ**する。
- □ 33 **サワ**やかな五月を迎えた。
- □ 34 重大な国家的危機に**ヒン**している。

21 迂(紆)遠 辞
22 珊瑚礁
23 雲霞
24 脱臼
25 化膿
26 癌腫
27 金蔓 辞
28 偲 慕
29 漕艇
30 虹鱒
31 好好爺 好々爺 辞
32 抜擢
33 爽
34 瀕

- □ 35 小皿に**ショウユ**を取る。
- □ 36 **ギキョウ**心から助け舟を出す。
- □ 37 年長者を**ナイガシ**ろにする。
- □ 38 ここの手焼き**センベイ**は名物だ。
- □ 39 正月の芝居を**タンノウ**する。
- □ 40 **タンノウ**炎で入院することになった。
- □ 41 **ツル**草が地を這っている。
- □ 42 近くに**ツル**の飛来する沼がある。

35 醤油
36 義侠 辞
37 蔑 辞
38 煎餅
39 堪能
40 胆嚢
41 蔓
42 鶴

意味をCheck!

1 藻屑…海中の藻の切れ端。水難事故や海戦で死ぬこと。
2 伴侶…共に連れ立つ者。
5 樵る…山に入って木を切ること。
17 立錐…「立錐の余地なし」は錐の先を立てるほどの僅かな隙間もないこと。
18 恰幅…体つき、姿かたち。
19 余禄…予定外の利得。
20 憐察…かわいそうにと思いやること。
21 迂遠…遠回し。
27 金蔓…金を得る手がかり。金を出してくれる人。
31 好好爺…温厚な老人。
36 義侠…強きをくじき、弱きを助けること。
37 蔑ろ…その人が存在しないかのように軽んずること。

誤字訂正①

目標時間 11分

1回目 /23

2回目 /23

● 次の各文にまちがって使われている**同じ音訓の漢字**が**一字**ある。**誤字**を**訂正**せよ。

□ **1** 僧院の中庭に建つ東屋の柱には羅旋状の見事な彫刻が施されていた。

□ **2** 貴賓が投留しているホテルでは一般客の宿泊を断って厳重な警備を行った。

□ **3** 気難しい父も孫たちが来ると忽ち相合を崩し好々爺に様変わりする。

□ **4** 「ご逝去を悼み心からご命福をお祈りします」という文面で弔電を打った。

□ **5** 幼い捕虜の処置について心中に葛董が生じていたことは否定できない。

□ **6** 次々に報告される状況は錯争していて適切な対応が困難だった。

□ **7** 東西を繋ぐ往還道の宿駅として繁盛した歴史を今も残る茅拭きの家々が伝える。

□ **8** 山頂にある社から街を見下ろすと煙突から墨汁のような媒煙がたなびいていた。

□ **9** 相互不可侵条約を一方的に破棄して怒騰の如く押し寄せた敵軍が街を潰滅させた。

□ **10** 卒業式で子育ての責任を終えたと安度すると同時に寂しさも覚えた。

解答

1	2	3	4	5	6	7	8	9	10
羅↓螺	投↓逗	合↓好	命↓冥	董↓藤	争↓綜	拭↓葺	媒↓煤	騰↓濤	度↓堵

読み
表外の読み
熟語の読み・一字訓読み
共通の漢字
書き取り
誤字訂正
四字熟語
対義語・類義語
故事・諺
文章題
模擬テスト

☐ 11 長い闘病生活にも回復の初光が射してきて表情が明るくなった。
☐ 12 老父母を蔑ろにするとは錦獣にも劣る行為だと彼は親族中の非難を浴びた。
☐ 13 華美な装飾を排した部屋には白檀らしき香が焚かれ清疎な香りが心身を浄化した。
☐ 14 戦後の暗黒社会を牛耳り一大勢力を築き上げた渠怪が最期の時を迎えている。
☐ 15 皮膚の老化を防ぎ年齢を若く見せると顕伝されている化粧品の効果は疑問だ。
☐ 16 高速道路を走行中、反対車線の玉突き衝突事故を目撃し肌が泡立つ思いがした。
☐ 17 婚約の破棄を申し出ると青年は苦痛に顔を歪ませ闇の中に骨然と姿を消した。
☐ 18 蟻穴から堤が崩れるが如く一見差細な出来事が重大問題を惹起することもある。
☐ 19 半年間の周航を終えた豪華客船が参橋に着くと楽隊が歓迎の曲を奏した。
☐ 20 名利を第一義に掲げるのが時代の数勢ならば距離を置き深山幽谷に隠棲したい。
☐ 21 真摯に働く意思は毛頭無く、寸尺詐欺を重ねて親戚友人から見放されている。
☐ 22 西域から伝わった婚礼衣装は花鳥や植物の縫い取り模様が精知を極めている。
☐ 23 六十余州を威服して天下統一を果たした上に宰相の位に昇られ大啓至極です。

11	12	13	14	15	16	17	18	19	20	21	22	23
初	錦	疎	怪	顕	泡	骨	差	参	数	尺	知	啓
↓	↓	↓	↓	↓	↓	↓	↓	↓	↓	↓	↓	↓
曙	禽	楚	魁	喧	粟	忽	些	桟	趨	借	緻	慶

誤字訂正②

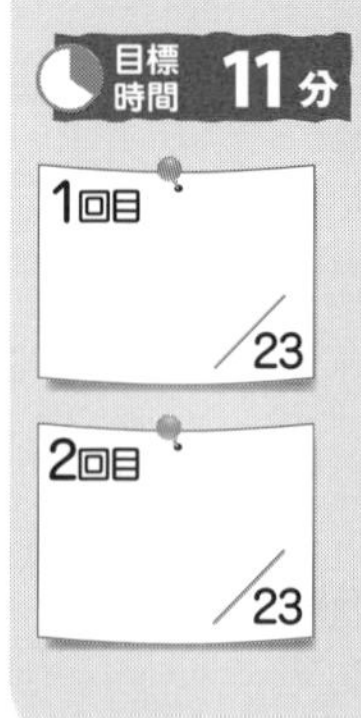

● 次の各文にまちがって使われている**同じ音訓の漢字**が**一字**ある。**誤字を訂正**せよ。

□ **1** 毎日一万歩を目標に歩くことと食事を薬膳料理にしたことが健康の秘結だ。

□ **2** 漸く最高傑作と自負できる作品を書き上げて畏敬する先輩作家に付正を請うた。

□ **3** 娘の幸福を願う真意が理解されず、不人情な墨念仁と非難されるのは心外だ。

□ **4** 傾斜地に階段状に築かれた登り釜に火が入り、陶工は仕上がりに期待した。

□ **5** 展覧会で大賞を受賞した油絵が英覧の栄に浴し、更なる感激に胸が震えた。

□ **6** 古書店街巡りが唯一の趣味という彼の蔵書はまさに汗牛充到の観を呈している。

□ **7** 敵の計略の裏を掻き城乗っ取りが成功すると彼は寛爾とした笑みを漏らした。

□ **8** 入社当時は繊弱な印象の青年だったが役職を経験してすっかり勘禄がついた。

□ **9** 一度取り壊された書院造の離れを久に復する計画は今年度実施に移される。

□ **10** 不時の大雪で車の燃料が不足し師走の掻き入れ時だというのに身動き取れない。

解答

1	2	3	4	5	6	7	8	9	10
結→訣	付→斧	墨→朴	釜→窯	英→叡	到→棟	寛→莞	勘→貫	久→旧	掻→書

☐ **11** 魁偉な容貌や沈着冷静な口吻から青年が強甚な体力精神力の持ち主だと分かった。

☐ **12** この額の絵は典具帖紙という上質の薄い手好き和紙を千切って貼り制作した。

☐ **13** 年が経つうちに形効化してきた儀式は廃止することで意見が纏まった。

☐ **14** 都に献上品を運ぶ途時の山中で賊に襲われて抵抗したが絹も米も奪われた。

☐ **15** 外国人留学生が日本の学生と比べても損色のない日本語を話すようになった。

☐ **16** 瓢虫とも表記される天道虫は黒地に赤紋又は赤地に黒紋のような判点を持つ。

☐ **17** 国防関係の重要機密事項漏衛の疑いで検挙された容疑者はその後潔白と分かった。

☐ **18** 布衣の頃から寝食を共にし逐鹿の争いを経て晩年は丞相も務めた股功の臣だ。

☐ **19** 分水嶺を越えて這松の中の道を暫く辿れば目的地の温泉宿は視呼の間にある。

☐ **20** 疫病神を鎮める御霊会が起源である祭礼が古識に則って厳かに執り行われた。

☐ **21** 個人情報の流出は管理の杜散さもさる事ながらネット社会の欠陥も示している。

☐ **22** 丸太を藤弦で繋いだ筏に乗って勇敢にも大雨で水嵩を増した急灘を流れ下った。

☐ **23** 輸送船が魚雷攻撃を受けて沈没したが天裕神助のお蔭で助かったと父は語った。

11	12	13	14	15	16	17	18	19	20	21	22	23
甚	好	効	時	損	判	衛	功	視	識	散	弦	裕
↓靭	↓漉・抄	↓骸	↓次	↓遜	↓斑	↓洩（泄）	↓肱	↓指	↓式	↓撰	↓蔓	↓佑・祐

誤字訂正③

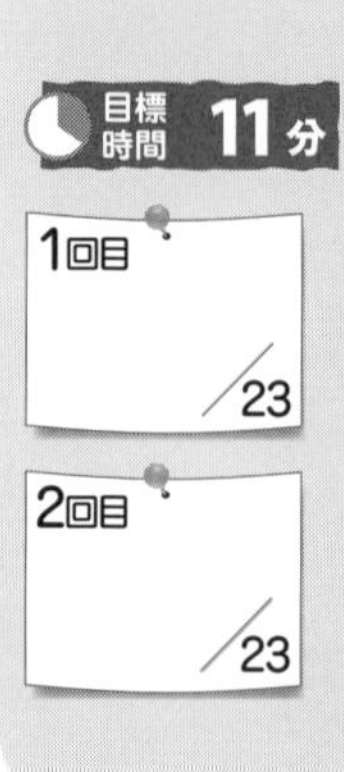

●次の各文にまちがって使われている**同じ音訓の漢字**が**一字**ある。**誤字を訂正**せよ。

□ **1** 精緻な筆遣いと言い叙情的な画面と言いこの画家の作品は世界に比隣なきものだ。

□ **2** 高速道路で煽り運転をし改正道路交通法に違反した角で会社員の男が逮捕された。

□ **3** 山の宿の囲呂裏の周りに坐ると自在鉤に掛けられた鍋の中で山菜粥が煮えていた。

□ **4** 大陸の河川は対岸が遥か遠くに霞み黄濁した水が満々と横逸して宛ら海の如くだ。

□ **5** 人類は屢悪益の流行に苦しめられたがその都度叡智を結集して乗り越えてきた。

□ **6** 博物館には五世紀の前方後円墳が復元され地方政権が強大だった応古を偲ばせる。

□ **7** 伝説上の聖獣である麒麟を連れて来るとの気涯をもって戦国乱世を生き抜いた。

□ **8** 鸚鵡や鴛鴦など皇帝の愛含する鳥の世話に近侍の者は神経を磨り減らした。

□ **9** 今年は稀に見る豊稔の年だが常に凶侯を忘れず穀物の備蓄を怠ってはならない。

□ **10** 穎脱の青年との噂はあったが今般提出された論文で才利な頭脳の片鱗を見た。

解答

1	2	3	4	5	6	7	8	9	10
隣↓倫	角↓廉	呂↓炉	逸↓溢	益↓疫	応↓往	涯↓概	含↓玩・翫	侯↓荒	才↓犀

☐ 11 野菜や果物を満載した籠を載せた物売りの小舟が港に碇船中の客船に漕ぎ寄せた。

☐ 12 人倫に外互する行為という自覚はあるが凡悩を断ち切れず心は憂悶に閉ざされた。

☐ 13 列強による植民地化の危機に頻して国内は些末な対立意識を棄て大同団結した。

☐ 14 財界の重鎮だった人物がこれ以上俗陣に塗れるのは耐え難いと田舎に隠棲した。

☐ 15 一名霞初月とも呼ばれる蒙春七日には七草粥を炊き、小正月には小豆粥を炊いた。

☐ 16 籠城と触れて間諜の眼を晦まし夜陰に乗じて急襲し敵軍を小っ端微塵に粉砕した。

☐ 17 不正融資の件で追及の手が及ぶ前に首謀者は証拠書類を焼却し一早く姿を消した。

☐ 18 遺構から雅藍配置は塔・金堂・講堂が中心線上に並ぶ四天王寺式と断定された。

☐ 19 子の聡慧を惜しんで学費援助を申し出たが父は痩身を反らし気然として断わった。

☐ 20 その作家は解渋な表現を好んで使うので編集者は注釈を施すのが一仕事だ。

☐ 21 感染症撲滅のために新薬開発は勿論だが専門医療体制の充実が喫近の課題だ。

☐ 22 激しい艦砲射撃の間劇を縫って挺身隊の少女が湧き水を汲むため待避壕を出た。

☐ 23 在野の研究者の父は郷土史編算事業に抜擢され畢生の仕事として半生を捧げた。

11 船→泊
12 凡→煩
13 頻→瀕
14 陣→塵
15 蒙→孟
16 小→木
17 一→逸
18 雅→伽
19 気→毅
20 解→晦
21 近→緊
22 劇→隙
23 算→纂

誤字訂正④

目標時間 11分

1回目 /23

2回目 /23

● 次の各文にまちがって使われている**同じ音訓の漢字**が**一字**ある。**誤字を訂正**せよ。

☑ **1** 衝突事故の後一時混睡状態に陥ったが手厚い看護を受けて回復した。

☑ **2** 資料を渉猟し図書館に通い乍ら慎重に執筆し遂に満を辞しての新著発表となった。

☑ **3** 駿逸の誉れは高くとも貧賤の身で、相手が素封家の娘では所選叶わぬ恋と諦めた。

☑ **4** 噺家の滑稽話には様々な素忽者が登場し笑いの裡に何時か胸中の鬱屈を忘れる。

☑ **5** 桟敷席に蠟燭の灯、江戸時代の風情を残す芝居小屋で歌舞伎の大醐味を味わった。

☑ **6** 虐待を受けた犬や猫は最初は怯えても愛情豊かに接すれば新しい環境に順致する。

☑ **7** 順風満帆の人生は突如頓挫して逆風が吹き始め、以後はただ婆齢を重ねてきた。

☑ **8** 急峻の道を山巓へと進むうちに糠雨は止んで眺望への期待は嫌が上にも高まった。

☑ **9** 絵具の大部分が薄落していたが一部に制作当時の色彩が残っていた。

☑ **10** 五代皇帝は度量衡を定め国境劃定して国内の安寧を保ち王朝中貢の祖と称される。

解答

1	2	3	4	5	6	7	8	9	10
混→昏	辞→持	選→詮	素→粗・楚	大→醍	順→馴	婆→馬	嫌→弥	薄→剝	貢→興

□ **11** 通行人と車両との接触事故が頻発する踏切を放置できず弧線橋架橋が実現した。

□ **12** 金烏が刺繡された幡の修復を担当したが奈良朝の功緻な技術は全く敬服に値する。

□ **13** 這般の事情で計画が瀦滞しているが今後の進行につき格別の御好配を賜りたい。

□ **14** 曳光弾が閃くや否や戦場は忽ち硝煙弾雨に包まれ傲然たる爆裂音が耳を圧した。

□ **15** 隊商が往来する沙漠の交易路は尺熱地獄で既に白骨化した屍骸が処々に見られた。

□ **16** 智慧の勢至菩薩と大慈大悲の観世音菩薩を脇侍とする阿弥陀如来のお姿を排した。

□ **17** 殺人事件の犯人として逮捕されたのは濡れ絹だと獄中で主張し続けた。

□ **18** 桜桃の収穫体験会が困難な状況となりインターネットを通じた販布に切り換えた。

□ **19** 既に耳順を越えた母も御多聞に洩れず外見を若く取り繕うことに熱中している。

□ **20** 掛軸でも陶磁器でも古美術を見る眼を養えば蔑見しただけで真贋を鑑定できる。

□ **21** 夷険何れの時も支え合い貧窮を耐え忍んだ糟糠の妻と幽冥境を異にする日がきた。

□ **22** 放蕩無頼の挙句失走した惣領息子が胡散臭い連中を引き連れて戻ってきた。

□ **23** 蒲柳の質の妻と嬰児を抱えて柴扉に逼塞し細やかな菜畦を耕して虎口を凌いだ。

11	12	13	14	15	16	17	18	19	20	21	22	23
弧	功	好	傲	尺	排	絹	販	聞	蔑	冥	走	虎
⬇	⬇	⬇	⬇	⬇	⬇	⬇	⬇	⬇	⬇	⬇	⬇	⬇
跨	巧	高	轟	灼	拝	衣	頒	分	瞥	明	踪	糊（餬）

四字熟語①

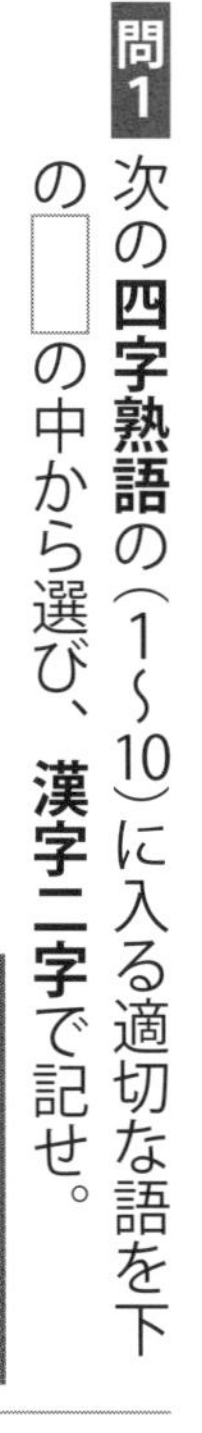

● 次の**四字熟語**について、**問1**～**問4**に答えよ。

問1 次の**四字熟語**の（1～10）に入る適切な語を下の□の中から選び、**漢字二字**で記せ。

1 （**1**）神助
2 （**2**）猛進
3 （**3**）蜜語
4 （**4**）万里
5 虚心（**5**）
6 （**6**）同時
7 （**7**）附会
8 紫電（**8**）
9 （**9**）一触
10 （**10**）雀躍

いっせん	がいしゅう	きんき	けんきょう	そったく	たんかい	ちょとつ	てんげん	てんゆう	ほうてい

解答

1 天佑神助（てんゆうしんじょ）・天祐神助（てんゆうしんじょ） 辞
2 猪突猛進（ちょとつもうしん） 辞
3 甜言蜜語（てんげんみつご） 辞
4 鵬程万里（ほうていばんり） 辞
5 虚心坦懐（きょしんたんかい） 辞
6 啐啄同時（そったくどうじ） 辞
7 牽強附会（けんきょうふかい） 辞
8 紫電一閃（しでんいっせん） 辞
9 鎧袖一触（がいしゅういっしょく） 辞
10 欣喜雀躍（きんきじゃくやく） 辞

問3 次の**四字熟語**の（16～25）に入る適切な語を下の□の中から選び、**漢字二字**で記せ。

16 天神（**16**）
17 （**17**）準縄
18 （**18**）重来
19 （**19**）転生
20 （**20**）凝議
21 曲学（**21**）
22 自家（**22**）
23 （**23**）喪志
24 鶏鳴（**24**）
25 （**25**）美俗

あせい	がんぶつ	きく	きゅうしゅ	くとう	けんど	じゅんぷう	ちぎ	どうちゃく	りんね

解答

16 天神地祇（てんしんちぎ） 辞
17 規矩準縄（きくじゅんじょう） 辞
18 捲土重来（けんどちょうらい）・巻土重来（けんどちょうらい） 辞
19 輪廻転生（りんねてんしょう） 辞
20 鳩首凝議（きゅうしゅぎょうぎ） 辞
21 曲学阿世（きょくがくあせい） 辞
22 自家撞着（じかどうちゃく）・自家撞著（じかどうちゃく） 辞
23 玩物喪志（がんぶつそうし） 辞
24 鶏鳴狗盗（けいめいくとう） 辞
25 醇風美俗（じゅんぷうびぞく）・淳風美俗（じゅんぷうびぞく） 辞

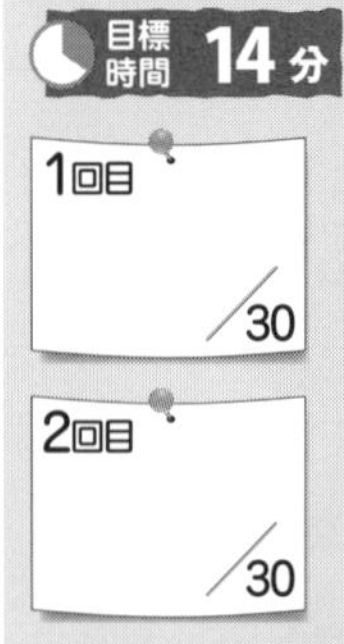

問2 次の11～15の**解説・意味**にあてはまる四字熟語を後の□から選び、その**傍線部分だけの読みをひらがな**で記せ。

□ **11** 非常に勢いが盛んなこと。

□ **12** 友人を切に思うこと。

□ **13** 亡国の歎き。

□ **14** 過ちをうまく処理して、却って上手に仕上げてしまうこと。

□ **15** 美人の形容。

落筆点蠅・旭日昇天・七歩八叉
麦秀黍離・安車蒲輪・向天吐唾
沈魚落雁・屋梁落月

11 きょくじつ（旭日昇天〔きょくじつしょうてん〕）

12 おくりょう（屋梁落月〔おくりょうらくげつ〕）

13 しょり（麦秀黍離〔ばくしゅうしょり〕）

14 てんよう（落筆点蠅〔らくひつてんよう〕）

15 らくがん（沈魚落雁〔ちんぎょらくがん〕）

問4 次の26～30の**解説・意味**にあてはまる四字熟語を後の□から選び、その**傍線部分だけの読みをひらがな**で記せ。

□ **26** 食事に事欠くほど貧しいこと。

□ **27** 大いにあわてふためくこと。

□ **28** 到達することのできる最高点のこと。

□ **29** 表面の美しさと内実がほどよく釣り合っていること。

□ **30** 平凡でありふれた人のたとえ。

甑塵釜魚・文質彬彬・允文允武
張三李四・燃犀之明・寸指測淵
周章狼狽・百尺竿頭

26 そうじん（甑塵釜魚〔そうじんふぎょ〕）

27 ろうばい（周章狼狽〔しゅうしょうろうばい〕）

28 かんとう（百尺竿頭〔ひゃくせきかんとう・ひゃくしゃくかんとう〕）

29 ひんぴん（文質彬彬〔ぶんしつひんぴん〕）

30 りし（張三李四〔ちょうさんりし〕）

意味をCheck!

1 天佑神助…天のたすけ、神のたすけ。

2 猪突猛進…目的に向かって突進すること。

3 甜言蜜語…蜜のように甘く、聞いて快い言葉。

4 鵬程万里…遥かに遠い旅程、道程。また前途洋洋の意。

5 虚心坦懐…心にわだかまりがなくさっぱりしていること。

6 啐啄同時…絶好の機会をとらえ悟りに導くこと。

7 牽強附会…自分の都合のいいように、強引にこじつけること。

8 紫電一閃…短い時間の事態の急激な変化。

9 鎧袖一触…相手を容易に打ち負かしてしまうたとえ。

10 欣喜雀躍…小躍りして思いっきり喜ぶこと。

16 天神地祇…天地の神々。「天神」は「てんじん」とも読む。

17 規矩準縄…物事の基準になるもののこと。

18 捲土重来…一度失敗した者が巻き返しをすること。

19 輪廻転生…人が何度も生まれ変わること。

20 鳩首凝議…額を集めて相談すること。

21 曲学阿世…学問の真理をまげて世間におもねること。

22 自家撞着…同じ人の文章や言動が前後で矛盾していること。

23 玩物喪志…無用のものに熱中して本来の志を失うこと。

24 鶏鳴狗盗…つまらないことでも何かの役には立つこと。

25 醇風美俗…人情に厚く美しい風俗、習慣。

頻出度 Aランク

四字熟語②

目標時間 14分

1回目 /30

2回目 /30

●次の四字熟語について、問1～問4に答えよ。

問1 次の四字熟語の（1～10）に入る適切な語を下の□の中から選び、漢字二字で記せ。

前途（1）
（2）走牛
赤手（3）
沈魚（4）
情緒（5）
（6）妖怪
（7）迎合
（8）奮迅
（9）断機
街談（10）

あふ　くうけん　こうせつ　こり　しし　てんめん　ぶんぼう　もうぼ　らくがん　りょうえん

解答

1 前途遼遠（ぜんとりょうえん）辞
2 蚊虻走牛（ぶんぼうそうぎゅう）辞
3 赤手空拳（せきしゅくうけん）辞
4 沈魚落雁（ちんぎょらくがん）辞
5 情緒纏綿（じょうしょてんめん）辞
6 狐狸妖怪（こりようかい）辞
7 阿附迎合／阿付迎合（あふげいごう）辞
8 獅子奮迅（ししふんじん）辞
9 孟母断機（もうぼだんき）辞
10 街談巷説（がいだんこうせつ）辞

問3 次の四字熟語の（16～25）に入る適切な語を下の□の中から選び、漢字二字で記せ。

（16）一律
君子（17）
（18）身命
（19）戴天
抜山（20）
亡羊（21）
（22）昇天
四面（23）
暮色（24）
（25）錦繡

がいせい　きょくじつ　せんぺん　そうぜん　そか　ひょうへん　ふぐ　ふしゃく　ほろう　りょうら

解答

16 千篇一律／千編一律（せんぺんいちりつ）辞
17 君子豹変（くんしひょうへん）辞
18 不惜身命（ふしゃくしんみょう）辞
19 不倶戴天（ふぐたいてん）辞
20 抜山蓋世（ばつざんがいせい）辞
21 亡羊補牢（ぼうようほろう）辞
22 旭日昇天（きょくじつしょうてん）辞
23 四面楚歌（しめんそか）辞
24 暮色蒼然（ぼしょくそうぜん）辞
25 綾羅錦繡（りょうらきんしゅう）辞

問2 次の11〜15の**解説・意味**にあてはまる四字熟語を後の□から選び、その**傍線部分だけの読み**を**ひらがな**で記せ。

11 美人の姿の形容。

12 自分に都合よく強引に理屈をこじつけること。

13 仲間が行動や運命を共にすること。

14 事態が急激に変化すること。

15 小人物がはびこるたとえ。

朝蠅暮蚊・鳥面鵠形・嘉言善行
氷肌玉骨・紫電一閃・一蓮托生
虎尾春氷・牽強附会

11 ひょうき（氷肌玉骨）
12 けんきょう（牽強附会）
13 いちれん（一蓮托生）
14 いっせん（紫電一閃）
15 ちょうよう（朝蠅暮蚊）

問4 次の26〜30の**解説・意味**にあてはまる四字熟語を後の□から選び、その**傍線部分だけの読み**を**ひらがな**で記せ。

26 聞いて快い甘い言葉。へつらいの言葉。

27 行動や思考が伸び伸びしてること。

28 見かけと実質が一致しないたとえ。

29 本性に従って自由に楽しむこと。

30 つまらぬものでも役立つことがある。

万劫末代・竹頭木屑・羊頭狗肉
桃三李四・鳶飛魚躍・烏合之衆
融通無碍・甜言蜜語

26 てんげん（甜言蜜語）
27 むげ（融通無碍）
28 くにく（羊頭狗肉）
29 えんぴ（鳶飛魚躍）
30 ぼくせつ（竹頭木屑）

意味をCheck!

1 前途遼遠…目的達成までの道のりが遠くて困難なこと。
2 蚊虻走牛…微小なものが強大なものを制することができるたとえ。
3 赤手空拳…助けを借りず独力で物事を行うこと。
4 沈魚落雁…魚も雁も恥じらって身を隠すほどの美人。
5 情緒纏綿…さまざまな感情が心にまとわりつくこと。「情緒」は「じょうちょ」とも読む。
6 狐狸妖怪…人をだまして密かに悪事を働く者のたとえ。
7 阿附迎合…人の機嫌をとり、へつらいおもねること。
8 獅子奮迅…激しい勢いで活動すること。
9 孟母断機…学問を途中で放棄してはいけないという戒め。
10 街談巷説…世間の取るに足りない噂話。
16 千篇一律…多くのものがどれも似たり寄ったりで平凡なこと。
17 君子豹変…君子がはっきりと過ちを改めて面目一新すること。
18 不惜身命…仏道のため身も命も惜しまないこと。
19 不倶戴天…同じ天の下に生かしておけないほどの強い憎しみ。
20 抜山蓋世…強大な力と気力があること。
21 亡羊補牢…失敗した後に慌てて改めるたとえ。後の祭り。
22 旭日昇天…勢いが盛んなこと。
23 四面楚歌…周囲を敵に囲まれ孤立しているさま。
24 暮色蒼然…夕暮れ時の薄暗くなっていく様子。
25 綾羅錦繡…目を見はるくらい美しいもの。

読み／表外の読み／熟字訓・当て字／共通の漢字／書き取り／誤字訂正／四字熟語／対義語・類義語／故事・諺／文章題／模擬テスト

頻出度 **A** ランク

四字熟語③

●次の**四字熟語**について、**問1**～**問4**に答えよ。

目標時間 14分

1回目 ／30

2回目 ／30

問1 次の**四字熟語**の（1～10）に入る適切な語を下の□の中から選び、**漢字二字**で記せ。

- ☐ （**1**）再拝
- ☐ （**2**）曲浦
- ☐ （**3**）夢幻
- ☐ 百尺（**4**）
- ☐ （**5**）塗説
- ☐ （**6**）坑儒
- ☐ 笑面（**7**）
- ☐ 魚目（**8**）
- ☐ 甲論（**9**）
- ☐ 疾風（**10**）

えんせき	おつばく	かんとう	ちょうてい	どうちょう	どとう	とんしゅ	ふんしょ	ほうまつ	やしゃ

解答

1 頓首再拝（とんしゅさいはい）辞
2 長汀曲浦（ちょうていきょくほ）辞
3 泡沫夢幻（ほうまつむげん）辞
4 百尺竿頭（ひゃくせきかんとう）辞
5 道聴塗説（どうちょうとせつ）辞
6 焚書坑儒（ふんしょこうじゅ）辞
7 笑面夜叉（しょうめんやしゃ）辞
8 魚目燕石（ぎょもくえんせき）辞
9 甲論乙駁（こうろんおつばく）辞
10 疾風怒濤（しっぷうどとう）辞

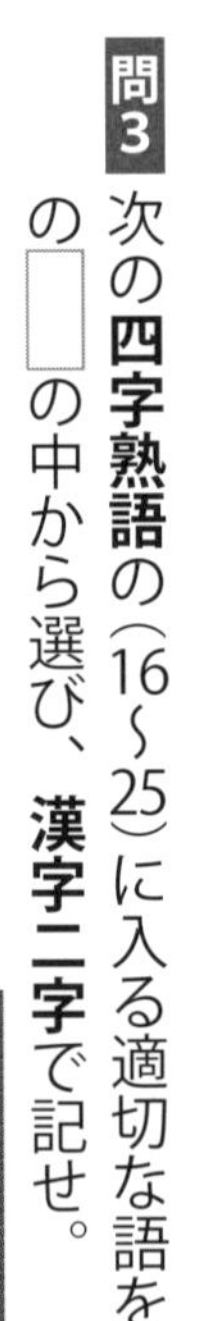

問3 次の**四字熟語**の（16～25）に入る適切な語を下の□の中から選び、**漢字二字**で記せ。

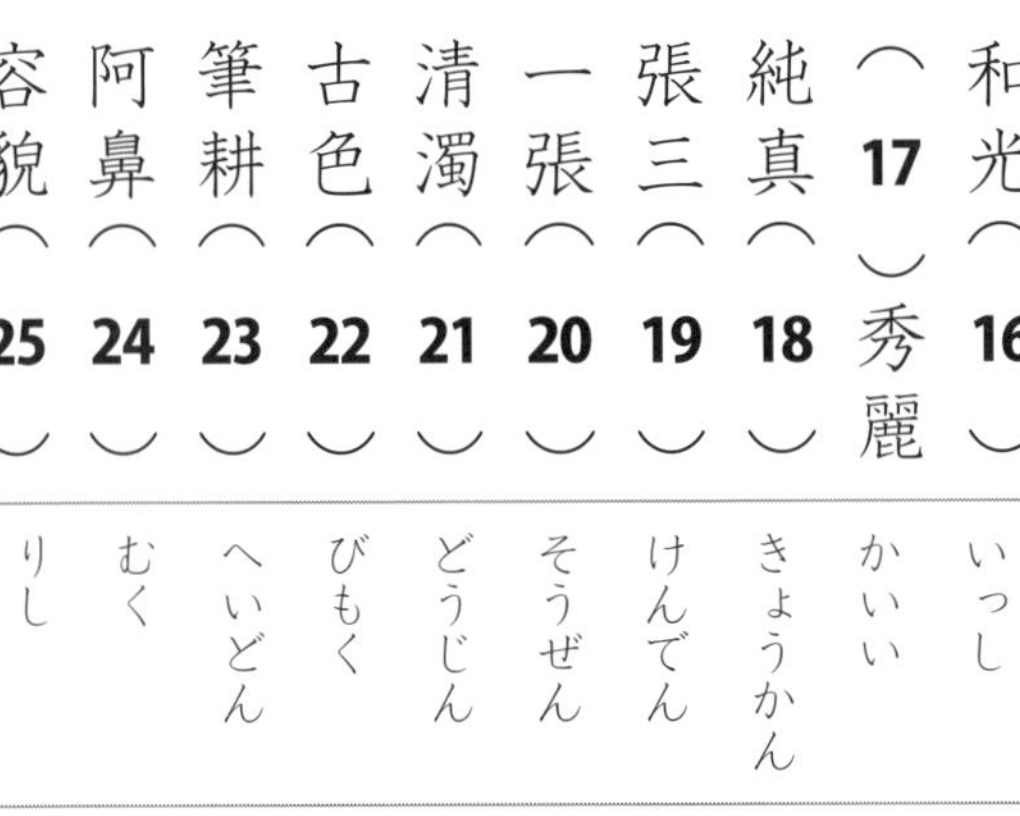

- ☐ 和光（**16**）
- ☐ （**17**）秀麗
- ☐ 純真（**18**）
- ☐ 張三（**19**）
- ☐ 一張（**20**）
- ☐ 清濁（**21**）
- ☐ 古色（**22**）
- ☐ 筆耕（**23**）
- ☐ 阿鼻（**24**）
- ☐ 容貌（**25**）

いっし	かいい	きょうかん	けんでん	そうぜん	どうじん	びもく	へいどん	むく	りし

解答

16 和光同塵（わこうどうじん）辞
17 眉目秀麗（びもくしゅうれい）辞
18 純真無垢（じゅんしんむく）辞
19 張三李四（ちょうさんりし）辞
20 一張一弛（いっちょういっし）辞
21 清濁併呑（せいだくへいどん）辞
22 古色蒼然（こしょくそうぜん）辞
23 筆耕硯田（ひっこうけんでん）辞
24 阿鼻叫喚（あびきょうかん）辞
25 容貌魁偉（ようぼうかいい）辞

問2 次の11～15の**解説・意味**にあてはまる四字熟語を後の□から選び、その**傍線部分だけの読み**をひらがなで記せ。

□ **11** 自適の生活をおくるたとえ。
□ **12** 貴重なもの。
□ **13** 小人が集まって人の噂などを言い合うこと。
□ **14** 実際にはあり得ないもののたとえ。
□ **15** 適切な手段を講じなければ望むものは手に入らない。

閑雲野鶴・光禄池台・枯木竜吟
万杵千砧・臨淵羨魚・兎角亀毛
九鼎大呂・邑犬群吠

11 やかく（閑雲野鶴（かんうんやかく））
12 きゅうてい（九鼎大呂（きゅうていたいりょ））
13 ゆうけん（邑犬群吠（ゆうけんぐんばい））
14 きもう（兎角亀毛（とかくきもう））
15 せんぎょ（臨淵羨魚（りんえんせんぎょ））

問4 次の26～30の**解説・意味**にあてはまる四字熟語を後の□から選び、その**傍線部分だけの読み**をひらがなで記せ。

□ **26** 仲間が行動や運命を共にすること。
□ **27** 多くの人や物が入り乱れているさま。
□ **28** 晴れ渡った青空のこと。
□ **29** 不揃いの物が入り混じっていること。
□ **30** 永久に不変の堅い誓約。また国家安泰のたとえ。

一蓮托生・班荊道故・稲麻竹葦
参差錯落・碧落一洗・河山帯礪
百挙百捷・子墨客卿

26 たくしょう（一蓮托生（いちれんたくしょう））
27 ちくい（稲麻竹葦（とうまちくい））
28 へきらく（碧落一洗（へきらくいっせん））
29 しんし（参差錯落（しんしさくらく））
30 たいれい（河山帯礪（かざんたいれい））

意味をCheck!

1 **頓首再拝**…頭を下げて丁寧にお辞儀すること。
2 **長汀曲浦**…曲がりくねって続いている海岸線。
3 **泡沫夢幻**…人生のはかなさのたとえ。
4 **百尺竿頭**…到達することのできる最高点のこと。「ひゃくしゃくかんとう」とも読む。
5 **道聴塗説**…いい加減な理解のまま知ったかぶりをして人に話すこと。
6 **焚書坑儒**…言論、思想などを弾圧すること。
7 **笑面夜叉**…顔は笑っているが内心に陰険なものがあること。
8 **魚目燕石**…本物と紛らわしい偽物。
9 **甲論乙駁**…互いに主張しあって議論がまとまらないこと。
10 **疾風怒濤**…時代が激しく変化することの形容。
16 **和光同塵**…自分の才知を隠し、俗世間の中で目立たずに暮らすこと。
17 **眉目秀麗**…男性の容貌が整って美しいこと。
18 **純真無垢**…汚れなく、純粋で清らかなさま。
19 **張三李四**…ありふれた平凡な人のたとえ。
20 **一張一弛**…時に厳格に時に寛容に人に接すること。
21 **清濁併呑**…度量が広く何事も受け入れること。
22 **古色蒼然**…年を経たものの古びたさま。
23 **筆耕硯田**…文筆で暮らしを立てること。
24 **阿鼻叫喚**…非常に悲惨でむごたらしいさま。
25 **容貌魁偉**…姿かたちが堂々と大きく、立派なさま。

頻出度 A ランク

四字熟語④

目標時間 14分

1回目 /30

2回目 /30

●次の**四字熟語**について、**問1**～**問4**に答えよ。

問1 次の**四字熟語**の（1～10）に入る適切な語を下の□の中から選び、**漢字二字**で記せ。

☐ 長汀（1）
☐ 長身（2）
☐ 周章（3）
☐ 不倶（4）
☐ 加持（5）
☐ 鼓腹（6）
☐ 泰山（7）
☐（8）西望
☐ 気息（9）
☐（10）玉兎

えんえん　きとう　きょくほ　きんう　げきじょう　こうもう　そうく　たいてん　とうき　ろうばい

解答

1 長汀曲浦（ちょうていきょくほ）辞
2 長身痩軀（ちょうしんそうく）辞
3 周章狼狽（しゅうしょうろうばい）辞
4 不倶戴天（ふぐたいてん）辞
5 加持祈禱（かじきとう）辞
6 鼓腹撃壌（こふくげきじょう）辞
7 泰山鴻毛（たいざんこうもう）辞
8 東窺西望（とうきせいぼう）辞
9 気息奄奄（きそくえんえん）気息奄々（きそくえんえん）辞
10 金烏玉兎（きんうぎょくと）辞

問3 次の**四字熟語**の（16～25）に入る適切な語を下の□の中から選び、**漢字二字**で記せ。

☐ 温柔（16）
☐ 焚書（17）
☐ 吉日（18）
☐（19）玉杯
☐（20）雲客
☐ 経世（21）
☐ 一顧（22）
☐ 膏火（23）
☐（24）三遷
☐ 一目（25）

けいしょう　けいせい　こうじゅ　さいみん　じせん　ぞうちょ　とんこう　もうぼ　りょうしん　りょうぜん

解答

16 温柔敦厚（おんじゅうとんこう）辞
17 焚書坑儒（ふんしょこうじゅ）辞
18 吉日良辰（きちじつりょうしん）辞
19 象箸玉杯（ぞうちょぎょくはい）辞
20 卿相雲客（けいしょううんかく）辞
21 経世済民（けいせいさいみん）辞
22 一顧傾城（いっこけいせい）辞
23 膏火自煎（こうかじせん）辞
24 孟母三遷（もうぼさんせん）辞
25 一目瞭然（いちもくりょうぜん）一目了然（いちもくりょうぜん）辞

問2 次の11〜15の**解説・意味**にあてはまる四字熟語を後の□から選び、その**傍線部分だけの読み**を**ひらがな**で記せ。

□ **11** 名ばかりで役に立たないこと。

□ **12** 老人の気楽な隠居生活。

□ **13** 主君の陰で悪事を働く者のこと。

□ **14** 寝る間も惜しんで学問に励むこと。

□ **15** 平凡で取り柄のないもの。

参商之隔・菟糸燕麦・含飴弄孫
按兵不動・道傍苦李・円木警枕
浮花浪蕊・城狐社鼠

11 とし（菟糸燕麦）
12 がんい（含飴弄孫）
13 しゃそ（城狐社鼠）
14 けいちん（円木警枕）
15 ろうずい（浮花浪蕊）

問4 次の26〜30の**解説・意味**にあてはまる四字熟語を後の□から選び、その**傍線部分だけの読み**を**ひらがな**で記せ。

□ **26** 天下の情勢を一変させること。

□ **27** 日和見のたとえ。

□ **28** 文字の書き誤り。

□ **29** 物事の基準や法則。

□ **30** 末節に拘って根本を忘れるたとえ。

旋乾転坤・乗輿播越・鉤縄規矩
春蛙秋蟬・奔逸絶塵・首鼠両端
釈根灌枝・魯魚章草

26 てんこん（旋乾転坤）
27 しゅそ（首鼠両端）
28 ろぎょ（魯魚章草）
29 こうじょう（鉤縄規矩）
30 かんし（釈根灌枝）

意味をCheck!

1 長汀曲浦…長く続くみぎわと曲がりくねった入り江。
2 長身痩軀…背が高く、痩せた体。
3 周章狼狽…あわてふためくさま。
4 不倶戴天…恨みや憎しみの深いこと。
5 加持祈禱…病気や災難を除こうと神仏に祈ること。
6 鼓腹撃壌…平和なようす。争いごとがなく安楽な生活を楽しむさま。
7 泰山鴻毛…非常に重いものと非常に軽いもの。隔たりが大きいことのたとえ。
8 東窺西望…あっちこっちを見て落ち着きがないこと。
9 気息奄奄…息が今にも絶えてしまいそうな様子。
10 金烏玉兎…歳月のこと。「金烏」は太陽、「玉兎」は月の異称。
16 温柔敦厚…やさしく穏やかなこと。「敦厚」は手厚いこと。
17 焚書坑儒…学者が迫害を受け、思想・学問が弾圧されること。
18 吉日良辰…縁起の良い日。めでたい日。
19 象箸玉杯…贅沢な生活。また、贅沢を求める欲が出始めること。
20 卿相雲客…高位高官のこと。「月卿雲客」ともいう。
21 経世済民…世を治め、民を救うこと。
22 一顧傾城…絶世の美女を形容する言葉。
23 膏火自煎…財産や才能があるがために、却って身を滅ぼすことになるというたとえ。
24 孟母三遷…子供の教育には環境が大切であるという教え。
25 一目瞭然…一目で明らかにわかるさま。

頻出度 **A** ランク

対義語・類義語①

●次のそれぞれの熟語の対義語、類義語を後の□の中から選び、**漢字**で記せ。□の中の語は一度だけ使うこと。

1

対義語

- ☐ 1 緊張
- ☐ 2 尊崇
- ☐ 3 危惧
- ☐ 4 強靱
- ☐ 5 公平

類義語

- ☐ 6 経緯
- ☐ 7 遭遇
- ☐ 8 碇泊
- ☐ 9 誘発
- ☐ 10 固執

あんど・こうでい・しかん・じゃっき・ぜいじゃく
てんまつ・とうびょう・へんぱ・ほうちゃく
ぼうとく

解答

1 弛緩（しかん）
2 冒瀆（ぼうとく）
3 安堵（あんど）案堵（あんど）
4 脆弱（ぜいじゃく）
5 辞 偏頗（へんぱ）
6 顛末（てんまつ）
7 逢着（ほうちゃく）逢著（ほうちゃく）
8 辞 投錨（とうびょう）
9 辞 惹起（じゃっき）
10 拘泥（こうでい）

2

対義語

- ☐ 11 熟視
- ☐ 12 渋滞
- ☐ 13 中枢
- ☐ 14 進取
- ☐ 15 明朗

類義語

- ☐ 16 選出
- ☐ 17 復活
- ☐ 18 出版
- ☐ 19 道楽
- ☐ 20 軽率

あんうつ・じょうし・しんちょく・そこつ・そせい
たいえい・ばってき・べっけん・ほうとう
まっしょう

解答

11 辞 瞥見（べっけん）
12 進捗（陟）（しんちょく）
13 末梢（まっしょう）
14 辞 退嬰（たいえい）
15 暗鬱（あんうつ）
16 抜擢（ばってき）
17 蘇生（甦生）（そせい）
18 上梓（じょうし）
19 放蕩（ほうとう）
20 粗忽（そこつ）楚忽（そこつ）

3 対義語

21 平明
22 出家
23 秩序
24 付与
25 旧套
26 枯渇

類義語

27 空前
28 虚実
29 終身
30 結局
31 朝暮
32 要諦

かいじゅう・げんぞく・こんとん・ざんしん
しょせん・しんがん・たんせき・はくだつ・ひけつ
ひっせい・みぞう・ゆうしゅつ

解答

21 晦渋（かいじゅう）辞
22 還俗（げんぞく）
23 混沌（こんとん）
24 剝奪（はくだつ）
25 斬新（ざんしん）
26 湧出（ゆうしゅつ）涌出（ゆうしゅつ）
27 未曽有（みぞう）
28 真贋（しんがん）
29 畢生（ひっせい）
30 所詮（しょせん）
31 旦夕（たんせき）辞
32 秘訣（ひけつ）

4 対義語

33 繁栄
34 鮮明
35 僅少
36 険阻
37 豪胆
38 永住

類義語

39 滞在
40 育成
41 退屈
42 逐電
43 永眠
44 穎悟

おくびょう・かぐう・けんたい・しゅっぽん
そうめい・ちょうせい・ちょうらく・とうや
とうりゅう・ばくだい・へいたん・もこ

解答

33 凋落（ちょうらく）彫落（ちょうらく）
34 模糊（もこ）
35 莫大（ばくだい）
36 平坦（へいたん）
37 臆病（おくびょう）憶病（おくびょう）
38 仮寓（かぐう）辞
39 逗留（とうりゅう）辞
40 陶冶（とうや）辞
41 倦怠（けんたい）
42 出奔（しゅっぽん）辞
43 長逝（ちょうせい）
44 聡明（そうめい）

意味をCheck!

5 偏頗…かたよっていて公正でないこと。
8 投錨…船が停泊すること。
9 惹起…引きおこすこと。

11 瞥見…さっと見ること。
14 退嬰…保守的なこと。
21 晦渋…難しくてよくわからないこと。

31 旦夕…朝晩。
38 仮寓…仮住まい。
39 逗留…一定期間とどまること。滞在。

40 陶冶…素質や能力を活かして理想的に育て上げること。
42 出奔…逃げて姿をくらますこと。

対義語・類義語②

目標時間 21分

1回目 ／44

2回目 ／44

●次のそれぞれの熟語の対義語、類義語を後の□の中から選び、**漢字**で記せ。□の中の語は一度だけ使うこと。

1

対義語

1 露出
2 断行
3 英明
4 懸絶
5 諫言

類義語

6 頑丈
7 台所
8 工面
9 粗筋
10 調理

かっぽう・ぐまい・けんろう・こうがい・しゃへい
ちぎ・ちゅうぼう・ついしょう・ねんしゅつ
はくちゅう

解答

1 遮蔽（しゃへい）
2 遅疑（ちぎ）辞
3 愚昧（ぐまい）
4 伯仲（はくちゅう）
5 追従（ついしょう）辞
6 堅牢（けんろう）
7 厨房（ちゅうぼう）
8 捻出（ねんしゅつ）
9 梗概（こうがい）
10 割烹（かっぽう）

2

対義語

11 遵奉
12 会心
13 安寧
14 貫徹
15 昏迷

類義語

16 奇怪
17 通暁
18 器量
19 横行
20 市井

いはい・かくせい・こうかん・ざせつ・じょうらん
ちしつ・ちょうりょう・つうこん・めんよう
ようぼう

解答

11 違背（いはい）
12 痛恨（つうこん）
13 擾乱（じょうらん）
14 挫折（ざせつ）
15 覚醒（かくせい）
16 面妖（めんよう）
17 知悉（ちしつ）
18 容貌（ようぼう）
19 跳梁（ちょうりょう）辞
20 巷間（こうかん）

3

対義語

21 起工
22 迫害
23 快諾
24 蓄財
25 不毛
26 清楚

類義語

27 蒼天
28 未明
29 聴許
30 腹心
31 壊滅
32 高慢

いんきょ・がかい・ここう・しゅんきょ
しゅんせい・とうじん・のうえん・ひご・ひよく
ふそん・へきくう・まいそう

解答

21 竣成（しゅんせい） 辞
22 庇護（ひご）
23 峻拒（しゅんきょ） 辞
24 蕩尽（とうじん）
25 肥沃（ひよく）
26 濃艶（のうえん）
27 碧空（へきくう）
28 昧爽（まいそう） 辞
29 允許（いんきょ）
30 股肱（ここう） 辞
31 瓦解（がかい）
32 不遜（ふそん）・不孫（ふそん）

4

対義語

33 尊敬
34 浅瀬
35 払暁
36 重大
37 失墜
38 謙抑

類義語

39 戯言
40 恐慌
41 潔白
42 洞察力
43 恋慕
44 消去

けいがん・けそう・こうこん・ささい・しんえん
ばんかい・ふそん・ふっしょく・ぶべつ・むく
もうご・ろうばい

解答

33 侮蔑（ぶべつ）
34 深淵（しんえん）
35 黄昏（こうこん・たそがれ）
36 些細（ささい）
37 挽回（ばんかい）
38 不遜（ふそん）・不孫（ふそん）
39 妄語（もうご） 辞
40 狼狽（ろうばい）
41 無垢（むく）
42 慧眼（けいがん） 辞
43 懸想（けそう）
44 払拭（ふっしょく）

意味をCheck!

2 遅疑…疑い迷って、すぐに実行しないこと。
5 追従…こびへつらうこと。
19 跳梁…悪人などがのさばり、はびこること。

21 竣成…工事などが終了すること。
23 峻拒…厳しく断ること。

28 昧爽…夜が明けようとするころ。
30 股肱…主君の手足となって働く最も頼りになる臣下。

39 妄語…うそや偽りを言うこと。「戯言」は、ふざけて言う言葉。
42 慧眼…眼識が鋭いこと。

対義語・類義語③

目標時間 21分

1回目 ／44

2回目 ／44

●次のそれぞれの熟語の対義語、類義語を後の□の中から選び、**漢字**で記せ。□の中の語は一度だけ使うこと。

1

対義語

□ 1 奇抜

□ 2 文治

□ 3 匡正

□ 4 進展

□ 5 枯渇

類義語

□ 6 過誤

□ 7 尽日

□ 8 平伏

□ 9 逃亡

□ 10 波及

こうとう・ごびゅう・じゅういつ・しゅくや
じょうとう・ていとん・でんぱ・とんそう・ぶだん
わいきょく

解答

1 常套（じょうとう）
2 武断（ぶだん） 辞
3 歪曲（わいきょく）
4 停頓（ていとん）
5 充溢（じゅういつ） 辞
6 誤謬（ごびゅう）
7 夙夜（しゅくや）
8 叩頭（こうとう）
9 遁（遯）走（とんそう）
10 伝播（でんぱ）

2

対義語

□ 11 捷径

□ 12 挽回

□ 13 恩人

□ 14 脆弱

□ 15 暗愚

類義語

□ 16 浅膚

□ 17 旅費

□ 18 根城

□ 19 世間

□ 20 仲介

あっせん・うろ・がじょう・きゅうてき
きょうじん・こうこ・しっつい・そうめい
ひそう・ろぎん

解答

11 迂路（うろ）
12 失墜（しっつい）
13 仇敵（きゅうてき）
14 強靭（きょうじん）
15 聡明（そうめい）
16 皮相（ひそう）
17 路銀（ろぎん）
18 牙城（がじょう）
19 江湖（こうこ） 辞
20 斡旋（あっせん）

3

対義語

☐ 21 碇泊
☐ 22 肥沃
☐ 23 接着
☐ 24 悠悠
☐ 25 遅鈍
☐ 26 凶兆

類義語

☐ 27 迎合
☐ 28 雌雄
☐ 29 抗論
☐ 30 大儀
☐ 31 難解
☐ 32 容赦

おっくう・かいじゅう・かんじょ・きゅうきゅう
こうぶ・ずいしょう・ついしょう・はくり
ばつびょう・はんばく・ひんしょう・ひんぼ

解答

21 抜錨（ばつびょう）
22 荒蕪（こうぶ）
23 剥離（はくり）
24 辞 汲汲（きゅうきゅう）・汲々
25 敏捷（びんしょう）
26 瑞祥（ずいしょう）・瑞象（ずいしょう）
27 追従（ついしょう）
28 牝牡（ひんぼ）
29 辞 反駁（はんばく）
30 億劫（おっくう）
31 辞 晦渋（かいじゅう）
32 寛恕（かんじょ）

4

対義語

☐ 33 遵奉
☐ 34 破綻
☐ 35 讃嘆
☐ 36 安泰
☐ 37 活用
☐ 38 駄馬

類義語

☐ 39 突如
☐ 40 無惨
☐ 41 過賞
☐ 42 感化
☐ 43 偽作
☐ 44 青二才

いつび・がんさく・きたい・くんせん・こつぜん
さんび・しぞう・じゅし・しゅんめ・ちょうば
はいち・びほう

解答

33 背馳（はいち）
34 弥縫（びほう）
35 嘲罵（ちょうば）
36 危殆（きたい）
37 死蔵（しぞう）
38 駿馬（しゅんめ）
39 忽然（こつぜん）
40 辞 酸鼻（さんび）
41 辞 溢美（いつび）
42 辞 薫染（くんせん）
43 贋作（がんさく）
44 豎（孺）子（じゅし）

2 武断…武力によって政治を行ったり、力によって物事を解決したりすること。
5 充溢…満ちあふれること。

19 江湖…世の中。
24 汲汲…ゆとりがなく、あくせくするさま。
29 反駁…他人の主張や批判に反論すること。

31 晦渋…難しくてよくわからないこと。
40 酸鼻…目をおおいたくなるほどむごたらしいこと。

41 溢美…ほめすぎること。
42 薫染…よい感化を与えること。

故事・諺①

● 次の故事・成語・諺の**カタカナ**の部分を**漢字**で記せ。

目標時間 13分

1回目 /27

2回目 /27

1 **センダン**は双葉より芳し。

2 **ソウコウ**の妻は堂より下さず。

3 天網**カイカイ**疎にして漏らさず。

4 **テップ**の急。

5 元の**サヤ**に収まる。

6 **エンオウ**の契り。

7 昔とった**キネヅカ**。

8 **セイコク**を射る。

9 **キョウボク**は風に折らる。

10 **コウゼン**の気を養う。

解答

1	栴檀	辞
2	糟糠	辞
3	恢恢 恢々	辞
4	轍鮒	辞
5	鞘	
6	鴛鴦	
7	杵柄	
8	正鵠	辞
9	喬木	辞
10	浩然	辞

11 **ホウオウ**群鶏と食を争わず。

12 命長ければ**ホウライ**を見る。

13 一斑を見て**ゼンピョウ**をトす。

14 玉の**コシ**に乗る。

15 武士は食わねど高**ヨウジ**。

16 家貧しくして**コウシ**顕れ、世乱れて忠臣を識る。

17 **ヒョウタン**相容れず。

18 **ウケ**に入る。

19 **ケンカ**両成敗。

解答

11	鳳凰	辞
12	蓬萊	辞
13	全豹	
14	輿(輦)	
15	楊枝 楊子	辞
16	孝子	辞
17	氷炭	辞
18	有卦	辞
19	喧嘩(諠譁)	

□20 オウム能く言えども飛鳥を離れず。

□21 万緑ソウチュウ紅一点。

□22 開いた口へボタモチ。

□23 一富士二鷹三ナスビ。

20 鸚鵡 辞
21 叢中
22 牡丹餅
23 茄子 茄

□24 理屈とコウヤクはどこにでもつく。

□25 身から出たサビ。

□26 シャカに宗旨なし。

□27 尋常の溝にはドンシュウの魚なし。

24 膏薬 辞
25 錆(銹)
26 釈迦 辞
27 呑舟 辞

意味をCheck!

1 栴檀は双葉より芳し…栴檀は芽生えのころから良い香りがするが、将来大成する人物も幼いころからその片鱗を見せる。「栴檀」は香木の白檀のこと。

2 糟糠の妻は堂より下さず…苦労を共にした妻は、自分が立身出世しても粗末にはしないということ。「堂」は表座敷。

3 天網恢恢疎にして漏らさず…天の網の目は広大で、大まかなようでも何一つ取りこぼしがないという意から、天の道は厳正で悪人を取り逃がしたりはしないということ。

4 轍鮒の急…差し迫った危急のたとえ。車輪の跡の小さな水たまりであえいでいる鮒のさまから。

8 正鵠を射る…核心・急所をついていることのたとえ。「鵠」は弓の的の中心点。「正鵠を得る」ともいう。

9 喬木は風に折らる…喬木は高い木。高く伸びた木は風当たりが強く折れやすいように、人より抜きん出ている人は批判や攻撃を受けやすいというたとえ。

10 浩然の気を養う…何ものにもとらわれない広く豊かな気持ちを持つこと。

11 鳳凰群鶏と食を争わず…霊鳥の鳳凰がニワトリと餌を争わないように、誇りを持ち、世俗の人と交わらず孤高を保つこと。

12 命長ければ蓬萊を見る…長生きすればこそ、意外な幸運にもめぐりあえる。「蓬萊」は想像上の不老不死の地である蓬萊山のこと。

15 武士は食わねど高楊枝…武士は貧しくて食事ができなくとも、さも満腹したかのように楊枝を使う。武士は気位が高く、人に弱みを見せない。また武士はそうあるべきだということ。

16 家貧しくして孝子顕れ、世乱れて忠臣を識る…人は逆境にいてこそ、その真価が顕れ認められるようになるということ。

17 氷炭相容れず…性質が正反対のものは、調和や協力をしないというたとえ。また、善人と悪人は一緒にいることはできないというたとえ。

18 有卦に入る…当分続きそうなよい運に巡り合うこと。「有卦」は陰陽道で吉の方の年回り。

20 鸚鵡能く言えども飛鳥を離れず…鸚鵡は人間の言葉をよく真似るけれども、鳥であることに変わりがない。人間も言葉巧みに話しても、口先ばかりでは禽獣と変わらない。

24 理屈と膏薬はどこにでもつく…膏薬が体のどこにでもつくように、どんな事でもつけようと思えば、もっともらしい理屈がつくということ。

26 釈迦に宗旨なし…宗派は後世に分派したものだから、もともと釈迦には宗旨などは無かった。宗派間の争いを批判したもの。

27 尋常の溝には呑舟の魚なし…普通の狭い溝には、舟を丸呑みするような大魚は住んでいない。普通の狭い土地には大人物は出ないというたとえ。

故事・諺②

●次の故事・成語・諺の**カタカナ**の部分を**漢字**で記せ。

□ 1 **カセイ**は虎よりも猛し。

□ 2 **シュツラン**の誉れ。

□ 3 **カデン**に履を納れず。

□ 4 一家は遠のく、**ノミ**は近寄る。

□ 5 親の欲目と他人の**ヒガメ**。

□ 6 **サギ**を烏と言いくるめる。

□ 7 人間万事**サイオウ**が馬。

□ 8 **ノレン**に腕押し。

□ 9 **カコウ**ありといえども食らわずんばその旨きを知らず。

解答

番号	解答	
1	苛政	
2	出藍	辞
3	瓜田	辞
4	蚤	辞
5	僻目	
6	鷺	
7	塞翁	
8	暖簾	
9	嘉肴 佳肴	辞

□ 10 **シャクシ**で腹を切る。

□ 11 中流に舟を失えば**イッピョウ**も千金。

□ 12 **ブンボウ**牛羊を走らす。

□ 13 千丈の堤も**ギケツ**より崩れる。

□ 14 巧詐は**セッセイ**に如かず。

□ 15 破れ鍋に**ト**じ蓋。

□ 16 戦を見て矢を**ハ**ぐ。

□ 17 自家**ヤクロウ**中の物。

□ 18 **イチモツ**の鷹も放さねば捕らず。

解答

番号	解答	
10	杓子	辞
11	一瓢	辞
12	蚊虻	
13	蟻穴	辞
14	拙誠	辞
15	綴	
16	矧	辞
17	薬籠	辞
18	逸物	辞

☐ 19 朝菌は**カイサク**を知らず。

☐ 20 **ジュウバ**を殺して狐狸を求む。

☐ 21 付け焼き刃は**ナマ**り易い。

☐ 22 前車の**フクテツ**を踏む。

☐ 23 骨折り損のくたびれ**モウ**け。

19	晦朔 辞
20	戎馬 辞
21	鈍
22	覆轍 辞
23	儲

☐ 24 危うきこと**ルイラン**の如し。

☐ 25 禍福は**アザナ**える縄の如し。

☐ 26 **コチョウ**の夢の百年目。

☐ 27 燕雀安んぞ**コウコク**の志を知らんや。

24	累卵
25	糾（糺） 辞
26	胡蝶（蝴蝶） 辞
27	鴻鵠 辞

意味をCheck!

2 出藍の誉れ…師にまさるすぐれた弟子という名声、評判のこと。「青は藍より出でて藍より青し」

3 瓜田に履を納れず…人に疑われる行為はしないようにという戒め。瓜畑で、たまたま脱げた靴をはき直そうとしてかがむと、瓜泥棒と間違われるおそれのあることから。

4 一家は遠のく、蚤は近寄る…貧乏生活のたとえ。一家（＝一族）には疎まれ、逆に蚤は近寄る。

9 嘉肴ありといえども食らわずんばその旨きを知らず…佳肴はおいしい料理。おいしい料理も食べてみなければ、そのおいしさが分からない。同様に聖賢の立派な教えも、学んでみなければ、そのよさは分からないということ。また、大人物も用いてみなければ、その能力は分からないという意もある。

10 杓子で腹を切る…しゃもじで腹を切るのは不可能なことから、できるわけがないことや形式だけのことをするたとえ。

11 中流に舟を失えば一瓢も千金…溺れそうになったときは、ひょうたんひとつでも浮袋代わりになり、千金の価値を持つことから、わずかなものでも時と場合によって非常に役に立つというたとえ。

13 千丈の堤も蟻穴より崩れる…少しの不注意や油断から、思いのほかの大事を引き起こすたとえ。

14 巧詐は拙誠に如かず…巧みにごまかしているものより、拙くとも誠意ある言動のほうがよいということ。

16 戦を見て矢を矧ぐ…事が起こってから、あわてて対策を講じるたとえ。また、もう手遅れで間に合わないという意味もある。

17 自家薬籠中の物…自分の持っている薬箱の中の薬品のように、いつでも思いどおりに使える物。また、そうした知識や技術。

18 逸物の鷹も放さねば捕らず…すぐれた能力があっても、使わなければなんの価値もないということのたとえ。

19 朝菌は晦朔を知らず…朝にはえて、夕方には枯れるきのこである朝菌は、晦朔、すなわちみそかもついたちも知らない。短い命のはかなさのたとえ。

20 戎馬を殺して狐狸を求む…小さな利益のために大事なものを失うことへの戒め。「戎馬」は軍馬のこと。

22 前車の覆轍を踏む…前の人がおかした失敗と同じ失敗をすることのたとえ。「覆轍」はひっくり返った前車のわだち。

25 禍福は糾える縄の如し…災いと幸福、失敗と成功はより合わされた縄のように、代わる代わるやってくる。**7**の「人間万事塞翁が馬」に同じ。

26 胡蝶の夢の百年目…夢のように人生を生きてきて、気がつけば早くも死期が迫っていることに驚き、後悔すること。

27 燕雀安んぞ鴻鵠の志を知らんや…燕や雀のような小鳥は、大きな鳥の心を知ることはない。小人物には大人物の大きな志は分からないということ。

故事・諺③

●次の故事・成語・諺の**カタカナ**の部分を**漢字**で記せ。

1 一擲（てき）**ケンコン**を賭す。
2 歳寒くして**ショウハク**の凋むに後るるを知る。
3 **ミノ**になり笠になる。
4 はりも**ルリ**も磨けば光る。
5 錐の**ノウチュウ**に処るが若し。
6 **クツワ**の音にも目を覚ます。
7 洛陽の**シカ**を高める。
8 **イソギワ**で舟を破る。
9 **ソバ**の花見て蜜を取れ。

解答
1 乾坤 辞
2 松柏 辞
3 蓑（簑） 辞
4 瑠璃 琉璃
5 嚢中 辞
6 轡（銜・勒） 辞
7 紙価 辞
8 磯際 辞
9 蕎麦 辞

10 **コウヤ**の白袴。
11 糠に**クギ**。
12 **トタン**の苦しみ。
13 枯れ木も山の**ニギ**わい。
14 瓢簞から**コマ**が出る。
15 死は或いは泰山より重く、或いは**コウモウ**より軽し。
16 地獄の**サタ**も金次第。
17 門前**ジャクラ**を張る。
18 **ソウメン**で首くくる。

解答
10 紺屋
11 釘
12 塗炭 辞
13 賑（殷） 辞
14 駒
15 鴻毛 辞
16 沙汰
17 雀羅 辞
18 素麺 索麺

目標時間 13分
1回目 ／27
2回目 ／27

□ **19** **ヌ**れ手で粟。

□ **20** **リョウキン**は木を択ぶ。

□ **21** **キカ**居くべし。

□ **22** 渇しても**トウセン**の水を飲まず。

□ **23** **ケサ**と衣は心に着よ。

19 濡

20 良禽 辞

21 奇貨 辞

22 盗泉 辞

23 袈裟

□ **24** 下手な**アンマ**と仲裁は初めより悪くなる。

□ **25** 事が延びれば**オヒレ**が付く。

□ **26** 人の頭の**ハエ**を追うな。

□ **27** 風が吹けば**オケヤ**が儲かる。

24 按摩

25 尾鰭

26 蝿

27 桶屋

意味をCheck!

1 **一擲乾坤を賭す**…運を天にまかせて思い切って事に当たること。「乾坤」は天地、「一擲」は一度にすべてを投げ捨てることだが、ここではさいころを一回投げること。

2 **歳寒くして松柏の凋むに後るるを知る**…寒い冬には木はみなしぼんでしまうのに、常緑樹の松と柏は緑を失わないことから、苦難や危難の際にも、自分の信念を堅く守って変えないこと。

3 **蓑になり笠になる**…ある時は雨を防ぐ蓑になり、ある時は日よけの笠になるように、何かにつけてかばうこと。

5 **錐の嚢中に処るが若し**…袋の中の鋭い錐は袋を破ってその先端を現すことから、才能のある人物が凡庸な人の中にいると、その優秀さが自然に外に現れるということ。「穎脱」に同じ。

6 **轡の音にも目を覚ます**…武士は眠っていても轡の音がすると目を覚まして身構える。用心深く、油断のないさまのたとえ。転じて、職業上身についた感覚や習性のたとえ。

7 **洛陽の紙価を高める**…出版した本がよく売れること。評判の高い本はみなが争って筆写したので、まだ貴重品だった紙の値段が高騰したことから。

8 **磯際で舟を破る**…あと一歩で完成というところで失敗するたとえ。「磯際」は港の近く。

9 **蕎麦の花見て蜜を取れ**…蕎麦の花が咲いたら蜂蜜を取るのにちょうどよい時期だ。好機を逸せず物事を行えということのたとえ。

12 **塗炭の苦しみ**…泥にまみれ、炭火に焼かれるような苦しみ。この上ない困難・苦痛のこと。

13 **枯れ木も山の賑わい**…たとえ取るに足りないものであっても、無いよりはましということ。本人がへりくだって言う言葉なので、人に対して使うのは誤り。

15 **死は或いは泰山より重く、或いは鴻毛より軽し**…人の命は、重視すべき場合と軽視すべき場合があるということ。また、命を捨てるについては、時と場合により軽重があるということ。「泰山」は中国山東省にある名山。

17 **門前雀羅を張る**…来訪者もなく、きわめて寂しいさま。人が来ないので雀が安心して集まってくるため、門前に雀を捕えるための網である雀羅を張ることができる。

20 **良禽は木を択ぶ**…賢い鳥は宿るにふさわしい木を選ぶ。環境や職業などは、よく見定めて決めるべきであるというたとえ。

21 **奇貨居くべし**…掘り出し物はあとで値段が上がるから、いま買い入れて手元においておく。好機は逃さず利用すべきであるというたとえ。

22 **渇しても盗泉の水を飲まず**…どんなに困窮しても、決して不義な行いはしないということのたとえ。「熱しても悪木の陰にいこわず。」と続く。節操を守ることの大切さをいう。

故事・諺④

目標時間 13分

1回目 /28

2回目 /28

● 次の故事・成語・諺の**カタカナ**の部分を**漢字**で記せ。

☐ 1 **キンラン**の契り。
☐ 2 大行は**サイキン**を顧みず。
☐ 3 **シュンメ**痴漢を乗せて走る。
☐ 4 修身**セイカ**治国平天下。
☐ 5 鐘も**シュモク**のあたり柄。
☐ 6 野に**イケン**なし。
☐ 7 **ガベイ**に帰す。
☐ 8 **カニ**は甲羅に似せて穴を掘る。
☐ 9 **シラン**の室に入るが如し。
☐ 10 晩学といえども**セキガク**に昇る。

解答

1 金蘭 辞
2 細謹 辞
3 駿馬 辞
4 斉家
5 撞木 辞
6 遺賢 辞
7 画餅
8 蟹 辞
9 芝蘭 辞
10 碩学

☐ 11 **ヒシヅル**ほど子ができる。
☐ 12 外面似**ボサツ**、内心如夜叉。
☐ 13 魚の**フチュウ**に遊ぶが如し。
☐ 14 握れば**コブシ**、開けば掌。
☐ 15 **サイシン**の憂え有りて朝に造るあたわず。
☐ 16 片手で**キリ**はもめぬ。
☐ 17 鴨が**ネギ**を背負って来る。
☐ 18 **ミジン**積もって山となる。
☐ 19 積善の家には必ず**ヨケイ**あり。

解答

11 菱蔓
12 菩薩
13 釜中 辞
14 拳 辞
15 采薪 採薪 辞
16 錐(鑽) 辞
17 葱
18 微塵
19 余慶 辞

☐ **20** 桃栗三年柿八年、**ユズ**は九年の花盛り。

☐ **21** **リカ**一枝春雨を帯ぶ。

☐ **22** 愛は**オクウ**に及ぶ。

☐ **23** **コウサ**は拙誠に如かず。

20 柚 柚子
21 梨花 辞
22 屋烏 辞
23 巧詐

☐ **24** **シシ**身中の虫。

☐ **25** 嘘もまことも話の**テクダ**。

☐ **26** **シュウビ**を開く。

☐ **27** 石臼を**ハシ**に刺す。

☐ **28** **ヒョウタン**から駒が出る。

24 獅子
25 手管
26 愁眉 辞
27 箸 辞
28 瓢箪

意味をCheck!

1 金蘭の契り…緊密で美しい友情のたとえ。あの固い金を断ち切るほど強く、蘭の花のようにかぐわしい友情。

2 大行は細謹を顧みず…大事を成そうとする場合には、細かい気配りにとらわれる必要はないということ。

3 駿馬痴漢を乗せて走る…相応した相手に恵まれないことのたとえ。「痴漢」は愚かな男。

5 鐘も撞木のあたり柄…鐘がよい音で鳴るかどうかは、撞木の当たり方による。こちらの出方次第で人間関係が良くも悪くもなるということのたとえ。

6 野に遺賢なし…民間にいる有能な人材が残らず官吏に採用され、善政が行われて世の中が安定することをいう。「野」は「や」と読み、民間のこと。「遺賢」は埋もれている有能な人物。

8 蟹は甲羅に似せて穴を掘る…人は自分の身分や力量に見合った思考や行動をするものだということのたとえ。

9 芝蘭の室に入るが如し…良い人と交際すると、知らないうちに感化されて自分も善人になるたとえ。「芝蘭の室」は芳香のする草のある部屋。

13 魚の釜中に遊ぶが如し…死が目前に迫っていることを知らないでいるたとえ。煮られてしまう運命にあることも知らずに、釜の中で泳ぎ回っている魚のさまから。

14 握れば拳、開けば掌…同じ手であっても握れば人を殴る拳にもなり、開けば人をなでる掌にもなる。心の持ちようや、その場の状況次第で物事は変わるものだということ。

15 采薪の憂え有りて朝に造るあたわず…自分の病気を「薪を採りに行けない悩み」とへりくだって表現した言葉。「朝に造る」は「ちょうにいたる」と読み、朝廷に行くこと。王のお招きがあったのに病気のため行くことができませんでした、と王の使者に伝えているわけである。

16 片手で錐はもめぬ…物事を成功させるには、力を合わせて協力することが必要だというたとえ。

19 積善の家には必ず余慶あり…善行を積み重ねた家では、必ずそのおかげで子孫にまで幸福がもたらされるということ。

21 梨花一枝春雨を帯ぶ…涙を流して悲しむ美女の形容。白居易「長恨歌」中の楊貴妃の様子。

22 愛は屋烏に及ぶ…人を愛すれば、その人の持つすべてのものが好ましく思われることのたとえ。

26 愁眉を開く…ほっとすることのたとえ。「愁眉」は心配して寄せる眉、愁いを含んだ眉のこと。

27 石臼を箸に刺す…石臼には箸を突き通せないことから、不可能なこと、どうしても無理なことを言うたとえ。

読み①

目標時間 20分

1回目 ／42
2回目 ／42

● 次の傍線部分の読みを**ひらがな**で記せ。1〜26は**音読み**、27〜42は**訓読み**である。

□ 1 月々の赤字を賞与で補塡する。
□ 2 鏡の裏に菱花の文様がある。
□ 3 互角に烏鷺を戦わせる。
□ 4 室内を花の芳馨で満たす。
□ 5 卦兆では勝ち戦と出た。
□ 6 天候に恵まれて豊稔間違い無しだ。
□ 7 遠来の客を佳肴でもてなす。
□ 8 故意に晦渋な言い回しをする。
□ 9 宛転とした美しい形に眉を整える。
□ 10 王家の胤嗣として生まれる。

解答
1 ほてん
2 りょうか
3 うろ 辞
4 ほうけい
5 かちょう 辞
6 ほうじん
7 かこう 辞
8 かいじゅう 辞
9 えんてん
10 いんし

□ 11 閏統は長くは続かないものだ。
□ 12 於邑して食も喉を通らない。
□ 13 敵の兵船を火箭で焼く。
□ 14 教育の荒廃を慨歎する。
□ 15 実力の差は劃然としている。
□ 16 笑い過ぎて顎関節を外す。
□ 17 母の割烹着姿を思い出す。
□ 18 多くの文献に屢述されている。
□ 19 母校の徽号を旗に染める。
□ 20 夜更けに砧杵の音だけがする。

解答
11 じゅんとう 辞
12 おゆう 辞
13 かせん
14 がいたん 辞
15 かくぜん
16 がくかんせつ
17 かっぽう
18 るじゅつ
19 きごう
20 ちんしょ 辞

21 近什の評価は予想外に高かった。
22 腰に下げた鈴が珊珊と鳴った。
23 閏月を置いた年を十三ヶ月とする。
24 主任教授は斯学の権威だ。
25 柴荊に暮らしても志は捨てない。
26 宮中で賜餐が行われた。
27 布の縁を纏る。
28 七十にして矩を踰(こ)えず。
29 大事な種籾を野盗に奪われた。
30 幼い時から聡い子だった。
31 梅の香がかすかに匂う。
32 一握りの米で飢えを凌ぐ。
33 真菰の穂が風に揺れている。
34 強風で凧糸が切れてしまった。

21 きんじゅう 辞
22 さんさん
23 じゅんげつ
24 しがく
25 さいけい 辞
26 しさん
27 まつ 辞
28 のり
29 たねもみ
30 さと
31 にお
32 しの
33 まこも 辞
34 たこいと

35 笈を負った修験者が歩いて行く。
36 神経が昂って寝つけない。
37 日本は瑞穂の国だ。
38 河原で凧揚げ大会が行われた。
39 非常用の梯を準備する。
40 童女の禿髪がかわいらしい。
41 瓢に酒を詰めて花見に行く。
42 時恰も革命前夜だった。

35 おい 辞
36 たかぶ
37 みずほ
38 たこ
39 はしご
40 かむろ かぶろ 辞
41 ふくべ ひさご
42 あたか

意味をCheck!

3 烏鷺…からすとさぎ。「烏鷺の戦い」は碁の勝負。
5 卦兆…中国の占いである八卦に現れた前兆のこと。
7 佳肴…おいしい料理のこと。ごちそう。
8 晦渋…難しくてよくわからないこと。
11 閏統…正統でない系統や血筋のこと。
12 於邑…悲しみで気持ちがふさがること。

14 慨歎…いきどおりなげくこと。
20 砧杵…布を打つ台のきぬたと、打つ木槌。
21 近什…最近作った詩文。
25 柴荊…しばといばら。あばらやのこと。
27 纏る…まつり縫いをする。
33 真菰…沼沢に自生する草。
35 笈…竹で編んだ背負いの箱。
41 瓢…ゆうがお、ひょうたんなどの総称。また、それから作った容器。

読み②

目標時間 20分

1回目 /42

2回目 /42

●次の傍線部分の読みをひらがなで記せ。1～26は音読み、27～42は訓読みである。

1 君子は自彊に努めるものだ。
2 舟筏を集めて軍兵を渡す。
3 春韮を切って食膳に供す。
4 初夏の青翠がまぶしい。
5 本の装釘を担当する。
6 巽与の言を貴ぶ。
7 池は湛湛として静かである。
8 良き制度が弛廃して世は乱れた。
9 眠っている嬰児をそっと抱き上げた。
10 暢茂した草木が門を塞ぐ。

解答

1 じきょう 辞
2 しゅうばつ 辞
3 しゅんきゅう
4 せいすい
5 そうてい
6 そんよ
7 たんたん
8 しはい
9 えいじ
10 ちょうも 辞

11 紬紡糸で布を織る。
12 宮殿前広場に百官が堵列する。
13 熊胆は薬用として珍重されている。
14 禰祖の前に固く誓う。
15 蚤牙を鋭く研ぐ。
16 詩文の叱正を請う。
17 悪人が天下を簸弄する。
18 清貧に安んじ弊袴を着ける。
19 破れた屋根を補葺する。
20 牟食して飽きることがない。

解答

11 ちゅうぼうし 辞
12 とれつ 辞
13 ゆうたん
14 でいそ 辞
15 そうが
16 しっせい
17 はろう
18 へいこ
19 ほしゅう
20 ぼうしょく 辞

□ **21** 雲ひとつない遥碧を仰ぐ。
□ **22** 亮闇にして三年もの言わず。
□ **23** 漏壺を用いて時刻を計る。
□ **24** 名君のもとで天下は和穆した。
□ **25** 清廉な行いも毀誉に決せらる。
□ **26** 盛んな竈煙で民の豊かさを知る。
□ **27** 厩に愛馬をつなぐ。
□ **28** 他事に寓けて意をほのめかす。
□ **29** 両軍は舷を叩いて賞賛した。
□ **30** 真相を悉に知った。
□ **31** 尖い筆致で真実を暴く。
□ **32** 正月の準備が捗る。
□ **33** 猪も蹄を持つ動物だ。
□ **34** 栃の木は初夏に花を開く。

21 ようへき
22 りょうあん 辞
23 ろうこ
24 わぼく 辞
25 きよ
26 そうえん
27 うまや
28 かこつ
29 ふなばた ふなべり
30 つぶさ 辞
31 するど
32 はかど
33 ひづめ
34 とち 辞

□ **35** 祝いに菰被りが届けられた。
□ **36** 巷に噂が広まった。
□ **37** 庭に蔓る草を刈り取る。
□ **38** 後の事は爾に託す。
□ **39** 凄まじい怒りを爆発させた。
□ **40** 谷川の水を掬んで飲む。
□ **41** 古跡から沓石が見つかった。
□ **42** 家を捨てて荊の道を歩み出した。

35 こも
36 ちまた 辞
37 はびこ
38 なんじ 辞
39 すさ
40 むす
41 くついし 辞
42 いばら

意味をCheck!

1 自彊…みずから努め、励んで怠らないこと。
2 舟筏…小舟といかだ。
10 暢茂…草木がのびのびと生い茂ること。
11 紬紡糸…絹糸紡績に出るくずを集めてつむぎいとのように作った太い糸。
12 堵列…大勢の人が垣のように横に並んで立つこと。
14 禰祖…祖先の霊。
20 牟食…むさぼり食うこと。

22 亮闇…天皇が父母の死に対し喪を服する期間。
24 和穆…仲むつまじくする。おだやかである。
30 悉に…ことごとく。もれなく。
34 栃…トチノキ科の落葉広葉樹。
36 巷…町中のこと。
38 爾…相手を遠慮なく呼び合う呼び名のこと。
41 沓石…柱を支える土台の石。

読み③

目標時間 20分

1回目 ／42

2回目 ／42

● 次の傍線部分の読みを**ひらがな**で記せ。1〜26は**音読み**、27〜42は**訓読み**である。

1 甘い言葉で籠絡する。
2 この道の下は暗渠になっている。
3 穎哲の人に政務を任せる。
4 新党の総裁に推戴する。
5 背を向けたところを掩撃する。
6 決戦を前に士気横溢する。
7 臣下の嘉猷を納れる。
8 雅馴の書を選んで奉る。
9 野に下り深く晦匿する。
10 書類に署名捺印する。

解答

1 ろうらく
2 あんきょ 辞
3 えいてつ
4 すいたい
5 えんげき 辞
6 おういつ
7 かゆう 辞
8 がじゅん
9 かいとく 辞
10 なついん

11 俗世間を離れ茅舎で暮らす。
12 姦詐の者を君側から追う。
13 気焔万丈、当たる所敵無しだ。
14 鞠訊して刑を定める。
15 計画を支障なく亨通する。
16 シャンデリアが晃晃と輝く。
17 劫初に神が国土を造られた。
18 その邑落には人の気配が無かった。
19 一時的な意識障碍だったようだ。
20 妖姫に魂を奪われる。

解答

11 ぼうしゃ 辞
12 かんさ
13 きえん
14 きくじん 辞
15 こうつう 辞
16 こうこう
17 ごうしょ 辞
18 ゆうらく
19 しょうがい
20 ようき

21 都から遠く離れて棲遅する。
22 勾欄にもたれて景色を眺める。
23 街の周りを城壁が匝囲する。
24 文人が集まり談藪を専らにする。
25 救世主誕生の禎祥が現れた。
26 気に入りの姫妾を侍らせる。
27 休戦条約が結ばれ平和が蘇った。
28 母校の名誉を瀆す行為だ。
29 煽てて党首に祭り上げる。
30 事理に蒙い人々を導く。
31 父は早朝から鮎汲みに出掛けた。
32 姥目樫は備長炭の原料になる。
33 榎茸は西洋料理にもよく合う。
34 キャンプファイヤーの焰を囲む。

21 せいち 辞
22 こうらん
23 そうい 辞
24 だんそう 辞
25 ていしょう
26 きしょう
27 よみがえ
28 けが
29 おだ
30 くら
31 あゆく 辞
32 うばめがし
33 えのきだけ えのきたけ
34 ほのお

35 牧場の周囲の杭打ちをする。
36 黒檀の名は樹皮の色による。
37 一度の失敗くらいでは挫けない。
38 枕の小噺でもう場内は笑いの渦だ。
39 真鰯は肥料にもなる。
40 料理を笥子に盛る。
41 這の間の情勢は軽視できない。
42 椋鳥の鳴き声が賑やかだ。

35 くい
36 くろがし
37 くじ
38 こばなし 辞
39 まいわし
40 けこ けご 辞
41 こ
42 むくどり

意味をCheck!

2 暗渠…ふたをしたり地下に設けたりしている水路。
5 掩撃…小部隊で敵を不意打ちすること。
7 嘉猷…国を治めるためのよい計画。
9 晦匿…自分の才能などを隠して、人に知らせないこと。
11 茅舎…かやぶきの家。
14 鞫訊…罪を調べて問いただすこと。
15 亨通…すべてが順調に進む。

17 劫初…この世のはじめ。
21 棲遅…退官し、あるいは仕官せず世俗を離れて暮らすこと。
23 匝囲…めぐること。
24 談藪…豊富な話題。話のネタが尽きないこと。
31 鮎汲み…春の時期に川をのぼってくる若鮎を網などでとること。
38 小噺…ちょっと気の利いた短い話。
40 笥子…飯などを盛る器。

読み④

目標時間 20分

1回目 ／42

2回目 ／42

● 次の傍線部分の読みを**ひらがな**で記せ。1～26は**音読み**、27～42は**訓読み**である。

□ 1 文質彬彬として然る後に君子なり。
□ 2 風は弗弗として窓を打つ。
□ 3 圃畦に野菜の種を蒔く。
□ 4 慌てて弥縫策を講じる。
□ 5 輿望を担って立候補する。
□ 6 学生時代から爾汝の交わりを結んだ。
□ 7 摯実な態度で職責を果たす。
□ 8 林間から蟬吟が聞こえる。
□ 9 世が明けて蠟涙はもう固まった。
□ 10 葵花は日光に葉をかざす。

解答

1 ひんぴん 辞
2 ふつふつ
3 ほけい
4 びほうさく 辞
5 よぼう 辞
6 じじょ
7 しじつ 辞
8 せんぎん
9 ろうるい 辞
10 きか

□ 11 按排にも注意しつつ事務を執る。
□ 12 君主の近侍は英彦揃いだ。
□ 13 堰塞工事で河流を変える。
□ 14 亡き大家の画帖を拝見した。
□ 15 稲刈りを控えて鎌刃を研ぐ。
□ 16 病人のために粥薬を手に入れる。
□ 17 世界各地の神話を集輯する。
□ 18 管窺を恥じて見聞を広める。
□ 19 多くの宮娃が美を競う。
□ 20 日毎に欽羨の念は募った。

解答

11 あんばい 辞
12 えいげん 辞
13 えんそく
14 がじょう 辞
15 れんじん
16 しゅくやく
17 しゅうしゅう
18 かんき 辞
19 きゅうあい
20 きんせん

□ 21 来年は己丑の年に当たる。
□ 22 吾が志を嘗試せん。
□ 23 凄絶な死闘から目を背けた。
□ 24 長い人生には錯謬を犯すこともある。
□ 25 罫紙に数字を書き込んだ。
□ 26 初めて芝眉を拝し感服する。
□ 27 杢糸でセーターを編む。
□ 28 藁履は積雪期の必需品だった。
□ 29 暗がりで篦太い男の声がした。
□ 30 自らを鞭って勉学に励む。
□ 31 水辺で葦火を焚く。
□ 32 白い霧が山頂を奄った。
□ 33 蝦根を観賞用に栽培する。
□ 34 祭礼の灯火が燦らかだ。

21 きちゅう
22 しょうし
23 せいぜつ
24 さくびゅう
25 けいし
26 しび 辞
27 もくいと 辞
28 わらぐつ
29 のぶと
30 むちう
31 あしび
32 おお
33 えびね 辞
34 あき

□ 35 轡を並べて一斉に突撃する。
□ 36 姫君の裳着の祝いが行われた。
□ 37 嵩高な荷物を持て余す。
□ 38 辻札の前に人々が群がった。
□ 39 大軍を前に思わず怯んだ。
□ 40 久し振りの雨に濡う。
□ 41 塙に桜の古木がある。
□ 42 我が心は石に匪ず。

35 くつわ
36 もぎ
37 かさだか
38 つじふだ 辞
39 ひる
40 うるお
41 はなわ
42 あら

意味をCheck!

1 彬彬…外形と内容がそろっていて調和がとれていること。
4 弥縫策…一時的にとりつくろう策。
5 輿望…多くの人望。衆望。
7 摯実…真面目で誠実なこと。
9 蠟涙…とけて流れた蠟燭の蠟を涙にたとえた語。
11 按排…料理の味加減や物事の具合、調子のこと。
12 英彦…すぐれた男子。英俊。
14 画帖…絵をかくための帳面。スケッチブック。

---

18 管窺…視野が狭く、見識がないこと。
26 芝眉…他人の顔を敬っていう語。お顔。
27 杢糸…色の異なる糸を2本以上より合わせ、色の効果を出した糸をいう。
33 蝦根…ラン科エビネ属の多年草。山林や竹林に生育する。
38 辻札…辻に立てた立て札。

読み⑤

目標時間 20分

1回目 /42

2回目 /42

● 次の傍線部分の読みをひらがなで記せ。1～26は音読み、27～42は訓読みである。

1 洲渚で水鳥が餌を探す。
2 帥先して仕事を遂行する。
3 凄惨な戦場を見て平和を願う。
4 留学僧が経文を請来した。
5 転倒して脊椎を損傷した。
6 聡慧さでは子は父に及ばなかった。
7 皿に辰砂の絵具を溶く。
8 淵は湛然として月を映す。
9 木々は葱翠然として茂る。
10 中国の馬蹄銀は秤量貨幣だ。

解答

1 しゅうしょ 辞
2 そっせん
3 せいさん
4 しょうらい
5 せきつい
6 そうけい
7 しんしゃ 辞
8 たんぜん
9 そうすい 辞
10 しょうりょう ひょうりょう 辞

11 光沢のある柊葉が日に光る。
12 交通事故で頸椎を傷めた。
13 この怨念は必ず晴らす。
14 勿体をつけずに教えてほしい。
15 工事の傭役に駆り出される。
16 作業場は熔冶の熱気が満ちている。
17 大工や輪輿が忙しく働く。
18 生涯を聾唖教育に尽くす。
19 遺跡で貝製の腕釧を発見した。
20 官を辞して鷗盟を楽しむ。

解答

11 しゅうよう
12 けいつい
13 おんねん
14 もったい
15 ようえき 辞
16 ようや 辞
17 りんよ 辞
18 ろうあ
19 わんせん 辞
20 おうめい 辞

21 桐油紙はよく湿気を防ぐ。

22 屑屑として細かい雨が降る。

23 宛然天上世界の如しだ。

24 何かにつけ怨霊のたたりを疑った。

25 新しい環境に馴化した。

26 白紙に罫線を引く。

27 戸棚の中を摸ってみる。

28 禄いがありますようにと神に祈る。

29 この先は峨しい急登が続く。

30 急な指名で思わず吃る。

31 請願が無事に亨った。

32 大事な密書を曲者に奪われた。

33 歴史の必然について稽える。

34 布を川の水に晒す。

21 とうゆ
22 せつせつ 辞
23 えんぜん 辞
24 おんりょう
25 じゅんか
26 けいせん
27 さぐ
28 さいわ
29 けわ
30 ども
31 とお
32 くせもの
33 かんが
34 さら

35 危険なこと斯くの如しだ。

36 篠笹をかき分けて道を探す。

37 親に楯突く気かと叱られた。

38 殿上人の沓を捧げ持つ。

39 辛酸を嘗めて人間が出来てきた。

40 弟は申年の生まれだ。

41 日比はお世話になっております。

42 城の四囲に壕を巡らす。

35 か
36 しのざさ
37 たてつ
38 くつ
39 な
40 さるどし
41 ひごろ
42 ほり

意味をCheck!

1 洲渚…洲（す）の水際のこと。
7 辰砂…水銀と硫黄の化合物。深紅色で赤色絵の具の主要鉱石。
9 葱翠…青緑色のこと。青々としたの意もある。
10 秤量…はかりで重さをはかること。
15 傭役…人を雇って使うこと。また、雇われて使われること。
16 熔冶…金属を溶かして鋳造すること。「溶冶」とも書く。

17 輪輿…輪人（車輪を作る職人）と輿人（車台を作る職人）。
19 腕釧…仏像の装身具の一つ。また、古代の腕輪のこと。
20 鷗盟…隠遁すること。俗世間から離れた風流な交わり。
22 屑屑…細かい雨などが降るさま。また、努め励むさま。
23 宛然…まさにそれ自身と思われるさま。そっくり。

読み⑥

目標時間 20分

1回目 ／42

2回目 ／42

● 次の傍線部分の読みを**ひらがな**で記せ。1～26は**音読み**、27～42は**訓読み**である。

1 戟を執り勇ましく応戦する。
2 白駒の隙を過ぐるが如し。
3 彼は政界の黒幕と喧伝されている。
4 条約批准の允許がおりた。
5 船を港に曳航する。
6 わび住まいの柴扉をそっと訪れた。
7 得意になって喋喋としゃべる。
8 この付箋はどこにでも貼用できる。
9 禾黍がみごとに生長している。
10 寄せては返す濤声を聞いていた。

解答

1 げき 辞
2 げき 辞
3 けんでん
4 いんきょ
5 えいこう
6 さいひ 辞
7 ちょうちょう
8 ちょうよう てんよう
9 かしょ 辞
10 とうせい

11 清らかな室内に伽羅の香が漂う。
12 怪しげな呪術を使って籠絡する。
13 多忙で寸隙も無いありさまだ。
14 袖珍本を集めるのが趣味だ。
15 亀卜で豊凶を占う。
16 道端に小さな庚申塚がある。
17 新作の上梓は来月の予定だ。
18 攻めるに難い城砦に立てこもる。
19 朝臣が集まって廟議を尽くす。
20 念入りに濃い粉黛を施した。

解答

11 きゃら 辞
12 じゅじゅつ
13 すんげき
14 しゅうちん 辞
15 きぼく
16 こうしん
17 じょうし
18 じょうさい
19 びょうぎ 辞
20 ふんたい 辞

□21 沃土に育まれた果樹が実る。
□22 党の領袖たる地位についた。
□23 逃れて藪沢に身を隠した。
□24 食物を咽下できないほど衰弱した。
□25 国はいま危殆に瀕している。
□26 御所近くに卿相の屋敷が並ぶ。
□27 弟は亦兄以上の乱暴者だ。
□28 「麿」は日本で作られた漢字だ。
□29 頃くの間、客間で待たされた。
□30 見窄らしい身なりを見かねた。
□31 薯をすりおろして麦飯にかける。
□32 苧殻を焚いて死者を迎える。
□33 注連縄が大木を匝る。
□34 ダイヤモンドの原石を琢く。

21 よくど
22 りょうしゅう
23 そうたく 辞
24 えんか えんげ
25 きたい
26 けいしょう
27 また
28 まろ
29 しばら
30 みすぼ
31 いも
32 おがら 辞
33 めぐ
34 みが

□35 朝凪の海に釣り糸を垂れる。
□36 証人の口を杜ぐのに成功した。
□37 惇い人柄を信頼し全て任せた。
□38 昼になって畷で一休みする。
□39 敵機の脅威に曝される。
□40 上辺だけ文った言葉は要らない。
□41 惟それだけを思い詰めている。
□42 工事の進行を碍げる。

35 あさなぎ 辞
36 ふさ
37 あつ
38 なわて 辞
39 さら
40 かざ
41 ただ
42 さまた

意味をCheck!

1 **戟**…両側に枝の刃が出たほこ。
2 **隙**…すきま。問題文は、年月が驚くほど早く経つことのたとえ。
6 **柴扉**…あばら家。また、隠者の住まいのこと。
9 **禾黍**…稲と黍。
11 **伽羅**…香木の沈香の中で最上とされる香料。
14 **袖珍本**…着物の袖の中に入るくらいの小型本。
19 **廟議**…朝廷における評議。

20 **粉黛**…白粉と眉墨。化粧のこと。
23 **藪沢**…草木が生い茂る沼沢。また、物の多く集まる場所。
32 **苧殻**…皮をはいだ麻の茎。お盆の迎え火・送り火に焚く。
35 **朝凪**…海岸で朝の一時、風がやむこと。
38 **畷**…田の中の細い道。あぜ道。なわて道。

読み⑦

目標時間 20分

1回目 ／42

2回目 ／42

● 次の傍線部分の読みを**ひらがな**で記せ。1〜26は**音読み**、27〜42は**訓読み**である。

☐ 1 塵芥を集めて燃やす。
☐ 2 堆朱の盆を買った。
☐ 3 黛青の山々が連なる。
☐ 4 百官を廟堂に集めた。
☐ 5 両者の証言がぴたりと吻合した。
☐ 6 稲粟を倉に積む。
☐ 7 弟子の申し出を允可する。
☐ 8 禾穎がすくすくと伸びている。
☐ 9 穆として清風の如し。
☐ 10 過ちは早いうちに匡正する。

解答

1 じんかい
2 ついしゅ たいしゅ 辞
3 たいせい
4 びょうどう
5 ふんごう 辞
6 とうぞく
7 いんか
8 かえい 辞
9 ぼく 辞
10 きょうせい

☐ 11 都を発って朔北の守りにつく。
☐ 12 人生の深淵を覗いた気分だ。
☐ 13 本堂まで雛僧が案内してくれた。
☐ 14 苧麻の茎から繊維を取る。
☐ 15 馴致された習慣を守る。
☐ 16 卯飲してまた眠りにつく毎日だった。
☐ 17 四海を奄有して最高君主となった。
☐ 18 欣求浄土の旗を掲げる。
☐ 19 ついに衿契を為すことを誓い合う。
☐ 20 窪隆の多い道を車に揺られる。

解答

11 さくほく 辞
12 しんえん
13 すうそう
14 ちょま
15 じゅんち
16 ぼういん 辞
17 えんゆう 辞
18 ごんぐ
19 きんけい 辞
20 わりゅう 辞

☐ 21 王の即位は己酉の年だった。
☐ 22 城市を川が周匝している。
☐ 23 戎衣を脱いで家でくつろぐ。
☐ 24 郊外に妾宅を構えている。
☐ 25 雛妓に煙草盆を言い付けた。
☐ 26 摺扇に美しい絵が描いてある。
☐ 27 鴇は国際保護鳥に指定されている。
☐ 28 殆ういところで一命を取り留めた。
☐ 29 鶏の笹身を煮物に使う。
☐ 30 錫は酒器や茶器に使われてきた。
☐ 31 時宛も大戦のさ中であった。
☐ 32 千尋の海に船が沈んでいる。
☐ 33 之を董すに威を用う。
☐ 34 土地の名士の饗しを受けた。

21 きゆう
22 しゅうそう 辞
23 じゅうい 辞
24 しょうたく
25 すうぎ 辞
26 しょうせん 辞
27 とき
28 あや
29 ささみ
30 すず
31 あたか
32 ちひろ 辞
33 ただ
34 もてな

☐ 35 筏を組んで川を下った。
☐ 36 土手に蕗のとうが顔を出した。
☐ 37 国家の大計を猷る。
☐ 38 新しい檜垣を結ぶ。
☐ 39 厳しい山の中に身を隠した。
☐ 40 我が子を想って心を戚えしむ。
☐ 41 紙漉き体験で葉書を作った。
☐ 42 山の岨に雪解水が湧き出す。

35 いかだ
36 ふき
37 はか
38 ひがき
39 けわ
40 うれ
41 す
42 そば そわ 辞

意味をCheck!

2 堆朱…朱の漆を塗り重ねて模様を浮き彫りにした漆器。
5 吻合…ぴったり合うこと。「吻」はくちびる。
8 禾穎…稲穂のこと。
9 穆…なごやかなこと。仲むつまじいこと。
11 朔北…北方。北方の辺境の地。
16 卯飲…朝酒のこと。「卯」は午前六時の前後二時間。
17 奄有…覆うようにすべてを自分のものにすること。

19 衿契…心を許し合った友。
20 窪隆…高低。凹凸。
22 周匝…周囲をめぐること。
23 戎衣…戦に着て出る衣服やよろいかぶと。
25 雛妓…まだ一人前ではない芸妓。半玉。
26 摺扇…扇子。「摺」は折りたたむ意で、摺畳扇ともいう。
32 千尋…きわめて深いこと。また、高いこと。
42 岨…山の切り立った所。

読み⑧

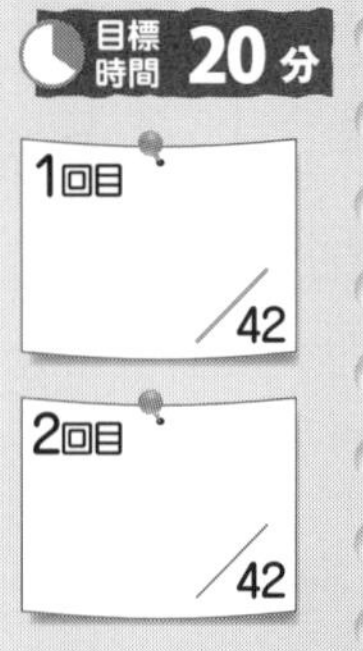

● 次の傍線部分の読みを**ひらがな**で記せ。1〜26は**音読み**、27〜42は**訓読み**である。

1 筆頭家老は主君の智嚢だ。
2 田爺から農耕の一切を教わった。
3 野生動物を馴服させる。
4 葱白の空に星が薄く光る。
5 十問乃至二十問の問題を解く。
6 まだ二十歳前に蚤世した兄がいる。
7 這箇の意を暗暗裏にくみ取る。
8 人倫に背かぬよう弼匡する。
9 政治の要諦を烹鮮の語で表す。
10 小人物が揖揖として群れている。

解答
1 ちのう 辞
2 でんや
3 じゅんぷく 辞
4 そうはく 辞
5 ないし
6 そうせい 辞
7 しゃこ 辞
8 ひっきょう
9 ほうせん 辞
10 しゅうしゅう 辞

11 蕨拳を摘んで家路につく。
12 中国で鮎魚と言えばなまずを指す。
13 周は郁郁乎として文なるかな。
14 貝母は春に花をつける。
15 上客は恰幅のよい老紳士だった。
16 寒垢離をして病気平癒を祈った。
17 気候に関する諺語を調べてみた。
18 国民挙って皇儲の誕生を祝した。
19 甘言をもって皐牢し手先に使う。
20 周囲に鹿砦をめぐらせて迎撃する。

解答
11 けっけん 辞
12 でんぎょ
13 いくいくこ 辞
14 ばいも 辞
15 かっぷく
16 かんごり 辞
17 げんご
18 こうちょ
19 こうろう 辞
20 ろくさい

☐21 人を呪罵して死なせた罪は重い。
☐22 幼帝の母が垂簾の政を行った。
☐23 戦時中の苦難をしのび水団を食す。
☐24 足元に瀬戸物の唾壺を置いた。
☐25 青年の書は鷹隼の趣があった。
☐26 巧みな用兵で敵を潰走させた。
☐27 弥が上にも戦意は高まってきた。
☐28 工事は一年に亘って行われた。
☐29 雨に備えて車に幌をかぶせる。
☐30 土砂で川が堰き止められた。
☐31 老いてもなお意気は旺んだ。
☐32 それは穿ち過ぎた見方だ。
☐33 水辺に荻の花が咲いた。
☐34 母が厨で立ち働いている。

21 じゅば
22 すいれん
23 すいとん
24 だこ
25 ようじゅん ようしゅん 辞
26 かいそう
27 いや
28 わた
29 ほろ
30 せ
31 さか
32 うが
33 おぎ
34 くりや

☐35 朝凪の海に船を漕ぎ出した。
☐36 斑入りの朝顔の鉢を買った。
☐37 布を斑模様に織り上げた。
☐38 多くの骸が戦場に遺棄された。
☐39 陰暦では閏月もあった。
☐40 昔は黍で団子や餅をこしらえた。
☐41 轡虫の雄はガチャガチャと鳴く。
☐42 隅から隅まで隈なく探した。

35 なぎ
36 ふ
37 まだら
38 むくろ なきがら
39 うるう
40 きび
41 くつわむし
42 くま

意味をCheck!

1 **智嚢**…知恵袋。知恵が豊富な人の意。
3 **馴服**…なれて従うこと。
4 **葱白**…薄い藍色をいう。
6 **蚤世**…早世に同じ。若くして死ぬこと。
7 **這箇**…これ。この。
9 **烹鮮**…「鮮」は鮮魚。小魚は手を加えすぎると煮崩れてしまうことから、政治は策を施しすぎると却って上手くいかないという戒め。

10 **揖揖**…虫などが多いさま。
11 **蕨拳**…わらびのこぶし状になっている若葉。食用。
13 **郁郁乎**…文物の盛んなさま。
14 **貝母**…中国原産のユリ科多年草。アミガサユリ。
16 **寒垢離**…寒中に冷水を浴びて心身を清め、神仏に祈ること。
19 **皐牢**…籠絡すること。
25 **鷹隼**…雄健な文章や筆力のたとえ。

読み⑨

● 次の傍線部分の読みを**ひらがな**で記せ。1～26は**音読み**、27～42は**訓読み**である。

目標時間 20分

1回目 ／42

2回目 ／42

□ 1 忍辱の心を忘れず修行に励む。
□ 2 這裡の事情はかなり複雑である。
□ 3 柏槙の盆栽を育てる。
□ 4 首都は商工業の淵藪でもあった。
□ 5 来年の干支は戊申だそうだ。
□ 6 重大な過ちを貰赦された恩がある。
□ 7 秋の夕嵐の美しさを油絵に描く。
□ 8 女児の誕生を弄瓦の喜びという。
□ 9 心ある人々が狼戻の王を退けた。
□ 10 迺公に任せておけと胸を叩いた。

解答

1 にんにく 辞
2 しゃり
3 びゃくしん
4 えんそう 辞
5 ぼしん
6 せいしゃ
7 せきらん 辞
8 ろうが 辞
9 ろうれい 辞
10 だいこう

□ 11 閤下のご意見を伺いたい。
□ 12 赫として渥丹のごとき顔色だ。
□ 13 放課後はいつも雲梯で遊んだ。
□ 14 秋に実った禾稼を取り入れる。
□ 15 想像したとおり魁梧の人だった。
□ 16 姦計に陥るとは全く情けない。
□ 17 世を避け巌栖して生涯を終えた。
□ 18 掬すべき真情は確かにあった。
□ 19 式の後に席を改めて饗応する。
□ 20 天罰をおそれ栗栗として過ごした。

解答

11 こうか
12 あくたん 辞
13 うんてい
14 かか
15 かいご 辞
16 かんけい
17 がんせい
18 きく 辞
19 きょうおう
20 りつりつ 辞

読み｜表外の読み｜熟語の読み・一字訓読み｜共通の漢字｜書き取り｜誤字訂正｜四字熟語｜対義語・類義語｜故事・諺｜文章題｜模擬テスト

21 頃来まれに見る秀才だ。
22 退隠後は山隈の閑居で暮らした。
23 珍しく柴門を訪れる人があった。
24 射倖心をあおるゲームが流行した。
25 心覚えの手帖を保管する。
26 妾出の子が後継者となった。
27 全く暖簾に腕押し、糠に釘だ。
28 祭礼に使う荒菰を編む。
29 若い君主を丞けて国政を行う。
30 大栂の木が天を摩している。
31 孀は夫の留守を守った。
32 敵陣に鏑矢を射込む。
33 庭一面に草木が生い蕃る。
34 節分の日に柊を門口にさす。

21 けいらい 辞
22 さんわい
23 さいもん
24 しゃこうしん
25 しゅちょう
26 しょうしゅつ
27 ぬか
28 あらこも あらごも
29 たす
30 おおつが おおとが
31 つま
32 かぶらや
33 しげ
34 ひいらぎ

35 大陸の東西に亙り戦火は燃え広がった。
36 城の空濠の規模を調査する。
37 獣の話に寓つけて人を風刺する。
38 行進するにつれ気持ちが昂ぶってきた。
39 侍女に命じて蔀戸を下ろさせた。
40 真榊を神のよりしろにする。
41 真鱈は鍋料理に向いている。
42 桔梗の花を筏形に挿す。

35 わた
36 からぼり
37 かこ
38 たか
39 しとみど 辞
40 まさかき
41 まだら
42 いかだがた 辞

意味をCheck!

1 忍辱…辱めや苦しみをこらえて動じないこと。
4 淵藪…物事の多く集まる所。中心地。
7 夕嵐…夕もやのこと。
8 弄瓦…「瓦」は土の糸巻。中国で昔、女児が生まれるとその玩具を与えて祝ったことから。
9 狼戻…心がねじけ、人の道にもとること。
12 渥丹…つややかで赤いこと。
15 魁梧…体が大きく立派なこと。

18 揣す…心情や意図などを察すること。
20 栗栗…おそれるさま。
21 頃来…近来に同じ。
39 蔀戸…寝殿造における建具のひとつ。格子組みの裏に板を張り日光や風雨を防ぐ。上下二枚組。
42 筏形…約1mに切って横にした竹の中央をくり抜き、花活けにしたもの。

読み⑩

目標時間 20分

1回目 ／42

2回目 ／42

● 次の傍線部分の読みを**ひらがな**で記せ。1〜26は**音読み**、27〜42は**訓読み**である。

□ 1 神垣の中は厳かな雰囲気が漂う。
□ 2 杉の木立が翠雨に煙っている。
□ 3 惣領息子に嫁を取ることにした。
□ 4 只今ただ軽薄な風潮のみある。
□ 5 着物の裾が湛露に濡れた。
□ 6 七五三の着物を註文する。
□ 7 樗才の自分に目をかけてくれた。
□ 8 寝る前に鎮咳剤を服用する。
□ 9 葉書の表に切手を貼する。
□ 10 中流の砥柱のごとく節義を守る。

解答
1 しんえん
2 すいう 辞
3 そうりょう
4 しこん
5 たんろ 辞
6 ちゅうもん
7 ちょさい
8 ちんがいざい
9 ちょう
10 しちゅう 辞

□ 11 殿様は生来の宕冥と聞いた。
□ 12 自然災害に苦しむ民を賑救する。
□ 13 亡父は丙寅の生まれだ。
□ 14 稔熟した穀物を刈り入れる。
□ 15 どこからか木犀の香が漂ってくる。
□ 16 迫害されている人々を翼蔽する。
□ 17 衝突音はまさに耳を聾するほどだった。
□ 18 繋囚にひそかに食物を届けた。
□ 19 蟬蜎たる美女が左右に侍る。
□ 20 後宮の空気は郁烈としていた。

解答
11 とうめい 辞
12 しんきゅう
13 へいいん
14 じんじゅく
15 もくせい
16 よくへい
17 ろう
18 けいしゅう
19 せんけん 辞
20 いくれつ 辞

□21 その時の判断は允当と認められた。
□22 考えあぐねて曳白を差し出した。
□23 少女たちはみな英絢と評判だ。
□24 春分の嘉節に婚約を発表した。
□25 学内の腐敗を廓清する意思を示す。
□26 甘藷を加工して販売する。
□27 美しい彪模様が鮮やかだ。
□28 発言内容を鉤括弧で表す。
□29 自分では将軍の胤と言っていた。
□30 滋養物をとるよう病人に彊いる。
□31 玄米から種麴を作る。
□32 社業はますます昌んになった。
□33 「しずの苧環」は和歌にも出てくる。
□34 江戸の街で辻斬りが横行した。

21 いんとう 辞
22 えいはく 辞
23 えいけん 辞
24 かせつ
25 かくせい 辞
26 かんしょ
27 まだら
28 かぎ
29 たね
30 し
31 たねこうじ
32 さか
33 おだまき 辞
34 つじぎ

□35 墝い土に貧弱な草が生えている。
□36 清い流れは上流から下流に迄ぶ。
□37 夕凪の海に残光が美しい。
□38 車の事故で肋骨にひびが入った。
□39 山から水を引いて田に漑ぐ。
□40 倶に志を遂げようと誓い合った。
□41 神社の謂れを神主さんに伺った。
□42 蝦芋は京都の名物料理の材料だ。

35 かた
36 およ
37 ゆうなぎ
38 あばらぼね
39 そそ
40 とも
41 いわ
42 えびいも 辞

意味をCheck!

2 翠雨…青葉に降り注ぐ雨。
5 湛露…いっぱいの露。
10 砥柱…「中流の砥柱」は黄河の中に柱のように立つと言われる石。激流の中で微動だにしないことから、乱世の中で節義を守るたとえ。
11 宕冥…天の奥深いさま。また、暗愚。
19 蟬蜎…美しいさま。
20 郁烈…香りのつよいこと。
21 允当…道理にかなっていること。
22 曳白…白紙答案のこと。
23 英絢…抜きんでて美しいこと。
25 廓清…たまった不正を取り除き、きれいにすること。
33 苧環…つむいだ麻糸を中が空洞になるよう巻いたもの。「しず(倭文)の苧環」は古代の織物である倭文を織るのに用いる苧環。
42 蝦芋…京都特産の里芋の一品種。名物料理「芋棒」の材料。

読み⑪

目標時間 20分

1回目 ／42

2回目 ／42

● 次の傍線部分の読みをひらがなで記せ。1〜26は音読み、27〜42は訓読みである。

1 平安時代の翰藻を研究している。
2 初志を貫穿して動物学者になった。
3 要害堅固でまさに国を守る衿喉だ。
4 易の卦体を聞いて進退を決めた。
5 畦畔に立って実り具合を見た。
6 捲握の砂金で一生楽ができる。
7 胸に秘めた宏図を知るよしもない。
8 犀利な刃物のように鋭敏な男だ。
9 細かな砕屑物の再利用を図る。
10 夏は涼しい渚宮で過ごす。

解答

1 かんそう 辞
2 かんせん
3 きんこう 辞
4 けたい 辞
5 けいはん
6 けんあく
7 こうと
8 さいり
9 さいせつぶつ
10 しょきゅう 辞

11 花街では多数の娼妓を抱えていた。
12 風に立ち向かって竪立する。
13 経典を求めて天竺に向かった。
14 老人は鳶肩をそびやかした。
15 社会の縄矩を守って行動する。
16 予算不足により計画は濡滞した。
17 幼い頃は寧馨児とうたわれた。
18 車は之字路を上って行く。
19 工場で盤陀付け作業をする。
20 社員の中から敏慧な者を抜擢した。

解答

11 しょうぎ
12 じゅりつ 辞
13 てんじく
14 えんけん 辞
15 じょうく
16 じゅたい
17 ねいけいじ 辞
18 しじろ 辞
19 はんだ
20 びんけい

☐21 学を志し負笈して故郷を離れた。
☐22 羅紗の冬服を着て外出する。
☐23 塁砦に立てこもって大軍を防いだ。
☐24 婁宿は二十八宿の中の星の名だ。
☐25 説話文学の巻ごとに註疏を書く。
☐26 きめの細かいといしを砥という。
☐27 柱には全て沓巻が施された。
☐28 次の己亥の年に事変があるそうだ。
☐29 清らかな流れに笹舟を浮かべた。
☐30 川の水は絶えず而も元の水ではない。
☐31 ついに全世界を綜べる帝王となった。
☐32 秋になると檀の実が熟す。
☐33 最後の鍔際には覚悟を決める。
☐34 お志は徒疎かには思いません。

21 ふきゅう 辞
22 らしゃ 辞
23 るいさい
24 ろうしゅく 辞
25 ちゅうそ
26 し
27 くつまき 辞
28 つちのとい
29 ささぶね
30 しか
31 す
32 まゆみ
33 つばぎわ
34 あだおろそ

☐35 対立する双方に二俣をかける。
☐36 出航する船を埠で見送る。
☐37 面舵一杯と大声で指示する。
☐38 国を靖んじるため身を捧げた。
☐39 立蔀を衝立として使っていた。
☐40 諒に真情に触れた思いがする。
☐41 瑞瑞しい少女がヒロインに選ばれた。
☐42 同郷の後輩を擢いて次官に任じた。

35 ふたまた
36 はとば
37 おもかじ
38 やす
39 たてじとみ 辞
40 まこと
41 みずみず
42 ぬ

意味をCheck!

1 翰藻…詩文のこと。
3 衿喉…緊要の地のこと。
4 卦体…占いの結果。
10 渚宮…池や川のほとりの宮殿。
12 竪立…まっすぐ立つこと。
14 鳶肩…いかり肩のこと。
17 寧馨児…すぐれた子ども。神童。
18 之字路…「之」の字のように屈曲している坂道。
21 負笈…勉学のため、故郷を離れること。「笈」は竹を編んで作った箱。書物などを入れる。
22 羅紗…厚地の毛織物。
24 婁宿…天を二十八に区分し、星の所在を明らかにした二十八宿に含まれる星の名。
27 沓巻…柱の下部に巻いた飾りの金物。
39 立蔀…細い木を格子に組んで裏に板を張り、屋外では目隠しや風防、屋内では衝立としたもの。

表外の読み①

目標時間 20分

1回目 /42

2回目 /42

● 次の傍線部分は常用漢字である。その**表外の読み**を**ひらがな**で記せ。

1 抑この戦いに大義はあるのか。
2 約めて言うとこのようになる。
3 自分の力を験してみたい。
4 父に克く似た子だ。
5 荒野を墾いて農地にする。
6 法に遵うことを誓う。
7 日程を予め知らせておく。
8 ここの地名は古い伝説に因んでいる。
9 世の中がすっかり革まった。
10 後れ毛が項にかかる。

解答

1 そもそも 辞
2 つづ
3 ため
4 よ 辞
5 ひら
6 したが
7 あらかじ
8 ちな
9 あらた 辞
10 うなじ

11 山をご神体として崇める。
12 感嘆措く能わずといったところだ。
13 堂内には荘かな雰囲気があった。
14 空想の産物を妄りに口にする。
15 自分の立場を弁えて発言する。
16 侍従として王に事える。
17 今も古創が時々痛む。
18 連休は概ね晴れそうだ。
19 ゴールめがけて直押しに押す。
20 恥辱の中で生きるより寧ろ死を選ぶ。

解答

11 あが
12 お 辞
13 おごそ 辞
14 みだ 辞
15 わきま
16 つか 辞
17 きず
18 おおむ
19 ひた 辞
20 むし

21 古本を漁って歩く。
22 教えに殉って死におもむく。
23 ひょうたんには括れがある。
24 疑問に思うところを質す。
25 本人が確とそう言ったのか。
26 賢しらに意見をする。
27 後に引かない性質を自ら負む。
28 友人にぐちを零す。
29 謙った態度でふるまう。
30 十年を経て奇しくも再会した。
31 落とした菓子に蟻が集る。
32 計画の遅れに焦れる。
33 多忙に託けて約束を破る。
34 父の生き方を鑑とする。

21 あさ
22 したが
23 くび
24 ただ
25 しか
26 さか 辞
27 たの 辞
28 こぼ
29 へりくだ 辞
30 く
31 たか
32 じ
33 かこつ 辞
34 かがみ

35 あの会社は伝がなければ入れない。
36 帳をめぐらして香を焚きしめる。
37 決まりを守らない族は困る。
38 委しいことは会ってから話す。
39 汗に塗れて働く。
40 先の戦で勲を立てた。
41 その人の名は普く知られている。
42 いま方に決勝戦が始まったところだ。

35 つて
36 とばり 辞
37 やから 辞
38 くわ
39 まみ
40 いさお いさおし
41 あまね
42 まさ

意味をCheck!

1 抑…発語の辞。「いったい」。
4 克く…十分に。
9 革まる…古いものを思いきって新しくする。
12 措く…すえおくこと。「措く能わず」はその程度が非常に大きいこと。
13 荘か…大きくいかめしいさま。
14 妄り…むやみやたらに。
16 事える…目上の人のそばに控えて、その人のために尽くす。
19 直…ただその事だけをする場合に用いる。
26 賢しら…「賢しい」はかしこいこと。「賢しら」は利口ぶってふるまうこと。
27 負む…たよりにすること。
29 謙る…相手を敬い、自分を卑下する。
33 託ける…口実にすること。
36 帳…室内に垂れ下げて空間を隔てる布。
37 族…同類の仲間。また、一族一門。

表外の読み②

目標時間 20分

1回目 ／42

2回目 ／42

● 次の傍線部分は常用漢字である。その**表外の読み**を**ひらがな**で記せ。

1 尉と姥の人形を飾る。
2 ボールペンを散で買う。
3 学校の斜向かいは公園だ。
4 足実に訪ねてくる。
5 私かに手紙のやり取りを続けた。
6 新鮮な刺身の味は堪えられない。
7 娘を友人の息子と妻わす。
8 徒に時間を費やしただけだ。
9 この要請は応に受け入れるべきだ。
10 刃物をちらつかせて嚇す。

解答

1 じょう 辞
2 ばら
3 はす
4 まめ 辞
5 ひそ
6 こた
7 めあ 辞
8 いたずら 辞
9 まさ
10 おど

11 惨ましい最期の様子を聞いた。
12 新しい法律を周く知らせる。
13 長風呂をして指が潤びた。
14 席旗を先頭に代官所を襲う。
15 有刺鉄線の下を潜って逃げる。
16 村のことは一族の長が決める。
17 薄は秋の七草のひとつだ。
18 番いの鳥を飼う。
19 会議の模様を社長に報せる。
20 芳しい黒髪を撫でる。

解答

11 いた 辞
12 あまね 辞
13 ほと 辞
14 むしろ
15 くぐ
16 おさ
17 すすき
18 つが 辞
19 しら
20 かぐわ 辞

21 民間の立場から政府を翼ける。
22 序での折にでも寄ってほしい。
23 池の周りを漫ろ歩く。
24 もうひと件先を読んで下さい。
25 雅な歌会が正月に行われる。
26 川に丹塗りの橋が架けられた。
27 史料を校べて推論を述べる。
28 意味のない旧習を革める。
29 昔の過ちが今も心を苛む。
30 日が暮れると郭に紅灯がともる。
31 目指すは西方浄土、蓮の台だ。
32 神々に斎く乙女が選ばれた。
33 寿司でも撮みながら飲もう。
34 天子親らお書きになった文書だ。

21 たす
22 つい
23 そぞ
24 くだり 辞
25 みやび
26 に 辞
27 くら
28 あらた
29 さいな
30 くるわ
31 うてな 辞
32 いつ 辞
33 つま
34 みずか

35 どの古墳も発いた痕跡がある。
36 今からでも犯した過を償いたい。
37 過度の飲酒は健康を害なう。
38 独裁政権に抗う組織を作る。
39 ありもせぬ事を実しやかに語る。
40 救援物資を政府に需める。
41 事実は掌を指すごとく明らかだ。
42 風に戦ぐ草のように心が騒ぐ。

35 あば
36 とが
37 そこ
38 あらが
39 まこと
40 もと
41 たなごころ
42 そよ

意味をCheck!

1 尉…ここでは能楽における翁。律令管制で兵衛府・衛門府の三等官の意もある。
4 実…まじめ。誠実。「足実」は面倒がらずに歩くこと。
7 妻わす…結婚させる。
8 徒に…無駄に。意味もなく。
11 惨ましい…目をそむけたくなるほど痛々しい。
12 周く…すみずみまで広く。
13 潤びる…水気をおびてふくれる。ふやける。

18 番い…二つそろって一組になること。また、そのもの。オスとメスの意でも用いる。
20 芳しい…上品な香りである。うっとりするほどすばらしい。
24 件…文章中の記述の一部分。
26 丹…赤色、または朱色。
31 台…見晴らしのよい高い建物。物をのせる台。
32 斎く…心身を清めて神に仕えること。

表外の読み③

●次の傍線部分は常用漢字である。その**表外**の**読み**を**ひらがな**で記せ。

1 淑やかどころかとんだお転婆だ。
2 真理を諦らかにする。
3 実現に向け能う限りの努力をする。
4 予防対策を遍く知らしめる。
5 互いに侵略しないことを盟う。
6 気が鬱ぐときは努めて外に出る。
7 妻の棺を花で一杯にした。
8 目に見えぬ病原菌に脅える。
9 駐車場の料金を極める。
10 戸口に心張棒を支う。

解答

1 しと 辞
2 つまび
3 あた 辞
4 あまね
5 ちか
6 ふさ
7 ひつぎ
8 おび
9 き
10 か 辞

11 川の流れを人生に准える。
12 答えをはぐらかせて焦らす。
13 世の中の条を明らかにする。
14 一日一升の米を炊ぐ。
15 天子の宣う言葉を伏して聞いた。
16 端から信じてなどいない。
17 聴されることを信じて待った。
18 政敵をすべて斥ける。
19 こちらの冊子は謄しだ。
20 太だ古い時代の物語だ。

解答

11 なぞら 辞
12 じ
13 すじ
14 かし
15 のたま 辞
16 はな
17 ゆる
18 しりぞ
19 うつ
20 はなは 辞

21 鍋の中でポップコーンが爆ぜる。
22 よく似た事故が頻りに起こる。
23 ひそかに悪事を企む。
24 母の怒りは幾ど爆発寸前だった。
25 畑の塊を丹念に砕く。
26 酔漢が喚く声が聞こえる。
27 使用済みのカードに孔をあける。
28 あの人の言葉には刺がある。
29 実名のほかの名を字という。
30 円かな夢を見ている。
31 一年の首めに目標を決める。
32 少い人に教えられることもある。
33 Aーの分野で伸してきた会社だ。
34 箱に古い籍を保存する。

21 は
22 しき
23 たくら
24 ほとん
25 つちくれ
26 わめ
27 あな
28 とげ
29 あざな 辞
30 まど 辞
31 はじ
32 わか
33 の
34 ふみ

35 玄関先の落ち葉を掃う。
36 手を束ねて形勢を見る。
37 北海道の原野を拓く。
38 目上にも遠慮なくもの白す。
39 善男善女に法を説く。
40 責められるべき罪や科はない。
41 犠牲者を思うと心が惨む。
42 儀式を先例に準えて行う。

35 はら
36 つか
37 ひら
38 もう 辞
39 のり
40 とが 辞
41 いた
42 なぞら 辞

意味をCheck!

1 淑やか…言動や動作が上品でもの静かなさま。
3 能う…なし得る。「能う限り」は出来る限り。
10 支う…物が動かないよう、棒などをあてがうこと。また、鍵やかんぬきをかけること。
11 准える…他の似たものと同様にみなす。また、標準にする。
15 宣う…「言う」の尊敬語。
20 太だ…程度が大きく、激しいさま。ひどく。

29 字…本名以外の名。もと中国で元服した男子につけた実名以外の名（「三国志」の諸葛孔明は実名が亮。孔明は字。）
30 円か…形が丸いこと。穏やかなこと。
38 白す…率直に、はっきり言うこと。
40 科…責められるべき行為。過ち。
42 準える…「准える」に同じ。

熟語の読み・一字訓読み①

目標時間 29分

1回目 /62

2回目 /62

● 次の**熟語**の**読み**と、その**語義**にふさわしい**訓読み**を（送りがなに注意して）**ひらがな**で記せ。

〈例〉健勝…勝れる ⇩ けんしょう すぐ

ア 1 夙起…2 夙に

イ 3 峻嶺…4 峻い

ウ 5 醇風…6 醇い

エ 7 嘗糞…8 嘗める

オ 9 穰歳…10 穰る

カ 11 一瞥…12 瞥る

キ 13 捧呈…14 捧げる

解答

1 しゅくき 辞 2 つとに
3 しゅんれい 4 たかい
5 じゅんぷう 辞 6 あつい
7 しょうふん 8 なめる
9 じょうさい 10 みのる
11 いちべつ 12 みる
13 ほうてい 辞 14 ささげる

ク 15 瑞雲…16 瑞い

ケ 17 訊責…18 訊う

コ 19 哀戚…20 戚む

サ 21 岨峻…22 岨つ

シ 23 輿望…24 輿い

ス 25 歎傷…26 歎く

セ 27 稗官…28 稗かい

ソ 29 頓挫…30 頓く

解答

15 ずいうん 辞 16 めでたい
17 じんせき 辞 18 とう
19 あいせき 20 いたむ
21 そしゅん しょしゅん 22 そばだつ
23 よぼう 辞 24 おおい
25 たんしょう 26 なげく
27 はいかん 辞 28 こまかい
29 とんざ 30 つまずく

☐タ 31 綻裂…32 綻ぶ

☐チ 33 葺屋…34 葺く

☐ツ 35 瀦水…36 瀦まる

☐テ 37 巌阻…38 巌しい

☐ト 39 暢叙…40 暢べる

☐ナ 41 進捗…42 捗る

☐ニ 43 決潰…44 潰える

☐ヌ 45 莫逆…46 莫い

31 たんれつ 32 ほころぶ
33 しゅうおく 辞 34 ふく
35 ちょすい 辞 36 たまる
37 がんそ 辞 38 けわしい
39 ちょうじょ 40 のべる
41 しんちょく 42 はかどる
43 けっかい 44 ついえる
45 ばくぎゃく ばくげき 46 ない

☐ネ 47 蕪雑…48 蕪れる

☐ノ 49 斡流…50 斡る

☐ハ 51 禦侮…52 禦ぐ

☐ヒ 53 兇刃…54 兇い

☐フ 55 陰蔽…56 蔽う

☐ヘ 57 亨運…58 亨る

☐ホ 59 萌芽…60 萌む

☐マ 61 郁郁…62 郁しい

47 ぶざつ 48 あれる みだれる
49 あつりゅう 辞 50 めぐる
51 ぎょぶ 52 ふせぐ
53 きょうじん 54 わるい
55 いんぺい 56 おおう
57 こううん 辞 58 とおる
59 ほうが 60 めぐむ
61 いくいく 辞 62 かぐわしい

意味をCheck!

1 夙起…朝早く起きること。
5 醇風…人情にあつい気風。
13 捧呈…手に高く持って、謹んで差し上げること。
15 瑞雲…めでたいことの起こる兆しとして現れる雲。

17 訊責…責め問うこと。
23 輿望…多くの人望。衆望。
27 稗官…昔の中国の官職名。民間の説話などを集めて記録することを任務としていた。その民間伝承や物語のことをいう場合もある。

33 葺屋…かやぶきの屋根。
35 瀦水…水たまり。
37 巌阻…険しい地形で敵の攻撃を防ぐのに適した地のこと。
45 莫逆…お互いに気心が通じ合い、争うことがないこと。「逆らうこと莫(な)し」。

49 斡流…時がめぐり流れること。
57 亨運…順調な運命。
61 郁郁…文物や香気が盛んなこと。

熟語の読み・一字訓読み②

目標時間 29分

1回目 ／62

2回目 ／62

●次の熟語の読みと、その語義にふさわしい訓読みを（送りがなに注意して）ひらがなで記せ。

〈例〉 健勝…勝れる ⇩ けんしょう すぐ

ア 1 牟食…2 牟る
イ 3 尤人…4 尤める
ウ 5 弥縫…6 弥う
エ 7 遠猷…8 猷る
オ 9 高亮…10 亮らか
カ 11 背戻…12 戻る
キ 13 委悉…14 委しい

解答
1 ぼうしょく　2 むさぼる
3 ゆうじん　4 とがめる
5 びほう 辞　6 つくろう
7 えんゆう 辞　8 はかる
9 こうりょう　10 あきらか
11 はいれい　12 もとる
13 いしつ 辞　14 くわしい

ク 15 賂遺…16 賂う
ケ 17 叢生…18 叢がる
コ 19 灌頂…20 灌ぐ
サ 21 周匝…22 匝る
シ 23 靭性…24 靭やか
ス 25 宛然…26 宛も
セ 27 畏敬…28 畏まる
ソ 29 溢水…30 溢れる

解答
15 ろい 辞　16 まいなう
17 そうせい 辞　18 むらがる
19 かんじょう　20 そそぐ
21 しゅうそう 辞　22 めぐる
23 じんせい　24 しなやか
25 えんぜん 辞　26 あたかも
27 いけい　28 かしこまる
29 いっすい こぼれる　30 あふれる

タ 31 叡哲・・・32 叡い
チ 33 穎悟・・・34 穎れる
ツ 35 厭世・・・36 厭う
テ 37 駕御・・・38 駕る
ト 39 疏水・・・40 疏る
ナ 41 拐帯・・・42 拐る
ニ 43 魁偉・・・44 魁きい
ヌ 45 咳気・・・46 咳く

31 えいてつ 32 かしこい さとい
33 えいご 34 すぐれる
35 えんせい 36 いとう
37 がぎょ 辞 38 のる
39 そすい 辞 40 とおる
41 かいたい 辞 42 かたる
43 かいい 44 おおきい
45 がいき がいけ せく 46 しわぶく

ネ 47 蓋世・・・48 蓋う
ノ 49 遺馨・・・50 馨る
ハ 51 掬飲・・・52 掬う
ヒ 53 亨通・・・54 亨る
フ 55 鳩合・・・56 鳩める
ヘ 57 喬松・・・58 喬い
ホ 59 怯弱・・・60 怯える
マ 61 饗応・・・62 饗す

47 がいせい 辞 48 おおう
49 いけい 辞 50 かおる
51 きくいん 52 すくう
53 こうつう 辞 54 とおる
55 きゅうごう 辞 56 あつめる
57 きょうしょう 58 たかい
59 きょうじゃく 60 おびえる
61 きょうおう 62 もてなす

5 弥縫…ほころびを縫うこと。転じて、失敗や欠点を取り繕うこと。
7 遠猷…遠い将来のことまで見越したはかりごと。
13 委悉…こまごまと詳しいこと。
15 賂遺…賄賂をおくること。

17 叢生…むらがり生えること。
21 周匝…めぐりまわること。
25 宛然…ちょうどそのままであるさま。
37 駕御…馬を乗りこなすこと。人を思いのままに使うこと。

39 疏水…水を通すこと。
41 拐帯…預かった金品などを持ち逃げすること。
47 蓋世…世をおおいつくすほど意気盛んで優れていること。
49 遺馨…残っているかおり。余香。

53 亨通…とおる。通達する。また、出世する。
55 鳩合…寄せ集めてひとつにまとめること。

目標時間 9分

1回目 ／18

2回目 ／18

● 次の各組の二文の（　）には**共通**する漢字が入る。その読みを後の□から選び、**常用漢字（一字）**で記せ。

☐ 一（ **1** ）に非難することはできない。
☐ 新作の梗（ **1** ）を編集者に伝える。

☐ 苛（ **2** ）な政治に苦しめられる。
☐ 領主に（ **2** ）税を課される。

☐ 利害関係が（ **3** ）綜している。
☐ 精神（ **3** ）乱状態に陥る。

☐ 一塁に牽（ **4** ）球を投げる。
☐ 自動（ **4** ）御装置が作動した。

がい・こく・こん・さく・せい・そく・りつ・れつ

解答

1 **概**　一概（いちがい）辞／梗概（こうがい）辞

2 **酷**　苛酷（かこく）／酷税（こくぜい）

3 **錯**　錯綜（さくそう）／錯乱（さくらん）

4 **制**　牽制（けんせい）／制御（せいぎょ）

☐ 川の流域は穀（ **5** ）地帯だ。
☐（ **5** ）皇として家を飛び出す。

☐ 懇（ **6** ）に説かれて心が動く。
☐（ **6** ）学の士として尊敬される。

☐ 政権の（ **7** ）持を目指す。
☐ 国際情勢を（ **7** ）捉する。

☐（ **8** ）百の民を教導する。
☐（ **8** ）慮の及ぶところではない。

い・えん・しゅく・せつ・そう・とく・は・ぼん

解答

5 **倉**　穀倉（こくそう）／倉皇（そうこう）辞

6 **篤**　懇篤（こんとく）辞／篤学（とくがく）

7 **把**　把持（はじ）／把捉（はそく）

8 **凡**　凡百（ぼんぴゃく）辞／凡慮（ぼんりょ）

□世を捨てて（ 9 ）栖する。
□（ 9 ）明相隔たる悲運に泣く。

□住民の（ 10 ）意で移転を決めた。
□出来合いの（ 10 ）菜を買ってくる。

□（ 11 ）業な金貸しと恨まれる。
□（ 11 ）循な風習に束縛される。

□車のローンを（ 12 ）済した。
□民衆に悉（ 12 ）成仏を説く。

□拝謁を許され（ 13 ）悦至極です。
□目上に対し（ 13 ）謙な態度を取る。

いん・かい・かん・きょう・けん・そう・そく・ゆう

9 幽
幽栖（ゆうせい）辞
幽明（ゆうめい）辞

10 総
総意（そうい）
総菜（そうざい）

11 因
因業（いんごう）辞
因循（いんじゅん）辞

12 皆
皆済（かいさい）
悉皆（しっかい）

13 恭
恭悦（きょうえつ）辞
恭謙（きょうけん）辞

□危機を脱して（ 14 ）眉を開いた。
□心が憂（ 14 ）に閉ざされた。

□ついに（ 15 ）怨を晴らした。
□毎月の光熱費を（ 15 ）算する。

□神の（ 16 ）理を説いて聞かせる。
□霊長類は脊椎動物に包（ 16 ）される。

□被害者に（ 17 ）謝料を払う。
□敗戦国民を（ 17 ）撫する。

□盛（ 18 ）の紳士淑女が出席した。
□宿屋に着いて旅（ 18 ）を解く。

い・がい・ごう・しゅう・しん・せき・せつ・そう

14 愁
愁眉（しゅうび）辞
憂愁（ゆうしゅう）

15 積
積怨（せきえん）
積算（せきさん）

16 摂
摂理（せつり）辞
包摂（ほうせつ）

17 慰
慰謝（いしゃ）
慰撫（いぶ）

18 装
盛装（せいそう）
旅装（りょそう）

意味をCheck!

1 一概…一様に。おしなべて。
1 梗概…文章や出来事のあらまし。あらすじ。
5 倉皇…あわててふためくさま。
6 懇篤…ねんごろなさま。

8 凡百…いろいろな人。数々のもの。
9 幽栖…俗世間を逃れ静かに暮らすこと。
9 幽明…死後の世界と現世。
11 因業…頑固で思いやりのないこと。

11 因循…古い習慣を守って改めようとしないこと。
13 恭悦…つつしんで喜ぶこと。目上の人に自分の喜びを述べる語。
13 恭謙…慎み深くへりくだること。

14 愁眉…心配や悲しみで眉をひそめること。「愁眉を開く」はほっと安心すること。
16 摂理…万物の法則。キリスト教の神のこの世に対する配慮や意志。

共通の漢字②

目標時間 9分

1回目 /18

2回目 /18

● 次の各組の二文の（　）には**共通**する漢字が入る。その読みを後の□から選び、**常用漢字（一字）**で記せ。

- ☐美しい調べに（1）然とする。
- ☐明日を担う青少年を（1）冶する。

- ☐素敵なカフェが（2）昌している。
- ☐ここでは地衣類だけが（2）殖している。

- ☐詳しくは後（3）で知らせる。
- ☐幸（3）に託して近況を知らせる。

- ☐（4）楽に身を委ねる。
- ☐放（4）な生き方を悔いる。

あん・いつ・ぞう・ぞく・とう・はん・びん・ぼう

解答

1 陶　陶然（とうぜん）辞　陶冶（とうや）辞

2 繁　繁昌（はんじょう）　繁殖（はんしょく）

3 便　後便（こうびん）　幸便（こうびん）

4 逸　逸楽（いつらく）辞　放逸（ほういつ）

- ☐山の上に一（5）のお堂を建立した。
- ☐乱世を気（5）壮大に生き抜く。

- ☐祖父は（6）漕業に従事した。
- ☐大臣の発言を撤（6）させる。

- ☐新年の（7）慶を述べる。
- ☐派閥を統（7）する才がある。

- ☐人の世の醜さに（8）漠とする。
- ☐無用な詮（8）に苛立つ。

う・うん・かい・ぎょ・さく・たい・ち・らく

解答

5 宇　一宇（いちう）辞　気宇（きう）辞

6 回　回漕（かいそう）　撤回（てっかい）

7 御　御慶（ぎょけい）辞　統御（とうぎょ）

8 索　索漠（さくばく）辞　詮索（せんさく）

- ☐怯（ 9 ）な男を軽侮する。
- ☐（ 9 ）体化した国家を立て直す。

- ☐時代の好（ 10 ）をリードする。
- ☐（ 10 ）歯は敬老と同じ意味だ。

- ☐（ 11 ）下の人に合わす顔がない。
- ☐庭の（ 11 ）水に亀を放す。

- ☐新しい環境に馴（ 12 ）させる。
- ☐ここは風（ 12 ）地区に指定された。

- ☐（ 13 ）飾決算が明るみに出た。
- ☐花嫁に（ 13 ）黛を施す。

けい・こう・じゃく・しょう・せん・ち・ふん・りゅう

9	10	11	12	13
弱	**尚**	**泉**	**致**	**粉**
怯弱（きょうじゃく）	好尚（こうしょう）辞	泉下（せんか）辞	馴致（じゅんち）	粉飾（ふんしょく）
弱体（じゃくたい）	尚歯（しょうし）	泉水（せんすい）	風致（ふうち）辞	粉黛（ふんたい）

- ☐名君である国王を欽（ 14 ）する。
- ☐故国への（ 14 ）情が募る。

- ☐実態は曖昧（ 15 ）糊としている。
- ☐生き残る道を（ 15 ）索する。

- ☐国王の裁（ 16 ）を求める。
- ☐半（ 16 ）通を振り回して笑われる。

- ☐（ 17 ）念を払って試合に臨む。
- ☐蕪（ 17 ）な言葉では説得できない。

- ☐生来の（ 18 ）忽者で失敗ばかりだ。
- ☐お客様に（ 18 ）餐を差し上げる。

か・ざつ・そ・そう・ぼ・も・りょう・れん

14	15	16	17	18
慕	**模**	**可**	**雑**	**粗**
欽慕（きんぼ）辞	模糊（もこ）	裁可（さいか）	雑念（ざつねん）	粗忽（そこつ）
慕情（ぼじょう）	模索（もさく）	半可通（はんかつう）辞	蕪雑（ぶざつ）辞	粗餐（そさん）辞

意味をCheck!

1 陶然…うっとりするさま。また、気持ちよく酒に酔うさま。
1 陶冶…才能や素質を伸ばし、人格を形成すること。
4 逸楽…気ままな楽しみ。

5 一宇…一棟の家（「宇」は家の意）。
5 気宇…心の持ち方。度量。
7 御慶…およろこび。特に新年の祝いについていう。
8 索漠…味気なく、もの寂しいさま。

10 好尚…好み。流行。
11 泉下…あの世。
12 風致…自然の趣や味わい。
14 欽慕…うやまい慕うこと。
16 半可通…よく知りもしないのに、気どって知ったかぶりをすること。
17 蕪雑…物事が乱れて、整っていないこと。
18 粗餐…粗末な食事。他人に出す食事を謙遜して言う語。

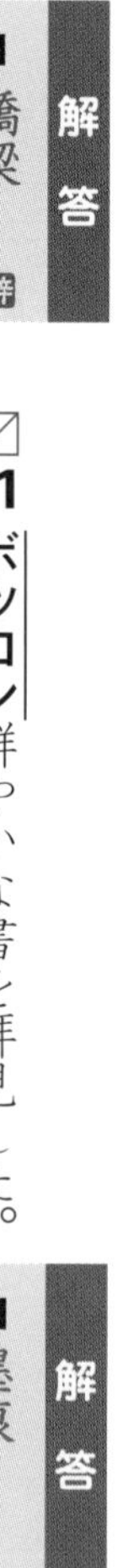

書き取り①

目標時間 20分

1回目 ／42

2回目 ／42

● 次の傍線部分の**カタカナ**を**漢字**で記せ。

1 大雨で**キョウリョウ**が流された。
2 急**コウバイ**の坂を下る。
3 **コウシジマ**のスーツを着ている。
4 **ミコシ**が繰り出して祭は最高潮だ。
5 台所でお**チョウシ**をつける。
6 人も**ウラヤ**む巨富を得た。
7 パリの**ガイセン**門は観光の中心だ。
8 ざんごうに沿って**ドノウ**を積む。
9 健康の**ヒケツ**を教えてもらった。
10 幼いころは歌手に**アコガ**れた。

解答

1 橋梁 辞
2 勾配
3 格子縞
4 神輿／御輿
5 銚子
6 羨
7 凱旋 辞
8 土嚢
9 秘訣
10 憬／憧

11 **ボッコン**鮮やかな書を拝見した。
12 仏教は海を渡って**デンパ**していった。
13 対立候補を**バトウ**する。
14 酔って**ロレツ**が回らない。
15 幼少時は**キリン**児と言われたものだ。
16 **グロウ**されてもじっと我慢した。
17 高層ビルの高さに**アッケ**に取られる。
18 結婚して二男一女を**モウ**けた。
19 **カンガイ**のための水路を掘削する。
20 結婚生活に**ケンタイ**を覚える。

解答

11 墨痕
12 伝播 辞
13 罵倒
14 呂律 辞
15 麒麟 辞
16 愚弄
17 呆気
18 儲
19 灌漑 辞
20 倦怠

- ☐ 21 近世芸能史に**ゾウケイ**が深い。
- ☐ 22 祭の期間は見物人で**ニギ**わう。
- ☐ 23 二階から飛び降りて足首を**ネンザ**した。
- ☐ 24 着物を**タンス**の肥やしにしてしまう。
- ☐ 25 彼我の実力は**ケンゼツ**している。
- ☐ 26 **シノダケ**を切って細工物に使う。
- ☐ 27 **シャクネツ**の砂漠を横断する。
- ☐ 28 キャラメルを**バラ**で買う。
- ☐ 29 最後の**バンサン**は宗教画のモチーフだ。
- ☐ 30 王妃は美しい白雪姫に**シット**した。
- ☐ 31 建設の**ツチオト**が高く響く。
- ☐ 32 盛大に**カショク**の典を挙げた。
- ☐ 33 十代の頃は**カレン**な少女だった。
- ☐ 34 長身の兄が**カモイ**に頭をぶつけた。

21 造詣 辞
22 賑（殷）
23 捻挫
24 箪笥
25 懸絶 辞
26 篠竹 辞
27 灼熱
28 散
29 晩餐
30 嫉妬 疾妬
31 槌音 鎚音
32 華燭 花燭
33 可憐
34 鴨居

- ☐ 35 **カサ**ばる荷物を持て余した。
- ☐ 36 店員が**ガンゾウ**紙幣を見破った。
- ☐ 37 戦いの**キスウ**はまだ分からない。
- ☐ 38 子殺しとは**キンジュウ**にも劣る行為だ。
- ☐ 39 飛行機からビラを**マ**く。
- ☐ 40 夏野菜の種を**マ**く。
- ☐ 41 見るからに**ソセイ**濫造の品だ。
- ☐ 42 懸命の治療で**ソセイ**した。

意味をCheck!

1 橋梁…河川などの上に架け渡し、交通路を結ぶ橋。
7 凱旋…戦いに勝利して帰ってくること。
12 伝播…伝わって広まること。
14 呂律…「呂律が回らない」は酒に酔ったりして舌がうまく回らないこと。
15 麒麟…想像上の聖獣。「麒麟児」は才能にすぐれ、将来有望な少年。

19 灌漑…農地に人工的に水を引いて流し込むこと。
21 造詣…学問や技芸などについての広い知識。
25 懸絶…程度の差が非常にかけ離れていること。
26 篠竹…群生する茎の細いタケの総称。
36 贋造…本物に似せて作ること。
37 帰趨…行き着くところ。

35 嵩
36 贋造 辞
37 帰趨 辞
38 禽獣
39 撒
40 播 蒔
41 粗製
42 蘇（甦）生

書き取り②

● 次の傍線部分の**カタカナ**を**漢字**で記せ。

□ 1 のどかな**ケマリ**の催しがあった。
□ 2 仕事に追われて**スンゲキ**も無い。
□ 3 土塁を**ウズタカ**く積む。
□ 4 山寺の**コケ**むした石段を上る。
□ 5 清潔な布巾で**コ**す。
□ 6 仲間から**ツマハジ**きされる。
□ 7 書留の受領証に**ナツイン**する。
□ 8 春に**ハシュ**して秋に収穫する。
□ 9 **サケマス**漁業が昔から盛んだ。
□ 10 背信の疑惑を**フッショク**する。

解答

1 蹴鞠
2 寸隙
3 堆
4 苔
5 漉（濾）
6 爪弾
7 捺印
8 播種
9 鮭鱒
10 払拭

□ 11 さっきの雷鳴は**モノスゴ**かった。
□ 12 本尊の両脇に**ボサツ**像が立つ。
□ 13 殿様の**ヨトギ**を命じられる。
□ 14 祭りの主役が**デソロ**った。
□ 15 **スダレ**を下げて西日を防ぐ。
□ 16 論破されて顔を**ユガ**める。
□ 17 堂々たる**タイク**で喧嘩も強い。
□ 18 **ダイタイコツ**を折る重傷だった。
□ 19 僧は**タクハツ**のため山を下りた。
□ 20 あの男の顔を見ると**ムシズ**が走る。

解答

11 物凄
12 菩薩 辞
13 夜伽
14 出揃
15 簾
16 歪
17 体軀
18 大腿骨
19 托鉢
20 虫唾 辞

☐ 21 **チョコザイ**な奴めとにらまれた。
☐ 22 **アカネイロ**の紅葉が美しい。
☐ 23 人生は**ウロ**を行くようなものだ。
☐ 24 **エイケツ**の朝を覚悟して迎えた。
☐ 25 和室の**フスマガミ**を張り替える。
☐ 26 **カキョウ**経営の広東料理店に行く。
☐ 27 北海道土産の**カニ**を頂く。
☐ 28 父には**カンゼン**する所が無い。
☐ 29 同窓生の半数は**キセキ**に入った。
☐ 30 **キンジョウ**更に花を添えるようだ。
☐ 31 大きな字が**ケイセン**をはみ出す。
☐ 32 この店の料理は**ケタチガ**いにうまい。
☐ 33 **ゴウオン**と共にビルが崩壊した。
☐ 34 **カ**の子まだらに雪が降る。

21	猪口才 辞
22	茜色
23	迂路 辞
24	永訣 辞
25	襖紙
26	華僑 辞
27	蟹
28	間然 辞
29	鬼籍
30	錦上 辞
31	罫線
32	桁違
33	轟音
34	鹿

☐ 35 没落して**トタン**の苦しみを味わう。
☐ 36 **スゲガサ**をかぶって茶の葉を摘む。
☐ 37 課長は**セコ**に長けた男だ。
☐ 38 現今の情勢は**トウカンシ**できない。
☐ 39 策を**ロウ**する癖をやめない。
☐ 40 耳を**ロウ**するばかりの爆発音だった。
☐ 41 将来の夢が**ツイ**えた。
☐ 42 道楽息子のせいで財産が**ツイ**えた。

35	塗炭 辞
36	菅笠
37	世故 辞
38	等閑視 辞
39	弄
40	聾
41	弊潰
42	費

意味をCheck!

12 菩薩…悟りを求めて修行する人。仏陀に次ぐ崇拝対象とされる。
20 虫唾…「虫唾が走る」はひどく忌み嫌うたとえ。
21 猪口才…小賢しく生意気な者。
23 迂路…回り道。遠回りの道。
24 永訣…とわの別れ。死別。
26 華僑…外国に定住している中国人。特に商人。
28 間然…批判や非難されるような欠点があること。

30 錦上…「錦上に花を添える」は善美なものの上に更に善美なものを加えること。
35 塗炭…「塗炭の苦しみ」は泥にまみれ、炭火で焼かれるようなひどい苦しみのたとえ。
37 世故…世の中の習慣や実情。
38 等閑視…おろそかにする。なおざりにする。

書き取り③

目標時間 20分

1回目 /42

2回目 /42

● 次の傍線部分の**カタカナ**を**漢字**で記せ。

☐ 1 隣家を**ノゾ**いたが留守だった。
☐ 2 こんな世の中は**ツクヅク**嫌になった。
☐ 3 立候補の誘いを**シュンキョ**する。
☐ 4 老師の**イハツ**を継ぐ。
☐ 5 不正行為が**マカ**り通る。
☐ 6 それは根も葉もない**ウワサ**だ。
☐ 7 **オクメン**もなく借金を申し込む。
☐ 8 かかしに**ミノカサ**を着せる。
☐ 9 この**カイワイ**は昔は花街だった。
☐ 10 **キタイ**に瀕している祖国を救え。

解答

1 覗（覘）
2 熟
3 峻拒 辞
4 衣鉢 辞
5 罷
6 噂
7 臆面 辞
8 蓑笠
9 界隈
10 危殆

☐ 11 お節句に三色の**ヒシモチ**を飾った。
☐ 12 古本**アサ**りが定年後の趣味だ。
☐ 13 三対二の**キンサ**で勝った。
☐ 14 **ケイセキ**はガラスの原料だ。
☐ 15 即戦力のある高校球児に**ホ**れた。
☐ 16 殴られて**コンスイ**状態に陥る。
☐ 17 選挙に負けて地方に**ヒッソク**した。
☐ 18 論語で三十歳を**ジリツ**と言う。
☐ 19 二人の証言はよく**フンゴウ**する。
☐ 20 近代化の**アケボノ**の時代を生きた。

解答

11 菱餅
12 漁
13 僅差
14 珪石 辞
15 惚
16 昏睡
17 逼塞 辞
18 而立 辞
19 吻合
20 曙

21 **ショウノウ**を防虫剤として使う。

22 **ツタウルシ**の紅葉が盛りだ。

23 馬の**テイテツ**を打つ。

24 児童の扱いに**ヘンパ**は許されない。

25 **フ**入りの花を愛好する。

26 **ブンスイレイ**から一方は太平洋に向かう。

27 先手を取ることが戦いの**ヨウケツ**だ。

28 父と母は仲**ムツ**まじい夫婦だ。

29 両国の**ミツゲツ**は終わったようだ。

30 派閥の**リョウシュウ**にかつぎ出す。

31 悲しい結末に**ルイセン**を刺激される。

32 遊ぶ金欲しさに**マイナ**いを受けた。

33 聖夜に**ロウソク**をともす。

34 父の肩や腰を**アンマ**する。

21	22	23	24	25	26	27	28	29	30	31	32	33	34
樟脳 辞	蔦漆	蹄鉄 辞	偏頗	斑	分水嶺 辞	要訣 辞	睦	蜜月	領袖	涙腺	賂	蠟燭	按摩 案摩

35 **オンリョウ**を鎮めるため寺を建てた。

36 現況を**カンガ**みて方針を決める。

37 対立候補の醜聞を**ケンデン**する。

38 **ザッパク**な議論に呆れ果てる。

39 戦時を顧みて**カンガイ**ひとしおだ。

40 **カンガイ**用水を共同で管理する。

41 床の間に軸を**カ**ける。

42 背中がかゆいので**カ**いてもらう。

35	36	37	38	39	40	41	42
怨霊	鑑	喧伝 辞	雑駁 辞	感慨	灌漑	掛	掻

意味をCheck!

3 **峻拒**…厳しく断ること。
4 **衣鉢**…師が弟子に教える宗義。奥義。
7 **臆面**…気おくれした様子。
14 **珪石**…石英を九〇%以上含む岩石や鉱物の総称。ガラスや陶磁器などの原料。
17 **逼塞**…落ちぶれて、人目を避けること。
18 **而立**…三十歳の異称。
21 **樟脳**…クスノキの葉・幹・根を抽出した結晶。

---

23 **蹄鉄**…馬のひづめの底に装着して、ひづめの摩耗や損傷などを防ぐU字型の鉄具。
26 **分水嶺**…雨水が流れる方向を分ける境界の山の峰。
27 **要訣**…物事の遂行のための大事な点。
37 **喧伝**…盛んに言いたてること。
38 **雑駁**…物事が入りまじってまとまりのないさま。

書き取り④

● 次の傍線部分の**カタカナ**を**漢字**で記せ。

1 **ショウカイ**機が領空を守る。
2 **ショウツキ**命日の墓参をする。
3 **ソウリョ**になって代々の寺を継ぐ。
4 油断なく**ソウガ**を磨く。
5 イモ類は**デンプン**を多く含む。
6 荒れた庭に**ヤエムグラ**が茂る。
7 有力な派閥の方に**クラガ**えする。
8 自動車は**ガゼン**速度を上げた。
9 社運の**リュウショウ**を祈る。
10 **ロッカン**神経痛に悩まされる。

解答

1 哨戒 辞
2 祥月 辞
3 僧侶
4 爪牙 辞
5 澱粉
6 八重葎
7 鞍替
8 俄然
9 隆昌
10 肋間

11 自然を友に**インセイ**生活を送る。
12 責めるより**カンジョ**の方を選ぶ。
13 **エンスイ**形の置き物を頂いた。
14 何かにつけ**ケンペイ**ずくにものを言う。
15 **サイリ**な文章を書く作家が登場した。
16 視野**キョウサク**に悩まされている。
17 **シマ**模様の靴下を買う。
18 二人の男が恋の**サヤア**てをする。
19 **シンタン**を寒からしめる事件が起きた。
20 **タンペイキュウ**に結論を迫る。

解答

11 隠棲 隠栖
12 寛恕
13 円錐
14 権柄 辞
15 犀利
16 狭窄
17 縞
18 鞘当 辞
19 心胆 辞
20 短兵急 辞

21 **タケベラ**で糊をすくい取る。
22 **ハシゴ**を外されたような気分だ。
23 冬の食卓では**ドナベ**が大活躍だ。
24 やっと出生の**ナゾ**が解けた。
25 十人**ナイシ**十五人の人手が必要だ。
26 こんな**ブザツ**な文章しか書けないのか。
27 裏切りは**コンリンザイ**許さない。
28 結局**ホウマツ**候補の一人だったのだ。
29 **ミカン**畑の手入れをする。
30 笑いすぎてついに**モンゼツ**した。
31 若者を**ロウラク**して手先に使った。
32 玄関に**クツベラ**を用意する。
33 昨日の出来事を**コサイ**に報告する。
34 まさに**ケイベツ**に値する行為だ。

21 竹篦
22 梯子 梯
23 土鍋
24 謎
25 乃至
26 蕪雑 辞
27 金輪際 辞
28 泡沫
29 蜜柑
30 悶絶
31 籠絡 辞
32 靴篦
33 巨細 辞
34 軽蔑

35 **オトギ**話を紙芝居にする。
36 ボンベに酸素を**ジュウテン**する。
37 好みの**ケイシ**に随筆を書く。
38 畑で取れたのは**シナ**びた大根だけだ。
39 虎の毛皮を**ハ**ぐ。
40 庭にたまった水を**ハ**かす。
41 塔が少しずつ**カシ**いできた。
42 米を**カシ**いで夕食の支度をする。

35 御伽
36 充塡
37 罫紙
38 萎
39 剝
40 捌
41 傾
42 炊（爨）

意味をCheck!

1 哨戒…敵襲を警戒して、見張ること。
2 祥月…故人が亡くなった月と同じ月。一周忌以降にいう。
4 爪牙…身を守るつめときば。武器。
14 権柄…権力。「権柄ずく」は権力に任せて抑え付けること。
18 鞘当て…一人の女性をめぐって二人の男が争うこと。
19 心胆を寒からしめる…心から恐れさせること。
20 短兵急…だしぬけにものを言ったり結論を迫ったりすること。
26 蕪雑…乱れて、整っていないこと。
27 金輪際…二度と。絶対に。
31 籠絡…うまく言いくるめて自分の思い通りに動かすこと。
33 巨細…大きいことから小さいことまで、すべて。一部始終。

書き取り ⑤

● 次の傍線部分の**カタカナ**を**漢字**で記せ。

1 富士山の**スソノ**は長い。
2 強豪チームに**ゴ**して戦う。
3 何とか**チョウジリ**が合った。
4 旅行費用を**ネンシュツ**する。
5 夕食の**ハイゼン**をする。
6 **チリメン**の匂い袋を持っている。
7 会社の**テイカン**を定める。
8 この町は短い間に**ヘンボウ**を遂げた。
9 全く道理を解さぬ**ボクネンジン**だ。
10 **トシカサ**の子が幼児の面倒を見た。

解答	
1	裾野
2	伍
3	帳尻 辞
4	捻出
5	配膳
6	縮緬 辞
7	定款
8	変貌
9	朴念仁 辞
10	年嵩

11 融通**ムゲ**に行動する。
12 褒められて何だか**オモハ**ゆい。
13 書類に実印を**オウナツ**する。
14 陰口を言われて**ムナクソ**が悪い。
15 これで**コウコ**の憂いなく旅立てる。
16 道場に師範の**シッセイ**が響く。
17 **ショウヨウ**として切腹の座についた。
18 非正規労働者数が**テイゾウ**している。
19 **オモカジ**をいっぱいにとる。
20 **ヒシガタ**の凧が揚がった。

解答	
11	無碍（礙） 辞
12	面映 辞
13	押捺
14	胸糞
15	後顧 辞
16	叱声
17	従容 縦容 辞
18	逓増 辞
19	面舵 辞
20	菱形

21 レンガ塀に沿って歩いた。
22 転んでロッコツを何本か折った。
23 業者からワイロを取っているらしい。
24 露顕しなかったのはモッケの幸いだ。
25 ジンタイ損傷で休養が必要だ。
26 事故でケイツイを損傷する。
27 ギキョウシンにかられて人助けをする。
28 イッキクの水で喉の渇きをいやす。
29 草深い里にイオリを結ぶ。
30 烏ウリの実は晩秋に赤く熟す。
31 泊まり客へフスマごしに声をかけた。
32 伝統工芸品の和紙をスく。
33 現下の状況はコントンとしている。
34 値引きをしたらやっとハけた。

21 煉瓦
22 肋骨
23 賄賂
24 勿怪 物怪 辞
25 靭帯
26 頸椎
27 義侠心
28 一掬 辞
29 庵
30 瓜
31 襖越
32 漉 抄
33 混(渾)沌
34 捌

35 首謀者としてヤリダマに挙げられる。
36 環境に適応しなければトウタされる。
37 トンコウで長者の気風があった。
38 若者の力でヘイソク感を打破したい。
39 朝食に焼きノリは欠かせない。
40 切り抜いた型をノリで貼る。
41 国の行く末をシイする。
42 シイ的に政治を動かす。

35 槍玉
36 淘汰
37 敦厚
38 閉塞
39 海苔
40 糊
41 思惟
42 恣(肆)意 辞

意味をCheck!

3 帳尻…帳簿の最後の箇所。「帳尻が合う」は事柄のつじつまが合うこと。
6 縮緬…絹織物の一種。
9 朴念仁…頭が堅く、無愛想な人。わからずや。
11 無碍…障害になるものがなく、自由なこと。
12 面映ゆい…てれくさい。
15 後顧…「後顧の憂い」は後に残る心配ごと。

17 従容…平常のままの落ち着いた様子。
18 逓増…だんだん増えていくこと。対義語は逓減。
19 面舵…船を右に向けるときの操舵法。逆は「取り舵」。
24 勿怪…思いがけないこと。意外なこと。
28 一掬…ひとすくい。わずかなことのたとえ。
42 恣意…自分勝手な思いつき。

書き取り⑥

●次の傍線部分の**カタカナ**を**漢字**で記せ。

1 人権意識の**ホウガ**が見られた。
2 歴代皇帝の**レイビョウ**を見学した。
3 明かりをつけた**ママ**眠ってしまった。
4 洗濯物に**ノリ**づけする。
5 **イソヅタ**いに歩いて岬を目指す。
6 若者の軽率さを**ウンヌン**する。
7 **ガガ**たる岩壁が立ちはだかる。
8 落ちていた**ガビョウ**で足裏を刺した。
9 ここに**カンジョウ**された神が鎮まる。
10 **キュウテキ**の居場所を探り出す。

解答	
1	萌芽
2	霊廟 辞
3	儘
4	糊
5	磯伝
6	云云 云々 辞
7	峨峨 峨々 辞
8	画鋲
9	勧請 辞
10	仇敵

11 野菜や肉を**クシ**にさす。
12 **ゴ**する者がいないほど優秀だ。
13 **タテ**を並べて矢を防いだ。
14 人生の**シンエン**を覗くような気持ちだ。
15 書類の**ヒナガタ**をパソコンに取り込む。
16 水槽の底に**オリ**がたまっている。
17 **ニンキョウ**映画で活躍した名優だ。
18 姫路城は**シラサギ**城の別名がある。
19 相手の意見に**ハンバク**する。
20 天才科学者の**ヘンリン**を見せた。

解答	
11	串
12	伍
13	楯 盾
14	深淵 辞
15	雛形 雛型 辞
16	澱(滓)
17	任侠 仁侠
18	白鷺
19	反駁(駮)
20	片鱗 辞

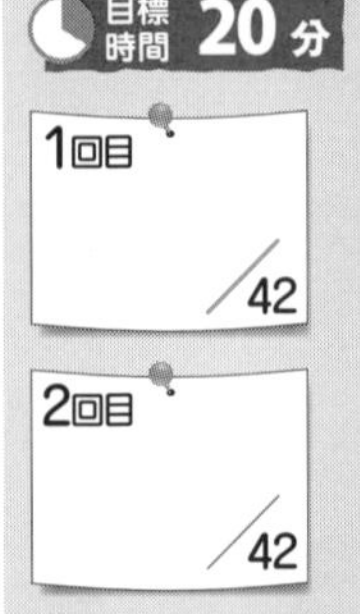

☐ **21** 非常識な行動に**アキ**れる。
☐ **22** **トモエ**投げのわざをかける。
☐ **23** 地元の人々が**ホウトウ**を結集した。
☐ **24** 休日は**ボウクウゴウ**掘りに費やした。
☐ **25** 今年の新人選手は**ツブゾロ**いだ。
☐ **26** **リンサン**カルシウムは肥料の原料だ。
☐ **27** **アオイ**祭の行列を見物する。
☐ **28** 得度僧の頭を**ソ**る儀式があった。
☐ **29** 欲望を捨て**テイカン**の境地に達した。
☐ **30** 大学に合格して**キンカイ**この上ない。
☐ **31** 農民が一斉に**ホウキ**した。
☐ **32** 奇跡的に**ソセイ**した。
☐ **33** **キキョウ**な言動で周囲を驚かす。
☐ **34** 転倒した際に足に**ザショウ**を負う。

21 呆（惘）
22 巴
23 朋党 辞
24 防空壕
25 粒揃
26 燐酸
27 葵
28 剃
29 諦観 辞
30 欣快
31 蜂起
32 蘇（甦）生
33 奇矯 辞
34 挫傷

☐ **35** **ハッコウ**の身の上に同情した。
☐ **36** 外交関係に神経を**トガ**らす。
☐ **37** **オダ**てて選挙に立候補させた。
☐ **38** 長女の縁談が**マト**まった。
☐ **39** 九回裏の逆転に**カイサイ**を叫ぶ。
☐ **40** 家のローンを**カイサイ**した。
☐ **41** **カサ**地蔵の話を読み聞かす。
☐ **42** **カサ**を増した水が堤防を越えた。

35 薄幸 薄倖
36 尖
37 扇 煽
38 纏
39 快哉
40 皆済
41 笠
42 嵩

意味をCheck!

2 **霊廟**…先祖の霊をまつってある建物。みたまや。
6 **云々**…引用文の後を省略するときなどに用いる語。また、とやかく批評・批判すること。
7 **峨峨**…山や岩壁などが高く険しいさま。
9 **勧請**…神仏の分霊を移し、まつること。
14 **深淵**…深いふち。物事の奥深いところ。

15 **雛形**…小さい実物模型。また、書類などを作成する場合の手本、書式。
20 **片鱗**…全体から見て一部分。わずかな部分。
23 **朋党**…主義や利害を同じくする仲間。
29 **諦観**…本質を見きわめること。あきらめ、悟ること。
33 **奇矯**…言行が普通と変わっていること。

誤字訂正①

● 次の各文にまちがって使われている**同じ音訓の漢字**が**一字**ある。**誤字**を**訂正**せよ。

□ **1** 旅の途中立ち寄った景勝地に隅居を定め暫くここで詩作に没頭することにした。

□ **2** 高齢の父が倒れて病院に搬送され、心筋硬塞と診断されて緊急手術を受けた。

□ **3** 今の仕事が一段落したら休暇を取って旅に出かけ宏然の気を養おう。

□ **4** 武家の棟梁として君臨している男は実は王家の血筋だと取り沙多されている。

□ **5** 尺子定規なことばかり言っていないで少しは斬新な企画を取り入れてほしい。

□ **6** 我が子の手術が成功裡に終わったことを聞いて両親は漸く秀眉を開いた。

□ **7** 若い時から新取の気性に富んでいたので党の指導者になったのも当然だ。

□ **8** 背任罪に問われて会社を追われた後も創立者としての地位に糠泥し続けた。

□ **9** 完封勝利して防御率一位を誇る投手を監督は満面の笑みを讃えて出迎えた。

□ **10** 皇太子暗殺に旦を発する戦争の暗雲は急速に欧州全域を覆っていった。

解答

1	2	3	4	5	6	7	8	9	10
隅→寓	硬→梗	宏→浩	多→汰	尺→杓	秀→愁	新→進	糠→拘	讃→湛	旦→端

読み
表外の読み
熟語の構成・部首
共通の漢字
書き取り
誤字訂正
四字熟語
対義語・類義語
故事・諺
文章題
模擬テスト

☐ 11 野党議員の怒号の中、大臣は悠遥迫らぬ態度で壇上に立つと答弁を始めた。
☐ 12 父親が経営する会社に就職した青年は事あるごとに親の畏光を振りかざす。
☐ 13 鎧兜に身を固めると家臣を引き連れて八幡宮に詣で、武運隆祥を祈った。
☐ 14 不慮の事故で死亡した友人の葬儀で遺族に忠心からお悔やみの言葉を述べた。
☐ 15 皇帝が造らせた途徹もない広さの庭園は今では市民の憩いの場だ。
☐ 16 面接の時はあまり堅肘張らずに楽に構えていたほうがよい結果が得られる。
☐ 17 都で一、二を争う呉服屋の跡取り息子は放唐三昧で両親を嘆かせている。
☐ 18 外国との交易に必要な港が築かれて貧しい漁村は瞬く間に大貿易港に変房した。
☐ 19 旧弊を逸早く抜け出すと、民衆を指導する啓盲思想家として盛んに著作を世に送った。
☐ 20 最新の研究に基づく通史は年内の上紙を予定して執筆は佳境に入っている。
☐ 21 非礼な行為は若者の短慮から出たものなので此の度ばかりは御解容願いたい。
☐ 22 誕生日の贈り物は純毛の襟巻と決めて、柄は上品な縞子模様を選んだ。
☐ 23 四十年間無事故無違反を誇ってきた私が一時停止の標識を見落とすとは寒顔の至りだ。

11	12	13	14	15	16	17	18	19	20	21	22	23
遥	畏	祥	忠	徹	堅	唐	房	盲	紙	解	縞	寒
↓	↓	↓	↓	↓	↓	↓	↓	↓	↓	↓	↓	↓
揚	威	昌	衷	轍	肩	蕩	貌	蒙	梓	海	格	汗

誤字訂正②

●次の各文にまちがって使われている**同じ音訓の漢字**が**一字**ある。**誤字**を**訂正**せよ。

□ **1** 肩の故障で暫く戦列を離れ治療に専念していた投手が復起戦を勝利で飾った。

□ **2** 薄葉紙や緩衝材を使って丁寧に懇包し終えると宅配便業者に集荷を依頼した。

□ **3** 絢飾を競う淑女と勲章を胸にした貴顕紳士の上にシャンデリアは讃然と輝いた。

□ **4** 伝説の名女優は輝く瞳と紅い唇、陶器の如き白い肌と湿黒の髪を持っていた。

□ **5** 我が藩校に江戸から名高い積儒を招いて上士下士の区別なく受講させる方針だ。

□ **6** 感傷的になり易い少女の頃は東西の舌唱を集めた詩歌集が常に座右にあった。

□ **7** 市井の無名画家に過ぎなかった男が巧みな演出力で市民を旋動し政権を奪取した。

□ **8** 嫉妬深い正妃を嫌った王の調愛は次第に年若く柔順な側室に移った。

□ **9** 向学心に燃える郷土の少年たちに学資を提供したのは徳志家である一老人だ。

□ **10** 占領が完了すると指揮官は掠奪や乱暴を戒めて占領国民の慰侮に努めた。

解答

1 起→帰
2 懇→梱
3 讃→燦（粲）
4 湿→漆
5 積→碩
6 舌→絶
7 旋→煽・扇
8 調→寵
9 徳→篤
10 侮→撫

☑11 賄賂の横行する腐敗政治を厭汚すること甚だしく、浄化を求めて同志を募った。
☑12 憂愁に満ちた横顔や百合の花のような立ち姿が後々まで私の中に揺影していた。
☑13 成功に近道は無く、産まず弛まず努力した者にだけ勝利の栄冠が与えられる。
☑14 会議の出席者の誰もが首好し難い提案だったが、社長の専断で採用された。
☑15 内応者が続出して企てが破端を来すまで、決して露顕しないと妄信していた。
☑16 内戦を終結させ安寧秩序を蘇らせるためなら生命を途しても惜しくない。
☑17 大国に伍して戦国を生き抜くため父が練った奇抜な策略に息子たちは驚当した。
☑18 確固不抜を信条とする彼にも信仰や恋愛に煩問した青春時代があったのだ。
☑19 大河の度重なる氾乱が沃土を作り農業生産力を飛躍的に高めていった。
☑20 莫大な父の遺産を使い果たして、株にはもう金倫際手を染めないと誓った。
☑21 美しく成長した後にも花憐だった少女の頃の面影を宿していた。
☑22 援軍が到着するまで持ち応えることが城塞の将兵に課せられた使命だった。
☑23 駿馬育成に長じていた部族が騎馬軍団を組織し機動力を活かして他国を席圏した。

11	12	13	14	15	16	17	18	19	20	21	22	23
汚	影	産	好	端	途	当	問	乱	倫	花	応	圏
↓	↓	↓	↓	↓	↓	↓	↓	↓	↓	↓	↓	↓
悪	曳	倦	肯	綻	賭	倒	悶	濫	輪	可	堪	捲・巻

誤字訂正③

● 次の各文にまちがって使われている**同じ音訓の漢字**が**一字**ある。**誤字を訂正**せよ。

☐ **1** 幼い時から我が子同様に慈しんだ姪の結婚に父は満口の祝意を表した。

☐ **2** 褐色の肌と碧い眼の異域の少女は胡旋舞という急調子の舞で拍手喝才を浴びた。

☐ **3** 二十世紀に起こった二つの世界大戦の惨禍は真に筆絶に尽くし難い。

☐ **4** 訪問先で母堂に自慢の郷土料理を振る舞われすっかり御致走になった。

☐ **5** 壁や天井を隙間もなく極彩色の絵画で埋め尽くした徒轍もなく豪華な宮殿だった。

☐ **6** 夫の背信を知るや美貌自慢で気位の高い妻はたちまち竜眉を逆立てた。

☐ **7** 飛兎竜文とも鳳雛とも言われて成長した少年が涼雲の志を懐いて笈を負った。

☐ **8** 石碑を汚すとはこの町から出た偉大な先人の業績に対する冒徳行為だ。

☐ **9** 終戦記念日には正午を期して戦争の犠牲者に黙悼を捧げる慣わしだ。

☐ **10** 彼は晩年を大震災の被害を受けた首都の復興に継注して過ごした。

解答

1 口→腔
2 才→采・彩
3 絶→舌
4 致→馳
5 徒→途
6 竜→柳
7 涼→凌・陵
8 徳→瀆
9 悼→禱
10 継→傾

☐ **11** その著作を通して長らく私粛していた研究者の訃報に深い哀悼の念を抱いた。

☐ **12** 事務部門の仕事の幾つかは外部の業者に委職することが決められた。

☐ **13** 師の学説に対する批判は百も承知しているが私の数敬の念は変わらない。

☐ **14** 金で解決を図るのは彼らの常当的な手段だが私は断じて許容できない。

☐ **15** 梅雨入り間近を思わせる鬱藤しい天気が毎日続いて気持ちも塞ぎがちだ。

☐ **16** 大河流域が文明発祥の地となったのは煩濫が土質を肥沃に変えたことにも因る。

☐ **17** 両親亡き後は長兄の被護のもと従来通り不自由のない学生生活を送った。

☐ **18** 一生を地方自治に捧げる決心であって国政に参加する考えは未塵もない。

☐ **19** 球団は投手陣の立て直しを焦鼻の急と捉え新しいコーチを招くことにした。

☐ **20** 予算会議では与党野党が甲論乙駁、互いに譲歩せず口角粟を飛ばして論議した。

☐ **21** 若い世代の予望を担って選挙に立候補したが保守勢力の壁は高く厚かった。

☐ **22** 文筆業で食い詰め、地方新聞の記者に蔵替えして何とか生活している。

☐ **23** 打率が一割台まで落ち、野球選手としてまさに崖っ淵に立たされている。

11	12	13	14	15	16	17	18	19	20	21	22	23
粛	職	数	当	藤	煩	被	未	鼻	粟	予	蔵	淵
↓	↓	↓	↓	↓	↓	↓	↓	↓	↓	↓	↓	↓
淑	嘱	崇	套	陶	氾・汎	庇	微	眉	泡・沫	輿	鞍	縁

四字熟語①

目標時間 14分

1回目 /30

2回目 /30

●次の**四字熟語**について、**問1**～**問4**に答えよ。

問1 次の**四字熟語**の（1～10）に入る適切な語を下の□の中から選び、**漢字二字**で記せ。

- □（**1**）定規
- □古色（**2**）
- □徒手（**3**）
- □（**4**）絶壁
- □獅子（**5**）
- □尭風（**6**）
- □臥薪（**7**）
- □矛盾（**8**）
- □（**9**）絶倒
- □（**10**）奇抜

くうけん　ざんしん　しゃくし　しゅんう　しょうたん　そうぜん　だんがい　どうちゃく　ふんじん　ほうふく

解答

1 杓子定規（しゃくしじょうぎ）辞
2 古色蒼然（こしょくそうぜん）辞
3 徒手空拳（としゅくうけん）辞
4 断崖絶壁（だんがいぜっぺき）辞
5 獅子奮迅（ししふんじん）辞
6 尭風舜雨（ぎょうふうしゅんう）辞
7 臥薪嘗胆（がしんしょうたん）辞
8 矛盾撞着（むじゅんどうちゃく）／矛盾撞著（むじゅんどうちゃく）辞
9 捧腹絶倒（ほうふくぜっとう）／抱腹絶倒（ほうふくぜっとう）辞
10 斬新奇抜（ざんしんきばつ）辞

問3 次の**四字熟語**の（16～25）に入る適切な語を下の□の中から選び、**漢字二字**で記せ。

- □一虚（**16**）
- □（**17**）浄土
- □（**18**）狼狽
- □（**19**）馬腹
- □剃髪（**20**）
- □（**21**）自大
- □李下（**22**）
- □行住（**23**）
- □道聴（**24**）
- □（**25**）露宿

いちえい　かでん　ごんぐ　ざが　しゅうしょう　ちょうべん　とせつ　ふうさん　やろう　らくしょく

解答

16 一虚一盈（いっきょいちえい）辞
17 欣求浄土（ごんぐじょうど）辞
18 周章狼狽（しゅうしょうろうばい）辞
19 長鞭馬腹（ちょうべんばふく）辞
20 剃髪落飾（ていはつらくしょく）辞
21 夜郎自大（やろうじだい）辞
22 李下瓜田（りかかでん）辞
23 行住坐臥（ぎょうじゅうざが）／行住座臥（ぎょうじゅうざが）辞
24 道聴塗説（どうちょうとせつ）／道聴途説（どうちょうとせつ）辞
25 風餐露宿（ふうさんろしゅく）辞

問2 次の11〜15の**解説・意味**にあてはまる四字熟語を後の□から選び、その**傍線部分だけの読み**を**ひらがな**で記せ。

☐ **11** 本物と紛らわしい偽物のこと。

☐ **12** 失敗した後で慌てて対処すること。

☐ **13** 学問や物事を途中で放棄することへの戒め。

☐ **14** 互いに主張しあって議論が纏まらないこと。

☐ **15** 意志が強く、思い切ってことを行うさま。

遠塵離垢・甲論乙駁・魚目燕石
伝観播弄・剛毅果断・芝蘭結契
亡羊補牢・孟母断機

11 えんせき（魚目燕石（ぎょもくえんせき））

12 ほろう（亡羊補牢（ぼうようほろう））

13 もうぼ（孟母断機（もうぼだんき））

14 おつばく（甲論乙駁（こうろんおつばく））

15 ごうき（剛毅果断（ごうきかだん））

問4 次の26〜30の**解説・意味**にあてはまる四字熟語を後の□から選び、その**傍線部分だけの読み**を**ひらがな**で記せ。

☐ **26** 才徳にすぐれた人のたとえ。

☐ **27** 実際にはあり得ないもののたとえ。

☐ **28** 災いの原因となるものを徹底的に排除すること。

☐ **29** 微小なものでも強大なものを制することができる。

☐ **30** うるさいだけで役に立たない無用の言論。

蚊虻走牛・左戚右賢・兎角亀毛
抜本塞源・雲霞之交・芝蘭玉樹
春蛙秋蟬・千里命駕

26 しらん（芝蘭玉樹（しらんぎょくじゅ））

27 とかく（兎角亀毛（とかくきもう））

28 そくげん（抜本塞源（ばっぽんそくげん））

29 ぶんぼう（蚊虻走牛（ぶんぼうそうぎゅう））

30 しゅんあ（春蛙秋蟬（しゅんあしゅうぜん））

意味をCheck!

1 杓子定規…融通がきかないこと。

2 古色蒼然…たいへん古めかしいさま。また、古びて趣のあること。

3 徒手空拳…手に何も持たず、身一つで他に頼むものがないこと。

4 断崖絶壁…切り立ったがけのこと。また、危機的な状況にあるたとえ。

5 獅子奮迅…激しい勢いで活動すること。

6 尭風舜雨…神話時代の皇帝である尭や舜のような聖天子の恵みが世界に行き渡っている。

7 臥薪嘗胆…目的を遂げるため苦労に耐えること。

8 矛盾撞着…前後のつじつまが合わないこと。論理が一貫しないこと。

9 捧腹絶倒…腹をかかえて笑い転げること。

10 斬新奇抜…着想が独創的で、それまでに類を見ないほど新しいさま。

16 一虚一盈…あるときは空しく、あるときは満ちて、常に変化し、予測しにくいことのたとえ。

17 欣求浄土…極楽浄土に往生することを心から願うこと。

18 周章狼狽…大いにあわてふためくこと。「周章」と「狼狽」はともにあわてる意。

19 長鞭馬腹…いかに力があっても、なお及ばないことがあるたとえ。

20 剃髪落飾…髪を剃り仏門に入ること。

21 夜郎自大…自分の力のほどを知らずに、いばっている者。

22 李下瓜田…人に疑われるような行いはすべきではないという戒め。

23 行住坐臥…日常の立ち居振る舞い。

24 道聴塗説…いい加減な理解のまま知ったかぶりをして人に話すこと。

25 風餐露宿…旅や野宿の苦労のこと。

四字熟語 ②

目標時間 14分

1回目 /30

2回目 /30

● 次の四字熟語について、問1～問4に答えよ。

問1 次の四字熟語の（1～10）に入る適切な語を下の□の中から選び、漢字二字で記せ。

- 陶犬（1）
- （2）力行
- （3）嘗胆
- 金剛（4）
- 狐狸（5）
- 拍手（6）
- （7）魚躍
- 名誉（8）
- 一碧（9）
- 融通（10）

えんぴ　がけい　がしん　かっさい　きんけん　ばんかい　ふえ　ばんけい　むげ　ようかい

解答

1 陶犬瓦鶏（とうけんがけい） 辞
2 勤倹力行（きんけんりっこう） 辞
3 臥薪嘗胆（がしんしょうたん） 辞
4 金剛不壊（こんごうふえ） 辞
5 狐狸妖怪（こりようかい） 辞
6 拍手喝采・拍手喝彩（はくしゅかっさい） 辞
7 鳶飛魚躍（えんぴぎょやく） 辞
8 名誉挽回（めいよばんかい） 辞
9 一碧万頃（いっぺきばんけい） 辞
10 融通無碍（ゆうずうむげ） 辞

問3 次の四字熟語の（16～25）に入る適切な語を下の□の中から選び、漢字二字で記せ。

- 意気（16）
- 抜本（17）
- 欣喜（18）
- 玉砕（19）
- 不失（20）
- 落筆（21）
- （22）亀毛
- （23）脱漏
- 紅毛（24）
- 竹頭（25）

がぜん　けんこう　じゃくやく　ずさん　せいこく　そくげん　てんよう　とかく　へきがん　ぼくせつ

解答

16 意気軒昂（いきけんこう） 辞
17 抜本塞源（ばっぽんそくげん） 辞
18 欣喜雀躍（きんきじゃくやく） 辞
19 玉砕瓦全（ぎょくさいがぜん） 辞
20 不失正鵠（ふしつせいこく） 辞
21 落筆点蠅（らくひつてんよう） 辞
22 兎角亀毛（とかくきもう） 辞
23 杜撰脱漏（ずさんだつろう） 辞
24 紅毛碧眼（こうもうへきがん） 辞
25 竹頭木屑（ちくとうぼくせつ） 辞

問2 次の11～15の**解説・意味**にあてはまる四字熟語を後の□から選び、その**傍線部分だけの読み**を**ひらがな**で記せ。

☐ **11** 日と月のこと。

☐ **12** ぜいたくな暮らしの形容。

☐ **13** 物事を達成するまで強い意志を持ち続けること。

☐ **14** めったにないこと。

☐ **15** 風流心のないこと。殺風景なこと。

> 象箸玉杯・磨穿鉄硯・翠色冷光
> 金烏玉兎・雷轟電転・鉤心闘角
> 盲亀浮木・焚琴煮鶴

11 きんう（金烏玉兎〔きんうぎょくと〕）
12 ぞうちょ（象箸玉杯〔ぞうちょぎょくはい〕）
13 ません（磨穿鉄硯〔ませんてっけん〕）
14 もうき（盲亀浮木〔もうきふぼく〕）
15 ふんきん（焚琴煮鶴〔ふんきんしゃかく〕）

問4 次の26～30の**解説・意味**にあてはまる四字熟語を後の□から選び、その**傍線部分だけの読み**を**ひらがな**で記せ。

☐ **26** 貧しい生活に甘んじて学問に励むこと。

☐ **27** 時には厳格に時には寛大に接すること。

☐ **28** 一度失敗したり敗れたりした者が再び巻き返すこと。

☐ **29** 勢いのある筆勢のたとえ。

☐ **30** 大人物の度量の広さの形容。

> 箪食瓢飲・忍気呑声・一張一弛
> 万頃瑠璃・衣錦還郷・捲土重来・
> 竜跳虎臥・山藪蔵疾

26 たんし（箪食瓢飲〔たんしひょういん〕）
27 いっし（一張一弛〔いっちょういっし〕）
28 けんど（捲土重来〔けんどちょうらい〕）
29 こが（竜跳虎臥〔りょうちょうこが〕）
30 さんそう（山藪蔵疾〔さんそうぞうしつ〕）

意味をCheck!

1 陶犬瓦鶏…形ばかりで実際の役には立たないもののたとえ。
2 勤倹力行…勤勉に働き倹約し、精一杯努力すること。
3 臥薪嘗胆…将来の成功のため、長い間苦しみに耐えること。
4 金剛不壊…堅固でこわれないこと。志を変えないたとえ。
5 狐狸妖怪…人をだまして密かに悪事を働く者のたとえ。

6 拍手喝采…手をたたいて大声でほめたたえること。
7 鳶飛魚躍…万物が自然の本性に従い、自由に楽しんでいるさま。
8 名誉挽回…失敗して失った信用や名声を取り戻すこと。
9 一碧万頃…海などの水面が青々と広がっていること。
10 融通無碍…行動や考えが自由で伸び伸びしていること。「無礙（げ）」とも書く。

16 意気軒昂…意気盛んで威勢のいい様子。
17 抜本塞源…災いの原因になるものを取り除くこと。
18 欣喜雀躍…小躍りして喜ぶこと。
19 玉砕瓦全…名誉などに殉じて潔く死ぬことと徒に生きながらえること。
20 不失正鵠…物事の要点を正確に把握すること。

21 落筆点蠅…過ちをうまく処理してしまうこと。
22 兎角亀毛…この世にあり得ないもののたとえ。
23 杜撰脱漏…粗雑で誤りや脱落が多いこと。
24 紅毛碧眼…西洋人のこと。
25 竹頭木屑…つまらないものでも何かの役に立つ場合があること。

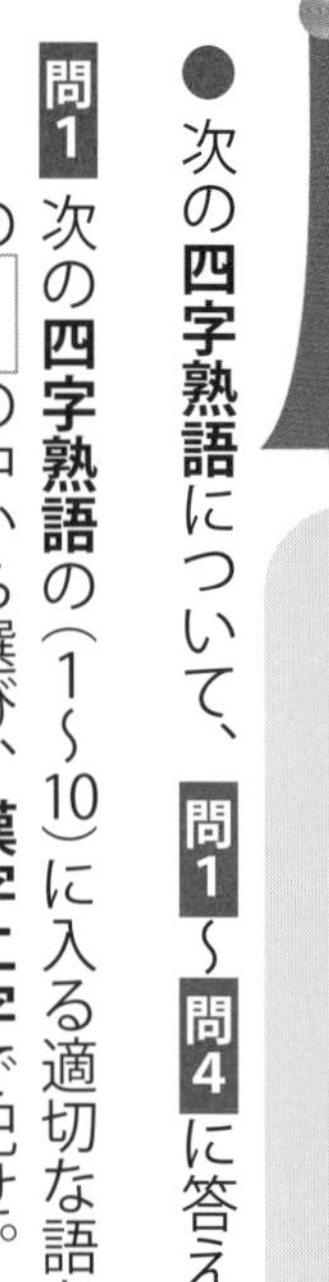

四字熟語 ③

● 次の**四字熟語**について、**問1**～**問4**に答えよ。

目標時間 14分

1回目 ／30

2回目 ／30

問1 次の**四字熟語**の（1～10）に入る適切な語を下の□の中から選び、**漢字二字**で記せ。

- □ 用管（**1**）
- □ （**2**）生呑
- □ （**3**）惑衆
- □ （**4**）羨魚
- □ 名声（**5**）
- □ 粗酒（**6**）
- □ （**7**）満門
- □ （**8**）栄華
- □ 白兎（**9**）
- □ （**10**）托生

いちれん　えいよう　かくかく　かっぱく　きてん　せきう　そさん　とうり　ようげん　りんえん

解答

1 用管窺天（ようかんきてん） 辞
2 活剥生呑（かっぱくせいどん） 辞
3 妖言惑衆（ようげんわくしゅう） 辞
4 臨淵羨魚（りんえんせんぎょ） 辞
5 名声赫赫（めいせいかくかく） 名声赫々（めいせいかくかく） 辞
6 粗酒粗餐（そしゅそさん） 辞
7 桃李満門（とうりまんもん） 辞
8 栄耀栄華（えいようえいが） 辞
9 白兎赤烏（はくとせきう） 辞
10 一蓮托生（いちれんたくしょう） 辞

問3 次の**四字熟語**の（16～25）に入る適切な語を下の□の中から選び、**漢字二字**で記せ。

- □ 魚網（**16**）
- □ （**17**）果断
- □ （**18**）落飾
- □ （**19**）櫛比
- □ （**20**）叫喚
- □ 鳩首（**21**）
- □ 麦秀（**22**）
- □ （**23**）大呂
- □ （**24**）神工
- □ 竜章（**25**）

あび　きふ　きゅうてい　ぎょうぎ　ごうき　こうり　しょり　ていはつ　ほうし　りんじ

解答

16 魚網鴻離（ぎょもうこうり） 辞
17 剛毅果断（ごうきかだん） 辞
18 薙髪落飾（ていはつらくしょく） 剃髪落飾（ていはつらくしょく） 辞
19 鱗次櫛比（りんじしっぴ） 辞
20 阿鼻叫喚（あびきょうかん） 辞
21 鳩首凝議（きゅうしゅぎょうぎ） 辞
22 麦秀黍離（ばくしゅうしょり） 辞
23 九鼎大呂（きゅうていたいりょ） 辞
24 鬼斧神工（きふしんこう） 辞
25 竜章鳳姿（りゅうしょうほうし） 辞

問2 次の11〜15の**解説・意味**にあてはまる四字熟語を後の□から選び、その**傍線部分だけの読み**を**ひらがな**で記せ。

□ **11** 気儘で風流な暮らしのこと。

□ **12** 才能や徳を隠し俗世に交わること。

□ **13** 詩文の才能があること。

□ **14** 民間の細かい小説風歴史。

□ **15** 大事業や大志のたとえ。

梅妻鶴子・和光同塵・随珠弾雀
七歩八叉・夏侯拾芥・稗官野史
粉粧玉琢・図南鵬翼

11 かくし（梅妻鶴子（ばいさいかくし））
12 どうじん（和光同塵（わこうどうじん））
13 はっさ（七歩八叉（しちほはっさ））
14 はいかん（稗官野史（はいかんやし））
15 ほうよく（図南鵬翼（となんほうよく））

問4 次の26〜30の**解説・意味**にあてはまる四字熟語を後の□から選び、その**傍線部分だけの読み**を**ひらがな**で記せ。

□ **26** 企図が徒労に終わること。

□ **27** 僅かな現象から大勢を知ること。

□ **28** 詩文に誤りが多いこと。

□ **29** 兄弟姉妹の長幼の順序をいう語。

□ **30** 整然と順序よく並ぶこと。

精衛填海・兆載永劫・梧桐一葉
神采英抜・朋党比周・杜黙詩撰・
孟仲叔季・鱗次櫛比

26 てんかい（精衛填海（せいえいてんかい））
27 ごどう・ごとう（梧桐一葉（ごどういちよう））
28 しさん・しせん（杜黙詩撰（ともくしせん））
29 しゅくき（孟仲叔季（もうちゅうしゅくき））
30 しっぴ（鱗次櫛比（りんじしっぴ））

意味をCheck!

1 用管窺天…見識が狭いことのたとえ。
2 活剝生呑…他人の詩文などをそのまま盗用すること。
3 妖言惑衆…あやしげな言葉で人々を惑わせること。
4 臨淵羨魚…むなしい望みを抱くたとえ。
5 名声赫赫…よい評判が世間で盛んなこと。

6 粗酒粗餐…粗末な酒と食事。客に酒食をすすめるときの謙辞。
7 桃李満門…優秀な人材が多く集まること。
8 栄耀栄華…富や権勢があり、ぜいたくを極めること。
9 白兎赤烏…時間のこと。
10 一蓮托生…事の善悪にかかわらず、仲間として行動や運命を共にすること。

16 魚網鴻離…求めていたものではなく、意外なものが手に入るたとえ。
17 剛毅果断…決断力に富んでいるさま。
18 剃髪落飾…髪をおろして仏門に入ること。
19 鱗次櫛比…鱗や櫛の歯のように整然と並ぶこと。
20 阿鼻叫喚…非常に惨たらしいさま。
21 鳩首凝議…額を集めて熱心に相談すること。
22 麦秀黍離…祖国の滅亡を嘆くこと。
23 九鼎大呂…貴重な物や重要な地位のたとえ。
24 鬼斧神工…人の技とは思えないような素晴らしい技で作られたもの。
25 竜章鳳姿…竜や鳳凰のように立派な姿。威厳に満ちた容姿。

四字熟語④

目標時間 14分

1回目 /30

2回目 /30

● 次の**四字熟語**について、**問1**～**問4**に答えよ。

問1 次の**四字熟語**の（1～10）に入る適切な語を下の□の中から選び、**漢字二字**で記せ。

- ☐（1）垢面
- ☐ 全豹（2）
- ☐（3）章草
- ☐ 土崩（4）
- ☐（5）舜雨
- ☐ 門前（6）
- ☐（7）瓢飲
- ☐ 街談（8）
- ☐ 鱗次（9）
- ☐（10）協議

いっぱん　がかい　きゅうしゅ　ぎょうふう　こうご　しっぴ　じゃくら　たんし　ほうとう　ろぎょ

解答

1 蓬頭垢面（ほうとうこうめん）辞
2 全豹一斑（ぜんぴょういっぱん）辞
3 魯魚章草（ろぎょしょうそう）辞
4 土崩瓦解（どほうがかい）辞
5 堯風舜雨（ぎょうふうしゅんう）辞
6 門前雀羅（もんぜんじゃくら）辞
7 箪食瓢飲（たんしひょういん）辞
8 街談巷語（がいだんこうご）辞
9 鱗次櫛比（りんじしっぴ）辞
10 鳩首協議（きゅうしゅきょうぎ）辞

問3 次の**四字熟語**の（16～25）に入る適切な語を下の□の中から選び、**漢字二字**で記せ。

- ☐（16）浮木
- ☐ 熟読（17）
- ☐ 伏竜（18）
- ☐ 羊頭（19）
- ☐（20）択木
- ☐（21）姑息
- ☐ 動静（22）
- ☐ 鉤縄（23）
- ☐ 三者（24）
- ☐（25）舜木

いんじゅん　うんい　がんみ　きく　ぎょうこ　くにく　ていりつ　ほうすう　もうき　りょうきん

解答

16 盲亀浮木（もうきふぼく）辞
17 熟読玩味（じゅくどくがんみ）熟読翫味（じゅくどくがんみ）辞
18 伏竜鳳雛（ふくりょうほうすう）辞
19 羊頭狗肉（ようとうくにく）辞
20 良禽択木（りょうきんたくぼく）辞
21 因循姑息（いんじゅんこそく）辞
22 動静云為（どうせいうんい）辞
23 鉤縄規矩（こうじょうきく）辞
24 三者鼎立（さんしゃていりつ）辞
25 堯鼓舜木（ぎょうこしゅんぼく）辞

問2 次の11～15の**解説・意味**にあてはまる四字熟語を後の□から選び、その**傍線部分だけの読み**を**ひらがな**で記せ。

☐ **11** 幼児がいたずらをすること。
☐ **12** 浅慮で自分自身を欺くたとえ。
☐ **13** 風流心のないこと。殺風景なこと。
☐ **14** 生来弁舌が巧みで行動が早いこと。
☐ **15** 文物などが滅びること。

張冠李戴・塗抹詩書・雲濤煙浪
掩耳盗鐘・蘭亭殉葬・焚琴煮鶴・
資弁捷疾・凋零磨滅

11 とまつ（塗抹詩書）
12 えんじ（掩耳盗鐘）
13 しゃかく（焚琴煮鶴）
14 しょうしつ（資弁捷疾）
15 ちょうれい（凋零磨滅）

問4 次の26～30の**解説・意味**にあてはまる四字熟語を後の□から選び、その**傍線部分だけの読み**を**ひらがな**で記せ。

☐ **26** 歳月の経過がはやいこと。
☐ **27** 自由な境地に遊ぶこと。
☐ **28** 努力するしないで賢愚の差が生じる。
☐ **29** 質素な宮殿。質素の美徳を称える語。
☐ **30** 貧苦に耐えて勉強すること。

庸中佼佼・中流砥柱・兎走烏飛・
遊戯三昧・益者三楽・一竜一猪・
土階茅茨・穿壁引光

26 とそう（兎走烏飛）
27 ゆげ（遊戯三昧）
28 いっちょ（一竜一猪）
29 ぼうし（土階茅茨）
30 せんぺき（穿壁引光）

意味をCheck!

1 蓬頭垢面…身だしなみを整えることもせず、むさくるしいこと。
2 全豹一斑…物事の一部を見て全体を推測したり批評したりすること。
3 魯魚章草…文字の書き間違い。
4 土崩瓦解…物事が根本から崩れてしまい、手がつけられない状態。
5 堯風舜雨…神話時代の皇帝である堯や舜のような聖天子の恵みが世界に行き渡っている。

6 門前雀羅…訪れるひともなく、さびれてひっそりとしているさま。
7 箪食瓢飲…わずかな食べ物で暮らすこと。清貧に甘んじるたとえ。
8 街談巷語…つまらない噂話。風説。
9 鱗次櫛比…鱗や櫛の歯のように整然と並ぶこと。
10 鳩首協議…人々が集まって話し合いをすること。
16 盲亀浮木…めったにないこと。

17 熟読玩味…文章をよく読み、じっくりと味わうこと。
18 伏竜鳳雛…優れた才能を持ちながら機会を得ず、力を発揮できないまま世に隠れている者のたとえ。
19 羊頭狗肉…見せかけは立派でも、実質が伴わないさま。
20 良禽択木…環境や職業などはよく見定めて選択すべきであるということのたとえ。

21 因循姑息…古い習慣や方法にとらわれて改めず、その場しのぎに終始する。
22 動静云為…人の言動のこと。
23 鉤縄規矩…物事や行為の基準や法則・手本。
24 三者鼎立…三つの勢力が拮抗して並び立つ状態。
25 堯鼓舜木…人の善言をよく聞き入れること。

対義語・類義語 ①

●次のそれぞれの熟語の対義語、類義語を後の□の中から選び、**漢字**で記せ。□の中の語は一度だけ使うこと。

目標時間 21分

1回目 /44

2回目 /44

1

対義語

1 斬新
2 祝賀
3 追跡
4 枯渇
5 豊稔

類義語

6 繁昌
7 図星
8 出奔
9 疎慢
10 突飛

えいよう・おういつ・ききょう・きょうこう・ずさん・せいこく・ちくでん・ちょうとう・ちんぷ・とんそう

解答

1 陳腐（ちんぷ）
2 弔悼（ちょうとう）
3 遁走（とんそう）
4 横(汪)溢（おういつ） 辞
5 凶荒（きょうこう）
6 栄耀（えいよう）
7 正鵠（せいこく）
8 逐電（ちくでん）
9 杜撰（ずさん）
10 奇矯（ききょう）

2

対義語

11 消沈
12 抑止
13 軽侮
14 抗争
15 着工

類義語

16 営営
17 対立
18 人民
19 股肱
20 尾根

いけい・けんこう・しし・しゅんこう・せんどう・そうこく・そうせい・ふくしん・りょうせん・わぼく

解答

11 軒昂（けんこう） 辞
12 煽動（せんどう）・扇動（せんどう）
13 畏敬（いけい）
14 和睦（わぼく）
15 竣工（しゅんこう）・竣功（しゅんこう）
16 孜孜（しし） 辞
17 相克（そうこく） 辞
18 蒼生（そうせい）
19 腹心（ふくしん）
20 稜線（りょうせん）

3

対義語

- ☐ 21 進捗
- ☐ 22 旭日
- ☐ 23 卑近
- ☐ 24 顕貴
- ☐ 25 精密
- ☐ 26 永劫

類義語

- ☐ 27 医者
- ☐ 28 忽如
- ☐ 29 盈虚
- ☐ 30 仰天
- ☐ 31 本領
- ☐ 32 遷延

うえん・えいこ・がぜん・きっきょう・ぎょうたい
きょうりん・しゃよう・しんこっちょう・ずさん
せつな・ちたい・びせん

解答

21 凝滞（ぎょうたい）
22 斜陽（しゃよう）
23 迂(紆)遠（うえん）
24 微賤（びせん） 辞
25 杜撰（ずさん）
26 刹那（せつな）
27 杏林（きょうりん） 辞
28 俄然（がぜん）
29 栄枯（えいこ）
30 吃驚（きっきょう）・喫驚（きっきょう）
31 真骨頂（しんこっちょう） 辞
32 遅滞（ちたい）

4

対義語

- ☐ 33 優柔
- ☐ 34 弥縫
- ☐ 35 纖弱
- ☐ 36 近接
- ☐ 37 激賞
- ☐ 38 黄昏

類義語

- ☐ 39 窮乏
- ☐ 40 苦悩
- ☐ 41 消長
- ☐ 42 首魁
- ☐ 43 鳳雛
- ☐ 44 危地

かだん・きりんじ・けんかく・けんろう・ここう
つうば・はたん・はんもん・ひっぱく・ふちん
ふつぎょう・りょうしゅう

解答

33 果断（かだん）
34 破綻（はたん）
35 堅牢（けんろう）
36 懸隔（けんかく）
37 痛罵（つうば）
38 払暁（ふつぎょう）
39 逼迫（ひっぱく）
40 煩悶（はんもん）
41 浮沈（ふちん）
42 領袖（りょうしゅう）
43 麒麟児（きりんじ）
44 虎口（ここう） 辞

意味をCheck!

4 横溢…水などが満ちあふれること。
11 軒昂…気力が大いに高ぶっていること。

16 孜孜…熱心にはげむさま。
17 相克…対立、あるいは矛盾するものが争いあうこと。
24 微賤…身分や地位が低く、卑しいこと。

27 杏林…中国の故事に基づく「医者」の異称。
31 真骨頂…そのものの本来の姿。

44 虎口…非常に危険な場所のたとえ。

対義語・類義語②

目標時間 21分

1回目 ／44

2回目 ／44

● 次のそれぞれの熟語の対義語、類義語を後の□の中から選び、**漢字**で記せ。□の中の語は一度だけ使うこと。

1

対義語

□ 1 称讃
□ 2 賢明
□ 3 枯渇
□ 4 荒蕪地
□ 5 軽侮

類義語

□ 6 落成
□ 7 矛盾
□ 8 大書
□ 9 急逝
□ 10 鉄面皮

いふ・うぐ・しっせき・しゅんこう・じゅんたく
どうちゃく・とくひつ・とんし・はれんち・よくど

解答

1 叱責（しっせき）
2 迂愚（うぐ）辞
3 潤沢（じゅんたく）
4 沃土（よくど）
5 畏怖（いふ）辞
6 竣工（しゅんこう）　竣功（しゅんこう）
7 撞着（どうちゃく）　撞著（どうちゃく）辞
8 特筆（とくひつ）
9 頓死（とんし）
10 破廉恥（はれんち）

2

対義語

□ 11 富貴
□ 12 莫大
□ 13 模糊
□ 14 濃艶
□ 15 熟視

類義語

□ 16 隠密
□ 17 寝台
□ 18 張本人
□ 19 不世出
□ 20 苦慮

いちべつ・がしょう・かんちょう・きんしょう
けう・こたん・しゅかい・ひんせん・ふしん
めいりょう

解答

11 貧賤（ひんせん）
12 僅少（きんしょう）
13 明瞭（めいりょう）
14 枯淡（こたん）辞
15 一瞥（いちべつ）
16 間諜（かんちょう）
17 臥床（がしょう）
18 首魁（しゅかい）
19 稀有（けう）　希有（けう）
20 腐心（ふしん）

3

対義語

□ 21 奇手
□ 22 蒼白
□ 23 遅疑
□ 24 潤沢
□ 25 欣快 辞
□ 26 狭量

類義語

□ 27 出産
□ 28 妙趣
□ 29 排撃
□ 30 根城
□ 31 糊塗
□ 32 出家

おうよう・こうちょう・しだん・しゅうしょう
じょうせき・そうくつ・だいごみ・だんこう
とんせい・ひっぱく・びほう・ぶんべん

解答

21 定石（じょうせき） 辞 定跡（じょうせき）
22 紅潮（こうちょう）
23 断行（だんこう）
24 逼迫（ひっぱく）
25 愁傷（しゅうしょう）
26 鷹揚（おうよう） 辞
27 分娩（ぶんべん）
28 醍醐味（だいごみ）
29 指弾（しだん）
30 巣窟（そうくつ）
31 弥縫（びほう）
32 遁（遯）世（とんせい）

4

対義語

□ 33 爽快
□ 34 灌木
□ 35 威嚇
□ 36 乱射
□ 37 黙黙
□ 38 新奇

類義語

□ 39 絶壁
□ 40 花形
□ 41 魔手
□ 42 払拭
□ 43 繁栄
□ 44 卓越

いっそう・いぶ・うっくつ・きゅうとう
きょうぼく・けんがい・そうが・そげき・ちょうじ
ちょうちょう・りゅうしょう・りょうが

解答

33 鬱屈（うっくつ）
34 喬木（きょうぼく） 辞
35 慰撫（いぶ）
36 狙撃（そげき）
37 喋喋（ちょうちょう） 辞 諜諜（ちょうちょう）
38 旧套（きゅうとう）
39 懸崖（けんがい）
40 寵児（ちょうじ）
41 爪牙（そうが）
42 一掃（いっそう）
43 隆昌（りゅうしょう）
44 凌駕（りょうが） 陵駕（りょうが）

2 迂愚…世事にうとく、愚かなこと。
5 畏怖…おそれうやまう。敬服する。

7 撞着…前後が一致せず、つじつまが合わないこと。
14 枯淡…俗臭がなく、あっさりしていること。

21 定石・定跡…最も有利とされる決まったやり方。
25 欣快…非常にうれしくて気分がよいこと。

26 鷹揚…ゆったりと構え、こせこせしないこと。
34 喬木…高く伸びた木。
37 喋喋…ぺらぺらしゃべること。

頻出度 B ランク

対義語・類義語③

目標時間 21分

1回目 /44

2回目 /44

● 次のそれぞれの熟語の対義語、類義語を後の□の中から選び、**漢字**で記せ。□の中の語は一度だけ使うこと。

1

対義語

1 愁傷
2 微賤
3 大度
4 勤労
5 配下

類義語

6 傾斜
7 死別
8 地獄
9 洪水
10 評判

えいけつ・きょうりょう・きんかい・けんき・こうせつ・こうばい・しゅかい・ならく・はんらん・ゆうとう

解答

1 欣快（きんかい）
2 顕貴（けんき）辞
3 狭量（きょうりょう）
4 遊蕩（ゆうとう）
5 首魁（しゅかい）
6 勾配（こうばい）
7 永訣（えいけつ）
8 奈落（ならく）
9 氾濫（はんらん）汎濫（はんらん）
10 巷説（こうせつ）辞

2

対義語

11 先祖
12 精微
13 創業
14 正味
15 惰弱

類義語

16 軽少
17 恒久
18 童心
19 平定
20 盛衰

えいきょ・えいごう・こういん・ごうき・ささい・ざっぱく・しゅせい・ちき・ちんぶ・ふうたい

解答

11 後胤（こういん）
12 雑駁（ざっぱく）
13 守成（しゅせい）
14 風袋（ふうたい）辞
15 剛毅（ごうき）豪毅（ごうき）
16 些(瑣)細（ささい）
17 永劫（えいごう）
18 稚気（ちき）
19 鎮撫（ちんぶ）
20 盈虚（えいきょ）

3

対義語

21 式微
22 真作
23 悲傷
24 斬新
25 還俗
26 論難

類義語

27 帝都
28 教化
29 吉兆
30 動向
31 両雄
32 卒爾

がんさく・きんえつ・けいし・けいもう
しょうずい・すうせい・そうへき・たんぺいきゅう
ちんとう・とんせい・はんばく・りゅうしょう

解答

21 隆昌（りゅうしょう）
22 贋作（がんさく）
23 欣悦（きんえつ）
24 陳套（ちんとう） 辞
25 遁(遯)世（とんせい）
26 反駁(駮)（はんばく）
27 京師（けいし） 辞
28 啓蒙（けいもう）
29 祥瑞（しょうずい）
30 趨勢（すうせい）
31 双璧（そうへき）
32 短兵急（たんぺいきゅう） 辞

4

対義語

33 懲戒
34 楽天
35 平坦
36 偽筆
37 閑散
38 峻険

類義語

39 長命
40 機知
41 田畑
42 不抜
43 没入
44 乱脈

えんせい・きゅうしゅん・しんせき・たんい
ちんじゅ・ちんせん・とんさい・のうほ・はんげき
ぶざつ・ふたいてん・ゆうめん

解答

33 宥免（ゆうめん）
34 厭世（えんせい）
35 急峻（きゅうしゅん）
36 真蹟（しんせき） 真跡（しんせき）
37 繁劇（はんげき）
38 坦夷（たんい）
39 椿寿（ちんじゅ） 辞
40 頓才（とんさい） 辞
41 農圃（のうほ）
42 不退転（ふたいてん） 辞
43 沈潜（ちんせん）
44 蕪雑（ぶざつ）

2 顕貴…身分が高いこと。
10 巷説…世間のうわさ。
14 風袋…はかりで品物の重さをはかるときの容器や包装紙。また、その重量。人の外観のたとえとしても使う。

24 陳套…古めかしいこと。
27 京師…天子のいるみやこ。

32 短兵急…だしぬけに行動を起こすさま。
39 椿寿…長寿のこと。太古の霊木である大椿が長寿であることから。

40 頓才…機転がきくこと。
42 不退転…決して後退せず、不屈の精神で意志を貫くこと。

故事・諺①

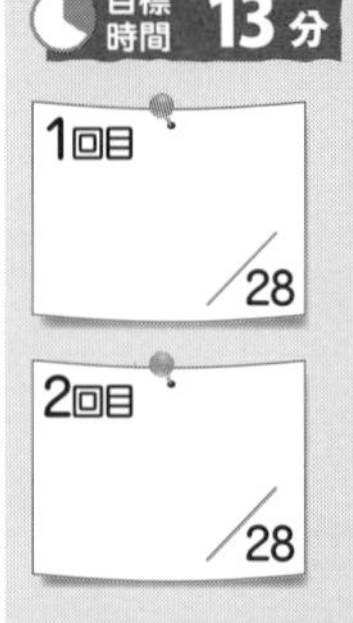

●次の故事・成語・諺の**カタカナ**の部分を**漢字**で記せ。

□ 1 遠慮なければ**キンユウ**あり。
□ 2 七皿食うて**サメクサ**い。
□ 3 **ハッサク**は麦まんじゅうの食い終い。
□ 4 **カンリ**を貴んで頭足を忘る。
□ 5 天地は万物の**ゲキリョ**、光陰は百代の過客。
□ 6 虻蜂取らず鷹の**エジキ**。
□ 7 外面似菩薩、内心如**ヤシャ**。
□ 8 **リッスイ**の余地もない。

解答
1 近憂 辞
2 鮫臭 辞
3 八朔 辞
4 冠履 辞
5 逆旅 辞
6 餌食
7 夜叉
8 立錐

□ 9 一文銭で生爪**ハ**がす。
□ 10 **セイア**は以て海を語るべからず。
□ 11 **ガイコツ**を乞う。
□ 12 百尺**カントウ**に一歩を進む。
□ 13 **タカジョウ**の子は鳩を馴らす。
□ 14 紺屋の**シロバカマ**。
□ 15 買うは**モラ**うに勝る。
□ 16 **アメ**と鞭。
□ 17 **キャラ**の仏に箔を置く。
□ 18 **コウジ**魔多し。

解答
9 剥 辞
10 井蛙
11 骸骨 辞
12 竿頭 辞
13 鷹匠
14 白袴
15 貰
16 飴
17 伽羅
18 好事 辞

19 **チョウモン**の一針。
20 **アバタ**もえくぼ。
21 **ヒンセン**も移す能わず。
22 **リカ**に冠を正さず。
23 断じて行えば**キシン**も之を避く。

19 頂門 辞
20 痘痕(痘瘢)
21 貧賤 辞
22 李下 辞
23 鬼神 辞

24 **キンジョウ**に花を添う。
25 味噌**コ**しで水を掬う。
26 **シシ**に鞭うつ。
27 **バクギャク**の交わり。
28 **ユウメイ**境を異にする。

24 錦上 辞
25 漉(濾)
26 死屍 辞
27 莫逆 辞
28 幽明

意味をCheck!

1 **遠慮なければ近憂あり**…遠い将来への配慮がないような人には、きっと身近な心配事が起こる。「遠慮」は「遠き慮り」で、遠い将来まで見通した深い考え。

2 **七皿食うて鮫臭い**…さんざん食べた後で、料理がまずいとけちをつけること。鮫の肉には独特の臭味がある。

3 **八朔は麦まんじゅうの食い終い**…八朔は陰暦八月一日で、この日は稲の実りを祝う。八朔を過ぎると収穫で忙しくなるので、この祝いの日で麦まんじゅうを食べるのはおしまいということ。

4 **冠履を貴んで頭足を忘る**…冠やくつを大切にして、肝心の頭や足を軽視することから、根本的なことを忘れ、枝葉末節を大切にするたとえ。本末顚倒。

5 **天地は万物の逆旅、光陰は百代の過客**…「逆旅」は宿屋。天地は万物を送り迎えする宿屋のようなもので、歳月は永遠に天地を旅する旅人のようなものである。万物の変わりゆくはかなさをいう。

9 **一文銭で生爪剝がす**…一文銭を出す辛さと、生爪をはがされる辛さとどちらを取るか迷った末に、生爪をはがされる方を選ぶ。はなはだしいけちん坊のたとえ。

11 **骸骨を乞う**…辞職を願い出ること。君主に仕えることは身命を捧げることなので、辞職するときには、せめて骸骨だけでも返して下さいと言ったことから。

12 **百尺竿頭に一歩を進む**…ある目的や境地に達しても、それに満足することなく、さらに向上を求めて努力するたとえ。「百尺」は「ひゃくせき」とも「ひゃくしゃく」とも読む。

18 **好事魔多し**…よいこと、めでたいことには、とかく邪魔が入りやすいということ。

19 **頂門の一針**…「頂門」は頭の上、「針」は治療用の鍼(はり)。急所を鋭くついて相手をいさめることのたとえ。

21 **貧賤も移す能わず**…貧しく辛い境遇にあっても、道義を守る立派な人は志操を堅持すること。「移す」は節操を変えること。

22 **李下に冠を正さず**…疑いを招くような行為はしない方がよいという戒め。実のなっている李の木の下で、曲がった冠を直そうと頭の上に手を伸ばすと、李を盗むのではないかと疑われることから。

23 **断じて行えば鬼神も之を避く**…強い意志をもって敢行すれば、どんな障害も乗り越えられるというたとえ。「鬼神」は人間に害をおよぼすような超自然的な存在。

24 **錦上に花を添う**…美しい錦の上に花を飾るように、美しいもの、よいものに更に美しいもの、よいものが加わること。

26 **死屍に鞭うつ**…故人に対し死んだ後までも、その生前の言行に対し非難・攻撃を加えること。

27 **莫逆の交わり**…お互いに意気投合し、対立することのない親しい友人関係のこと。「莫逆」は「逆らうこと莫(な)し」の意で、「ばくげき」とも読む。

故事・諺②

● 次の故事・成語・諺の**カタカナ**の部分を**漢字**で記せ。

☐ **1** **チョッカン**は一番槍より難し。
☐ **2** **カネ**や太鼓で探す。
☐ **3** **アイサツ**は時の氏神。
☐ **4** 失策は人にあり、**カンジョ**は神にあり。
☐ **5** 火中の**クリ**を拾う。
☐ **6** 創業は易く**シュセイ**は難し。
☐ **7** 渇して井を**ウガ**つ。
☐ **8** **エテ**に帆を揚げる。
☐ **9** 白駒の**ゲキ**を過ぐるがごとし。

解答

1 直諫
2 鉦
3 挨拶 辞
4 寛恕
5 栗 辞
6 守成 辞
7 穿（鑽・鑿・鐫） 辞
8 得手 辞
9 隙（郤） 辞

☐ **10** 三軍も帥を奪うべし、**ヒップ**も志を奪うべからず。
☐ **11** 花は三月**ショウブ**は五月。
☐ **12** **ジュシ**ともに謀るに足らず。
☐ **13** **カナエ**の軽重を問う。
☐ **14** 小智は**ボダイ**の妨げ。
☐ **15** **ヒル**に塩。
☐ **16** 人生　字を識るは**ユウカン**の始め。
☐ **17** **アブハチ**取らず。

解答

10 匹夫 辞
11 菖蒲
12 豎（孺）子 辞
13 鼎 辞
14 菩提
15 蛭
16 憂患 辞
17 虻蜂

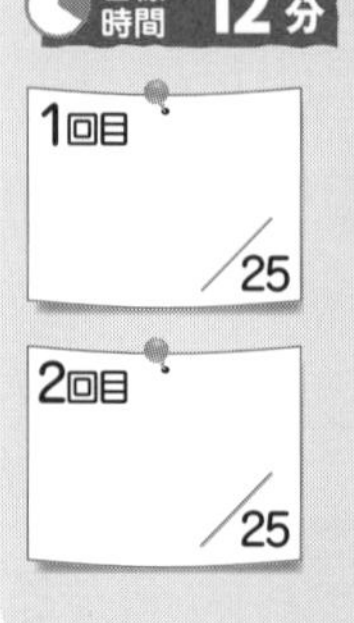

□ 18 カイケイの恥を雪ぐ。

□ 19 香ジの下　必ず死魚有り。

□ 20 ワサビと浄瑠璃は泣いて賞める。

□ 21 亀の年を鶴がウラヤむ。

□ 22 知らぬ神よりナジみの鬼。

18 会稽 辞
19 餌 辞
20 山葵（山薑）
21 羨
22 馴染（昵）辞

□ 23 国にイサむる臣あればその国必ず安し。

□ 24 朝トビに蓑を着よ、夕とびに笠を脱げ。

□ 25 羊を亡いてロウを補う。

23 諫（諍）
24 鳶（鴟・鵄）辞
25 牢 辞

意味をCheck!

3 **挨拶は時の氏神**…「挨拶」は仲裁の意。けんかや争いごとの仲裁に入ってくれる人は、そこに氏神様が現れたように有り難いものだから、素直に従うようにという教え。

5 **火中の栗を拾う**…他人の利益のために、あえて危険を冒すこと。

6 **創業は易く守成は難し**…新しく事業を始めることに比較して、出来上がった事業を守り保っていくことは、はるかに難しいということ。

7 **渇して井を穿つ**…必要に迫られて、あわてて準備しても手遅れであるということ。

8 **得手に帆を揚げる**…自分が得意にしていることを行うよい機会がやってきて、大いに張り切ること。

9 **白駒の隙を過ぐるがごとし**…時間の流れのはやいことのたとえ。人の一生は、白馬がすきまの向こう側をさっと過ぎて行くのを見るような、きわめて短い間であるということ。

10 **三軍も帥を奪うべし、匹夫も志を奪うべからず**…人の志は尊重すべきであるというたとえ。どんな大軍でも意志統一を欠いていれば総大将をとりこにして指揮権を奪うことができる。しかし、どんなつまらない男でも、抱いている志を変えさせることはできない。

12 **竪子ともに謀るに足らず**…「竪子」は子供の意だが、ここでは小僧っ子、青二才といったののしりの言葉。この青二才は、共に天下のことを相談するには足りない男だということ。

13 **鼎の軽重を問う**…「鼎」は三本足の器で王位や権威の象徴。その軽重を問うことは権威者の実力を疑い、代わってその地位を奪取する考えがあることを示す。

16 **人生　字を識るは憂患の始め**…字を知る、すなわち学問をして知識を身につけることは、道理を知り思い悩むことや苦労が多くなる。無学でいた方がかえって楽だということ。

18 **会稽の恥を雪ぐ**…敗戦による屈辱や恨みを、みごとに晴らすこと。

19 **香餌の下　必ず死魚有り**…よい香りがする餌のそばには、必ず死んだ魚がいる。人は利益を得るためには身を滅ぼすことも厭わないものだというたとえ。また、利益の陰には必ず危険が潜んでいるものだというたとえ。

22 **知らぬ神より馴染みの鬼**…たとえどんな相手でも、親しみのない者よりは馴れ親しんだ者のほうがよいということ。「知らぬ仏より馴染みの鬼」ともいう。

24 **朝鳶に蓑を着よ、夕とびに笠を脱げ**…朝、トビが鳴くのは雨が降る前触れであり、夕方、トビが鳴くのは晴れる前触れであるということ。

25 **羊を亡いて牢を補う**…逃げた羊は仕方がないとして、囲いを補修しておけば今後の損害は防げる。失敗してもすぐ改めれば、今後の過ちは少なくてすむというたとえ。また、もう手遅れだという意味もある。

故事・諺③

● 次の故事・成語・諺の**カタカナ**の部分を**漢字**で記せ。

1 富貴にして故郷に帰らざるは、**シュウ**を衣て夜行くがごとし。
2 衣食足りて**エイジョク**を知る。
3 学びて**イト**わず、教えて倦まず。
4 門松は**メイド**の旅の一里塚。
5 **ホ**れた腫れたは当座のうち。
6 大河を手で**セ**く。
7 **エンジャク**鳳を生まず。
8 百年**カセイ**を俟(ま)つ。
9 水到りて**キョ**成る。

解答

1 繡 辞
2 栄辱 辞
3 厭
4 冥土 冥途 辞
5 惚
6 堰 塞 辞
7 燕雀
8 河清 辞
9 渠 辞

10 人は**ギョウシュン**にあらず、何ぞ事々によく善を尽くさん。
11 医者の薬も**サジカゲン**。
12 **センベン**を著ける。
13 直きを友とし諒を友とし**タブン**を友とするは益なり。
14 難に臨みて兵を**イ**る。
15 **チョウアイ**昂じて尼になす。
16 児孫のために**ビデン**を買わず。
17 **ホシャ**相依る。

解答

10 堯舜
11 匙加減 辞
12 先鞭
13 多聞 辞
14 鋳 辞
15 寵愛 辞
16 美田
17 輔車 辞

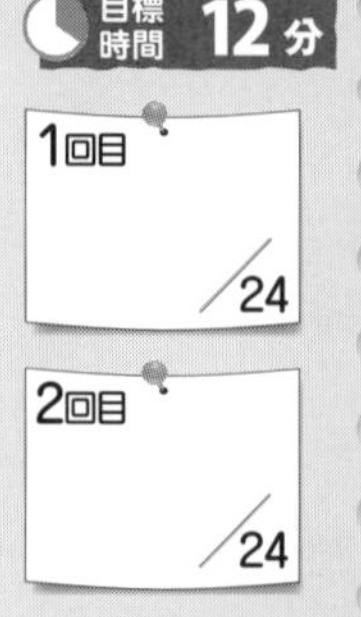

□ **18** 陰徳あれば**ヨウホウ**あり。

□ **19** 人を犯す者は**ランボウ**の患いあり。

□ **20** 櫂は三年、**ロ**は三月。

□ **21** **キッチュウ**の楽しみ。

18 陽報 辞

19 乱亡

20 櫓

21 橘中 辞

□ **22** 越鳥南枝に巣くい、**コバ**北風にいななく。

□ **23** 六日の**アヤメ**十日の菊。

□ **24** **セイトク**の士は乱世に疏んぜらる。

22 胡馬 辞

23 菖蒲 辞

24 盛徳

意味をCheck!

1 富貴にして故郷に帰らざるは、繡を衣て夜行くがごとし…富や名声を得ても故郷に錦を飾らなければ、美しい刺繡のある着物を着て暗い夜道を行くようなもので、誰も知る者がなく無意味だということ。

2 衣食足りて栄辱を知る…生活にゆとりができてはじめて、名誉を重んじ恥を知るようになるということ。

4 門松は冥土の旅の一里塚…門松は正月のめでたい飾りだが、正月が来るたびに年をとるので、門松はあの世への旅の一里塚のようなものだということ。

6 大河を手で堰く…出来るはずのないことのたとえ。不可能なことを試みることのたとえ。

8 百年河清を俟つ…いつまで待ってもむだなことのたとえ。「河」は黄河。常に黄濁している黄河が千年に一度澄むという伝説を信じて待つことから、実現しないことを期待すること。

9 水到りて渠成る…時期が来て条件が整えば、物事は自然に成就することのたとえ。水が流れると自然に土が削られて溝が出来るように、学問を積み重ねれば、自然に名声を得ることが出来るということ。

11 医者の薬も匙加減…医者の処方してくれる薬も、調合が適切でなければ効かないように、何事も加減が大切だという教え。

13 直きを友とし諒を友とし多聞を友とするは益なり…「論語」にある益者三友。正直な人、誠実な人、見聞がひろく博識な人は、交際して有益な友人である。

14 難に臨みて兵を鋳る…いざ戦争という局面になって、はじめて武器を作る意から、事が起きてから対策を講じても間に合わないというたとえ。

15 寵愛昂じて尼になす…娘をかわいがる余りいつまでも嫁にやれず、ついには尼にしてしまうことから、大事にしすぎるのも本人にとっては不幸だということ。

17 輔車相依る…「輔」は頰骨、「車」は下あごの骨。互いに助け合っている関係にあることのたとえ。

18 陰徳あれば陽報あり…人知れずよい行い（陰徳）をすれば、はっきり現れるよい報い（陽報）が必ずある。

21 橘中の楽しみ…囲碁や将棋の楽しみ。庭の大きな橘の実を割ってみると、二人の老人がゆったりと対局を楽しんでいたという故事から。

22 越鳥南枝に巣くい、胡馬北風にいななく…故郷を恋い慕うことのたとえ。南方の越生まれの鳥は必ず南側の枝に巣をかけ、北方の胡で生まれた馬は北風が吹くと懐かしんでいななくことから。

23 六日の菖蒲十日の菊…時期に遅れて役に立たないもののたとえ。六日の菖蒲は五月五日の端午の節句に、十日の菊は九月九日の重陽の節句に間に合わないことから。

故事・諺④

目標時間 13分

1回目 ／25

2回目 ／25

● 次の故事・成語・諺の**カタカナ**の部分を**漢字**で記せ。

1 冠履を貴んで**トウソク**を忘る。

2 **バンジャク**の安き。

3 **ホクシン**其の所に居て衆星之に共(むか)う。

4 負け犬の**トオボ**え。

5 **ミス**を隔てて高座を覗く。

6 医者の薬も**サジ**加減。

7 身体は**バショウ**の如し、風に従って破れ易し。

8 **ハ**えば立て、立てば歩めの親心。

解答

1 頭足
2 磐石・盤石 辞
3 北辰 辞
4 遠吠
5 御簾 辞
6 匙(ヒ)
5 芭蕉
8 這

9 **ハック**の隙を過ぐるが若し。

10 一片の**ヒョウシン**玉壺に在り。

11 **フヨウ**の顔、柳の眉。

12 手前**ミソ**を並べる。

13 **ロウソク**は身を減らして人を照らす。

14 **ウ**の真似する烏。

15 大海は**アクタ**を択ばず。

16 口中の**シオウ**。

17 **セキヒン**洗うが如し。

解答

9 白駒
10 氷心 辞
11 芙蓉 辞
12 味噌 辞
13 蠟燭
14 鵜 辞
15 芥 辞
16 雌黄 辞
17 赤貧 辞

☐ **18** 一敗地に**マミ**れる。

☐ **19** **トウリ**もの言わざれども下自ら蹊を成す。

☐ **20** 一斑を見て全豹を**ボク**す。

☐ **21** 焼け**ボックイ**に火がつく。

18	塗 辞
19	桃李 辞
20	ト
21	木杭 棒杭

☐ **22** 盲亀の浮木、**ウドンゲ**の花。

☐ **23** **ヨウリュウ**の風に吹かるるが如し。

☐ **24** **ムグラ**の雫、萩の下露。

☐ **25** **リュウイン**を下げる。

22	優曇華 辞
23	楊柳 辞
24	葎 辞
25	溜飲 辞

意味をCheck!

2 磐石の安き…きわめて堅固で安定していること。国家の安泰についていう。

3 北辰其の所に居て衆星之に共う…北極星は位置を変えず、他の星がこれをめぐるように、君主が徳治政治を行えば、人々は自然に従うということ。「共う」は「むかう」と読む。

5 御簾を隔てて高座を覗く…じれったい思いをすること。

10 一片の氷心玉壺に在り…心が清らかなこと。氷のように澄み切った清らかな心が、玉でできた壺に宿っている。「玉壺」は汚れなき体の意もある。

11 芙蓉の顔、柳の眉…美女の形容。白居易は「長恨歌」の中で楊貴妃の美しさを、「太液(たいえき)の芙蓉、未央(びおう)の柳」と称えた。

12 手前味噌を並べる…自分が作った味噌をおいしいと自慢するように、あれこれ自慢話を並べること。

14 鵜の真似する烏…烏が鵜の真似をして魚をとろうとして溺れる意から、自分の能力もわきまえずに人真似をして失敗しないようにという戒め。

15 大海は芥を択ばず…大海が細かい塵など呑み込んでしまうように、大人物は度量が広く、何でも受け容れるたとえ。

16 口中の雌黄…一度言った言葉を訂正すること。「雌黄」は砒素の硫化鉱物で顔料などに用いた。昔の書物は誤りがあると雌黄で塗りつぶして訂正したところから、口の中に言ったことを訂正する雌黄があるということ。

17 赤貧洗うが如し…甚だしい貧乏のたとえ。「赤」は何一つ無いこと。洗い清めたように何一つ無いことをいう。

18 一敗地に塗れる…「地に塗れる」は泥まみれになること。再起不能なほどの敗北、完敗をいう。

19 桃李もの言わざれども下自ら蹊を成す…徳の高い人、すぐれた人物の周りには、何もせずとも自然に人が慕い寄ってくることのたとえ。桃や李は口をきかないが、人はその花の美しさや実の甘さを知っているので、自然に木の下に道ができることから。

22 盲亀の浮木、優曇華の花…仏の教えに巡りあうことの難しさ。転じて、人と巡りあうことの難しさのたとえ。百年に一度だけ水面に浮かび上る目の見えない亀が、漂う浮木のただ一つの穴に入りこむのは非常に難しいという仏教説話から。また、「優曇華の花」は三千年に一度だけ花を開くという想像上の花。

24 葎の雫、萩の下露…大きな川の流れも、元をたどれば葎の雫や萩の下露のような僅かな水滴である。人間も日々の小さな行いを積み重ねて怠らぬことが大切だということ。

25 溜飲を下げる…憂鬱だった気分が晴れること。胸がすっきりすること。

読み①

● 次の傍線部分の読みを**ひらがな**で記せ。1～26は**音読み**、27～42は**訓読み**である。

1 眼鏡をかけて砕屑を防ぐ。
2 とれた野菜を蒐荷場に運ぶ。
3 浅瀬の渉禽を観察する。
4 参拝者は神鹿を大切にしている。
5 着物の裾をからげて迅瀬を渡る。
6 狙公が猿の餌をうまく分けた。
7 甜菜はヨーロッパ原産だ。
8 事故原因は杜撰な工事だ。
9 人となりは温柔敦厚であった。
10 彪蔚以て其の響きを飾る。

解答

1 さいせつ
2 しゅうか
3 しょうきん 辞
4 しんろく
5 じんらい 辞
6 そこう 辞
7 てんさい 辞
8 ずさん
9 とんこう
10 ひょううつ ひゅううつ 辞

11 枕辺に香を絶やさない。
12 家の裏手に薬圃を作る。
13 夕空に亮然たる笛の音を聞く。
14 林藪に質素な小屋を建てた。
15 老妓が酒席の相手を務める。
16 梓行記念の宴が開かれる。
17 一粟に過ぎない我が身を哀れむ。
18 王胤としての血統を継ぐ。
19 志を異にする人とは一線を劃する。
20 頗る緩頰して心を尽くす。

解答

11 ちんぺん
12 やくほ 辞
13 りょうぜん 辞
14 りんそう
15 ろうぎ
16 しこう 辞
17 いちぞく
18 おういん
19 かく
20 かんきょう 辞

☐ 21 橘中の楽しみを味わう。
☐ 22 衿帯を頼みに国を守る。
☐ 23 心をこめたもてなしを鶏黍という。
☐ 24 座敷に芸妓を呼ぶ。
☐ 25 轟然たる音と共に岩が崩れてきた。
☐ 26 関節の炎症が腫脹の原因だった。
☐ 27 斑入りの椿の花が咲いた。
☐ 28 椋の木は秋に実を結ぶ。
☐ 29 諒を尽くして説得に努めた。
☐ 30 麴菌を用いて甘酒を造る。
☐ 31 亡き人を偲ぶ会が催された。
☐ 32 優勢に転ずるのを須つ。
☐ 33 抗弁の種が尽きて言い澱む。
☐ 34 綿花を二梱出荷する。

21 きっちゅう 辞
22 きんたい 辞
23 けいしょ
24 げいぎ
25 ごうぜん
26 しゅちょう
27 ふい
28 むく
29 まこと
30 こうじ
31 しの
32 ま
33 よど
34 ふたこり
ふたこうり

☐ 35 肉と韮を中華鍋で炒めた。
☐ 36 話し過ぎて声が掠れた。
☐ 37 川の阿に魚が潜む。
☐ 38 この織物は絢があって美しい。
☐ 39 長年の願いがついに叶った。
☐ 40 正月朔に若水を汲む。
☐ 41 回答を待って而る後に行動する。
☐ 42 衆の中から秀才を挺き出す。

35 にら
36 かす
37 くま 辞
38 あや 辞
39 かな
40 ついたち
41 しか
42 ぬ

意味をCheck!

3 渉禽…水鳥。サギやチドリなど浅い水辺で餌をとる鳥。
5 迅瀬…早瀬のこと。
6 狙公…サルを飼う人のこと。サル回し。
7 甜菜…サトウダイコンのこと。
10 彪蔚…あや模様が鮮やかで立派なこと。
12 薬圃…薬草を育てている畑。
13 亮然…あきらかなさま。
16 梓行…書物を刊行すること。
20 緩頬…顔色を和らげて話すこと。

21 橘中…「橘中の楽しみ」は囲碁や将棋をする楽しみ。庭の橘の実を割ってみると、中で二人の老人が対局を楽しんでいたという故事から。
22 衿帯…山や川に囲まれた要害の地。
37 阿…山や川が曲がって入り込んでいるところ。「隈」に同じ。
38 絢…模様や色合いが美しいこと。

読み②

● 次の傍線部分の読みを**ひらがな**で記せ。1～26は**音読み**、27～42は**訓読み**である。

1 読者諸彦に謝意を表する。
2 雛孫の遊び相手をする。
3 幽霊の扮装に青黛を用いる。
4 山中に草庵を結ぶ。
5 造兵廠が攻撃の目標とされた。
6 予算の縮小で計画が渋滞している。
7 胸に飛箭を受けて落命した。
8 前代の悪習を簸却する。
9 枇杷がたくさん実をつけた。
10 廟宇に霊を祀る。

解答

1 しょげん 辞
2 すうそん 辞
3 せいたい
4 そうあん
5 ぞうへいしょう 辞
6 ちょたい 辞
7 ひせん
8 はきゃく 辞
9 びわ
10 びょうう 辞

11 瓶酒を地下に保存する。
12 唐王朝が興ったのは戊寅の年だ。
13 英明な儲嗣が後を継いだ。
14 静かな所に幽栖したいものだ。
15 火事の余焔が今も上っている。
16 相手の苦しい立場を諒する。
17 あちらが先生の御令婿だ。
18 皇太后が簾政を行う。
19 日本固有の言葉を倭語という。
20 一段と高まった蛙声がやかましい。

解答

11 へいしゅ
12 ぼいん
13 ちょし 辞
14 ゆうせい
15 よえん
16 りょう
17 れいせい 辞
18 れんせい 辞
19 わご
20 あせい

21 職業に貴賤は無い。
22 目下の吃緊の問題について討議する。
23 林の中に鳥が群棲している。
24 慧悟な弟子に奥義を授けた。
25 孝悌の教えを子供たちに授ける。
26 心臓の鼓動が昂進して苦しい。
27 畠物を即売所に出す。
28 風が止んで海は今油凪だ。
29 妖かしい仕草で酒を勧める。
30 りんごを丸ごと噛る。
31 懐が寒いと気持ちが萎む。
32 御簾を上げて月光を仰いだ。
33 今年の干支は甲子だ。
34 退官して鋤鍬を取る生活を始めた。

21 きせん
22 きっきん
23 ぐんせい
24 けいご
25 こうてい 辞
26 こうしん
27 はたもの はたけもの
28 あぶらなぎ 辞
29 なまめ
30 かじ
31 しぼ
32 みす
33 きのえね
34 すきくわ

35 柾の生垣が目印だ。
36 材木を井桁の形に積む。
37 脱出の機会を窺う。
38 白い衿に清潔感が漂う。
39 御伽噺の絵本をお土産にする。
40 大きな縞鰺が網にかかった。
41 少しの明るさもない常闇の世界だ。
42 丙午に関わる迷信があった。

35 まさき 辞
36 いげた
37 うかが
38 えり
39 おとぎばなし
40 しまあじ
41 とこやみ
42 ひのえうま

意味をCheck!

1 諸彦…多くのすぐれた人。
2 雛孫…幼い孫。
5 造兵廠…兵器を製造する軍の工場。「廠」は工場のこと。
6 猪滞…停滞していること。
8 簸却…箕でふるい分けるように悪い部分を取り除くこと。
10 廟宇…祖先の霊をまつる建物。「霊廟」に同じ。
13 儲嗣…天子や君主の世継ぎ。
17 令婿…他人の娘婿を敬って言う語。

18 簾政…皇太后などが幼帝に代わって御簾の内側で政治を執ること。「垂簾の政」とも言う。
25 孝悌…親に孝行し、長兄には従順にすること。「悌」は年長者によく従う意
28 油凪…海面が油を流したように平らになった状態。
35 柾…海岸近くの山地に自生する常緑低木。葉につやがある。「柾」は国字。

書き取り①

目標時間 20分

1回目 /42

2回目 /42

● 次の傍線部分のカタカナを漢字で記せ。

1 カブキの顔見世興行を見物する。
2 上辺だけコトして知らぬ振りをする。
3 駅近くのコセンキョウを渡る。
4 畑にタイヒをまく。
5 このダイリビナは祖母の代からある。
6 中古品を売ってリザヤを稼ぐ。
7 集金した売上をカイタイする。
8 クジャク石は青緑色の鉱石だ。
9 エンコンによる犯行と断定された。
10 イジめられていた亀を助けた。

解答

1 歌舞伎
2 糊塗 辞
3 跨線橋 辞
4 堆肥
5 内裏雛
6 利鞘 辞
7 拐帯
8 孔雀
9 怨恨
10 苛

11 精巧に作られているがガンサクだ。
12 馬のクツワをとる。
13 背中の痛みにコウヤクを貼る。
14 新鮮な魚介類をサカナに酒を酌む。
15 一頭のシュンメを贈り物にする。
16 台風で川がミズカサを増した。
17 ヌカヅけの床は母から伝わった。
18 三者テイダンで問題は解決に向かった。
19 シャハンの事情により開催を中止する。
20 これにはハツガン物質が含まれている。

解答

11 贋作
12 轡(銜・勒)
13 膏薬
14 肴
15 駿馬 辞
16 水嵩
17 糠漬
18 鼎談 辞
19 這般 辞
20 発癌

☐ **21** 又しても新たな問題に**ホウチャク**した。
☐ **22** 多くの作品が火災で**ウユウ**に帰した。
☐ **23** 歌い終わって拍手**カッサイ**を浴びた。
☐ **24** 工兵が待避**ゴウ**を掘る。
☐ **25** けんかの原因は**ササイ**なことだ。
☐ **26** 進級する生徒を**シュンベツ**する。
☐ **27** 慣れぬ喫煙で**コントウ**する。
☐ **28** 文楽のことを人形**ジョウルリ**ともいう。
☐ **29** 家族そろって**ショクゼン**を囲む。
☐ **30** 梅が一輪ずつ**ホコロ**ぶ。
☐ **31** この庭は**ミズハ**けがよい。
☐ **32** **カサ**張る荷物を両手で抱える。
☐ **33** **ソウボウ**に非常な決心を表す。
☐ **34** 人生を**ト**して事業を始めた。

21	22	23	24	25	26	27	28	29	30	31	32	33	34
逢着 辞	烏有 辞	喝采 喝彩	壕 濠	些細	峻別 辞	昏倒	浄瑠璃 辞	食膳	綻	水捌	嵩	相貌	賭

☐ **35** 人格を**トウヤ**して有用な人材に育つ。
☐ **36** 正しいのは**モチロン**あなただ。
☐ **37** 猫をからかって引っ**カ**かれた。
☐ **38** のどが痛いので**アメ**をなめた。
☐ **39** **キキョウ**な言動で人目をひく。
☐ **40** **キキョウ**の花をスケッチする。
☐ **41** **ヒル**はにんにくの別の名だ。
☐ **42** **ヒル**に血を吸われた。

35	36	37	38	39	40	41	42
陶冶 辞	勿論	掻	飴	奇矯	桔梗	蒜	蛭 辞

意味をCheck!

2 糊塗…表面をとりつくろうこと。
3 跨線橋…鉄道線路の上を横切って架けた橋。
6 利鞘…売り買いによる差益。
15 駿馬…足の速いすぐれた馬。
18 鼎談…三者が向かい合って話をすること。
19 這般…これらの。この種の。
21 逢着…出くわすこと。
22 烏有…何も無いこと。

26 峻別…はっきり厳しく区別をつけること。
28 浄瑠璃…三味線を伴奏とする語り物。元禄時代に竹本義太夫が近松門左衛門と組んで人形浄瑠璃を完成した。
35 陶冶…才能や素質を伸ばし、人格を形成すること。
42 蛭…沼や水田に住み、人や動物の体に吸い付いて血を吸う環形動物。

書き取り②

目標時間 20分

1回目 /42

2回目 /42

● 次の傍線部分の**カタカナ**を**漢字**で記せ。

1 **コッケイ**な話に笑い声が起こった。
2 知人の家に**キグウ**する。
3 鼠小僧は**ギゾク**と言われる。
4 社長のご機嫌とりに**キュウキュウ**としている。
5 演奏者が**ケンバン**に手を置いた。
6 紋付羽織**ハカマ**で正装する。
7 ここでたき火をした**コンセキ**がある。
8 道路に水を**マ**く。
9 **ネラ**い定めて銃を撃つ。
10 いい加減に**アイヅチ**を打つ。

解答
1 滑稽
2 寄寓 辞
3 義賊 辞
4 汲汲 汲々 辞
5 鍵盤
6 袴
7 痕跡 痕蹟(痕迹)
8 撒
9 狙
10 相槌 相鎚

11 危険を察して**ドウクツ**に身を潜めた。
12 三つ**ドモエ**の選挙戦を展開する。
13 この壺は宋代青磁の**ハクビ**と言われる。
14 **ハチミツ**は体によいとされる。
15 仕留めた鹿を**ハクセイ**にする。
16 今も心中に**カットウ**がある。
17 **ケンペイリツ**を割り出す。
18 袖を**マク**り上げて洗濯する。
19 隊長として**センポウ**部隊を指揮した。
20 **コウトウガン**で声を失った。

解答
11 洞窟
12 巴 辞
13 白眉 辞
14 蜂蜜
15 剝製
16 葛藤
17 建蔽率 建坪率 辞
18 捲
19 先鋒
20 喉頭癌

☐ 21 絵画の**シンガン**を見極める。

☐ 22 ドアの**チョウツガイ**がさびている。

☐ 23 もう逆転は無理だと**アキラ**めた。

☐ 24 いちかばちかの**カ**けに出た。

☐ 25 王の墓は**トテツ**もない大きさだ。

☐ 26 **ボダイ**寺は古里にある。

☐ 27 日本最大の**ショウニュウドウ**を見物した。

☐ 28 旧友が遠路**ハルバル**訪ねてきた。

☐ 29 海辺のホテルに**トウリュウ**する。

☐ 30 試合に負けた**ウップン**を晴らす。

☐ 31 **タケベラ**で粉薬を分ける。

☐ 32 敵の城を攻め**アグ**む。

☐ 33 ページを**メク**るごとに新しい発見がある。

☐ 34 文脈をたどって意味を**ホソク**した。

21 真贋
22 蝶番
23 諦
24 賭
25 途轍
26 菩提
27 鍾乳洞
28 遥遥 遥々
29 逗留
30 鬱憤
31 竹篦
32 倦 辞
33 捲
34 捕捉

☐ 35 山道を歩かされて気息**エンエン**だ。

☐ 36 それは**シシ**に鞭うつ行為だ。

☐ 37 遅刻した生徒を**シッセキ**する。

☐ 38 それはこういう時の**ジョウトウ**手段だ。

☐ 39 大安吉日に**カショク**の典を挙げた。

☐ 40 父は**カショク**の才がある。

☐ 41 紙を**ス**く技術を受け継ぐ。

☐ 42 上司の手が**ス**くまで待つ。

35 奄奄（淹淹）
36 死屍 辞
37 叱責
38 常套
39 華燭 花燭
40 貨殖
41 抄漉
42 空

意味をCheck!

2 寄寓…他人の家に一時的に身を寄せること。

3 義賊…金持ちから盗み出した金品を、貧しい人々に分け与える盗賊。

4 汲汲…他を顧みる余裕がなく、一心にせわしなくつとめるさま。

12 巴…うずまき形の模様。「三つ巴」は三者が入り乱れて争うこと。

13 白眉…多くの人の中で最も傑出している人。

17 建蔽率…敷地面積に対し建物が占める割合。

32 倦む…うまくいかずに持て余すこと。

36 死屍…しかばね。「死屍に鞭うつ」はもう亡くなっている人の言動を取り上げて非難攻撃すること。

頻出度 C ランク

四字熟語①

●次の**四字熟語**について、問1～問4に答えよ。

問1 次の**四字熟語**の（1～10）に入る適切な語を下の□の中から選び、**漢字二字**で記せ。

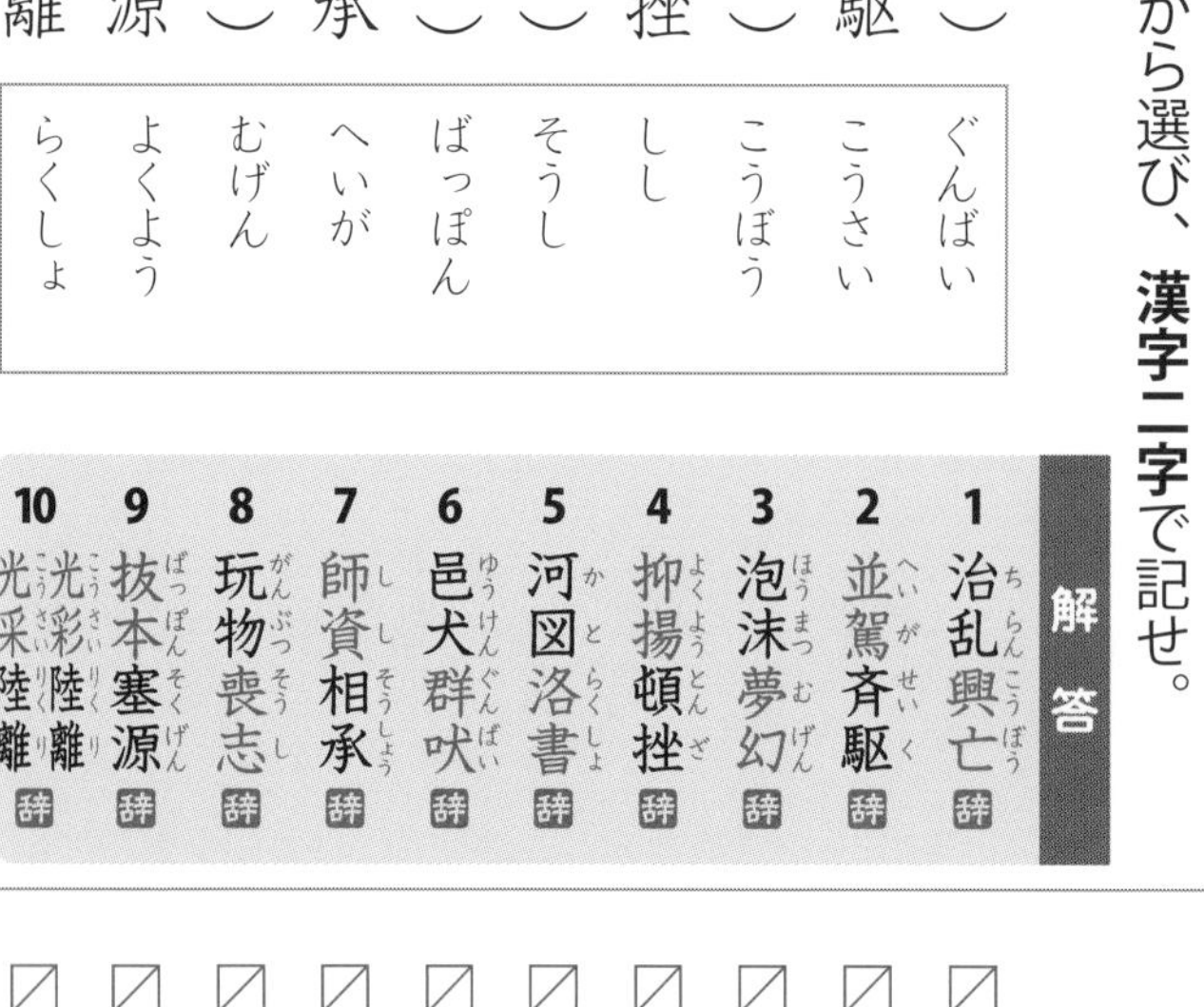

□ 治乱（ 1 ）
□ （ 2 ）斉駆
□ 泡沫（ 3 ）
□ （ 4 ）頓挫
□ 河図（ 5 ）
□ 邑犬（ 6 ）
□ （ 7 ）相承
□ 玩物（ 8 ）
□ （ 9 ）塞源
□ （ 10 ）陸離

ぐんばい　こうさい　こうぼう　しし　そうし　ばっぽん　へいが　むげん　よくよう　らくしょ

解答

1 治乱興亡（ちらんこうぼう）辞
2 並駕斉駆（へいがせいく）辞
3 泡沫夢幻（ほうまつむげん）辞
4 抑揚頓挫（よくようとんざ）辞
5 河図洛書（かとらくしょ）辞
6 邑犬群吠（ゆうけんぐんばい）辞
7 師資相承（ししそうしょう）辞
8 玩物喪志（がんぶつそうし）辞
9 抜本塞源（ばっぽんそくげん）辞
10 光彩陸離（こうさいりくり）光采陸離 辞

問3 次の**四字熟語**の（16～25）に入る適切な語を下の□の中から選び、**漢字二字**で記せ。

□ 論功（ 16 ）
□ 生死（ 17 ）
□ 首鼠（ 18 ）
□ 丁丁（ 19 ）
□ （ 20 ）心猿
□ 白虹（ 21 ）
□ 甜言（ 22 ）
□ （ 23 ）進退
□ （ 24 ）無稽
□ （ 25 ）曲筆

いば　かんじつ　こうしょう　こうとう　じだい　しゅっしょ　はっし　ぶぶん　みつご　りょうたん

解答

16 論功行賞（ろんこうこうしょう）辞
17 生死事大（しょうじじだい）辞
18 首鼠両端（しゅそりょうたん）辞
19 丁丁発止（ちょうちょうはっし）辞
20 意馬心猿（いばしんえん）辞
21 白虹貫日（はっこうかんじつ）辞
22 甜言蜜語（てんげんみつご）辞
23 出処進退（しゅっしょしんたい）辞
24 荒唐無稽（こうとうむけい）辞
25 舞文曲筆（ぶぶんきょくひつ）辞

目標時間 14分

1回目 ／30

2回目 ／30

問2 次の11～15の**解説・意味**にあてはまる四字熟語を後の□から選び、その**傍線部分だけの読み**を**ひらがな**で記せ。

□ **11** 極めて堅固で決して壊れないこと。
□ **12** 穀物が豊かに実ること。
□ **13** 弱者も窮地に立つと思いがけない力を発揮する。
□ **14** 外見は立派だが中身がないこと。
□ **15** 奇才や珍品を探し求めること。

羊質虎皮・一飲一啄・五穀豊穣
窮鼠嚙猫・金剛不壊・慈眉善目
鉄網珊瑚・斗粟尺布

11 ふえ（金剛不壊）
12 ほうじょう（五穀豊穣）
13 ごうびょう（窮鼠嚙猫）
14 こひ（羊質虎皮）
15 さんご（鉄網珊瑚）

問4 次の26～30の**解説・意味**にあてはまる四字熟語を後の□から選び、その**傍線部分だけの読み**を**ひらがな**で記せ。

□ **26** 死体の重なり合う惨状。
□ **27** 月日がはやく過ぎること。
□ **28** あちこちうかがい見ること。
□ **29** 好運に恵まれること。
□ **30** 人材が他国で活用されること。

肥大蕃息・死屍累累・杓子果報
乗輿車駕・楚材晋用・気骨稜稜
烏飛兎走・東窺西望

26 しし（死屍累累）
27 とそう（烏飛兎走）
28 とうき（東窺西望）
29 しゃくし（杓子果報）
30 しんよう（楚材晋用）

意味をCheck!

1 治乱興亡…世の中が治まり盛んになることと乱れて亡ぶこと。
2 並駕斉駆…能力に差がないこと。
3 泡沫夢幻…人生のはかなさのたとえ。
4 抑揚頓挫…言葉の調子を上げ下げしたり、急に勢いを変えたりすること。
5 河図洛書…めったに手に入れることができない図書のこと。

6 邑犬群吠…小人物が、人のうわさなどを盛んに言い合うさま。
7 師資相承…師から弟子へ教えを受け継いでいくこと。
8 玩物喪志…無用のものに熱中して本来の志を失うこと。
9 抜本塞源…災いの原因になるものを取り除くこと。
10 光彩陸離…美しい光がきらきらと乱れ輝くさま。

16 論功行賞…功績の有無や大小を調べ、それに応じた賞を与えること。
17 生死事大…人の世は、無常でうつろいやすいこと。
18 首鼠両端…形勢を窺い、態度を曖昧にしていること。
19 丁丁発止…激しく議論をたたかわしあうさま。
20 意馬心猿…煩悩や妄念のために心が乱れ落ち着かないこと。

21 白虹貫日…兵乱が起こり危難が迫る兆候。
22 甜言蜜語…蜜のように甘く、聞いて快い言葉。
23 出処進退…身のふり方、身の処し方。
24 荒唐無稽…言説に根拠がなく取りとめのないさま。
25 舞文曲筆…ことさらに言葉を飾り、事実を曲げて文章を書くこと。

頻出度 C ランク

四字熟語②

● 次の**四字熟語**について、**問1**～**問4**に答えよ。

目標時間 14分

1回目 /30

2回目 /30

問1 次の**四字熟語**の（1～10）に入る適切な語を下の□の中から選び、**漢字二字**で記せ。

- ☐ （1）煮鶴
- ☐ 眉目（2）
- ☐ 六根（3）
- ☐ （4）革命
- ☐ 宏大（5）
- ☐ （6）保身
- ☐ （7）霧散
- ☐ 純情（8）
- ☐ 因循（9）
- ☐ 羊質（10）

うんしゅう	えきせい	かれん	こそく	こひ	しゅうれい	しょうじょう	ふんきん	むへん	めいてつ

解答

1 焚琴煮鶴（ふんきんしゃかく） 辞
2 眉目秀麗（びもくしゅうれい） 辞
3 六根清浄（ろっこんしょうじょう） 辞
4 易姓革命（えきせいかくめい） 辞
5 宏大無辺（こうだいむへん） 辞
6 明哲保身（めいてつほしん） 辞
7 雲集霧散（うんしゅうむさん） 辞
8 純情可憐（じゅんじょうかれん） 辞
9 因循姑息（いんじゅんこそく） 辞
10 羊質虎皮（ようしつこひ） 辞

問3 次の**四字熟語**の（16～25）に入る適切な語を下の□の中から選び、**漢字二字**で記せ。

- ☐ （16）為楽
- ☐ （17）顛倒
- ☐ （18）零墨
- ☐ （19）俗語
- ☐ 天壌（20）
- ☐ （21）変化
- ☐ （22）尚武
- ☐ （23）進退
- ☐ （24）興亡
- ☐ 眼高（25）

かんり	きょそ	きんけん	じゃくめつ	しゅてい	だんかん	へいだん	ちらん	むきゅう	ようかい

解答

16 寂滅為楽（じゃくめついらく） 辞
17 冠履顛倒（かんりてんとう） 辞
18 断簡零墨（だんかんれいぼく） 辞
19 平談俗語（へいだんぞくご） 辞
20 天壌無窮（てんじょうむきゅう） 辞
21 妖怪変化（ようかいへんげ） 辞
22 勤倹尚武（きんけんしょうぶ） 辞
23 挙措進退（きょそしんたい） 辞
24 治乱興亡（ちらんこうぼう） 辞
25 眼高手低（がんこうしゅてい） 辞

問2 次の11〜15の**解説・意味**にあてはまる四字熟語を後の□から選び、その**傍線部分だけの読み**を**ひらがな**で記せ。

□ **11** 与えんとした害を却って受けること。
□ **12** 美しい女性の形容。
□ **13** 大工等の職人のこと。
□ **14** 時期が過ぎて役に立たないこと。
□ **15** 威張って人を見下すさま。

向天吐唾・曲眉豊頰・景星鳳凰
梓匠輪輿・六菖十菊・壮士凌雲
傲岸不遜・美須豪眉

11 とだ（向天吐唾）
12 ほうきょう（曲眉豊頰）
13 りんよ（梓匠輪輿）
14 りくしょう・ろくしょう（六菖十菊）
15 ごうがん（傲岸不遜）

問4 次の26〜30の**解説・意味**にあてはまる四字熟語を後の□から選び、その**傍線部分だけの読み**を**ひらがな**で記せ。

□ **26** 労力が無駄に費やされ、苦労し甲斐の無いたとえ。
□ **27** 見識の狭いことのたとえ。
□ **28** 世の中が平和であることのたとえ。
□ **29** 問題解決のためには根本原因を除く必要がある。
□ **30** 十分に学問すれば道徳は自然に備わる。

韓海蘇潮・凋氷画脂・管中窺豹
聡明叡智・刑鞭蒲朽・釜底抽薪
水到渠成・教唆煽動

26 ちょうひょう（凋氷画脂）
27 きひょう（管中窺豹）
28 ほきゅう（刑鞭蒲朽）
29 ふてい（釜底抽薪）
30 きょせい（水到渠成）

意味をCheck!

1 **焚琴煮鶴**…殺風景なこと。また、風流でないこと。
2 **眉目秀麗**…男性の容貌が整って美しいこと。
3 **六根清浄**…煩悩を断ち切って心身が清らかになること。
4 **易姓革命**…王朝が交代すること。
5 **宏大無辺**…限りなく広く大きいこと。「宏大」は「広大・洪大」とも書く。

6 **明哲保身**…賢く道理に明るい人は危険を避けて身の安全を保つこと。
7 **雲集霧散**…多くのものが集まったり消え去ったりすること。
8 **純情可憐**…素直で邪心がなく可愛らしいさま。
9 **因循姑息**…旧い習慣を改めようとせず固執すること。
10 **羊質虎皮**…外見は立派でもそれに見合う中身が無いこと。

16 **寂滅為楽**…煩悩から解放された悟りの境地に真の安楽があること。
17 **冠履顚倒**…立場や価値が上下逆さまで秩序が乱れていること。
18 **断簡零墨**…ちょっとした書き物、文書の断片。
19 **平談俗語**…日常会話で使うふつうの言葉。
20 **天壌無窮**…天地とともに永遠に不滅であること。

21 **妖怪変化**…人知を超えた現象を引き起こす化け物。
22 **勤倹尚武**…生活を質素にして、武芸に励むこと。
23 **挙措進退**…立ち居振る舞いや身の処し方。
24 **治乱興亡**…世の中が治まり盛んになることと乱れて亡ぶこと。
25 **眼高手低**…眼は肥えているが実際の能力は低いこと。

四字熟語③

目標時間 14分

1回目 ／30

2回目 ／30

●次の**四字熟語**について、**問1**～**問4**に答えよ。

問1 次の**四字熟語**の（1～10）に入る適切な語を下の□の中から選び、**漢字二字**で記せ。

□（1）自煎
□（2）社鼠
□（3）活剥
□格物（4）
□稲麻（5）
□（6）地久
□円木（7）
□（8）累累
□（9）一斑
□熱願（10）

けいちん　こうか　しし　じょうこ　せいどん　ぜんぴょう　ちくい　ちち　てんちょう　れいてい

解答

1 膏火自煎（こうかじせん） 辞
2 城狐社鼠（じょうこしゃそ） 辞
3 生呑活剥（せいどんかっぱく） 辞
4 格物致知（かくぶつちち） 辞
5 稲麻竹葦（とうまちくい） 辞
6 天長地久（てんちょうちきゅう） 辞
7 円木警枕（えんぼくけいちん） 辞
8 死屍累累（ししるいるい） 辞
9 全豹一斑（ぜんぴょういっぱん） 辞
10 熱願冷諦（ねつがんれいてい） 辞

問3 次の**四字熟語**の（16～25）に入る適切な語を下の□の中から選び、**漢字二字**で記せ。

□錦心（16）
□（17）還郷
□未来（18）
□（19）堅固
□（20）行歩
□（21）名人
□（22）積玉
□一蓮（23）
□知小（24）
□（25）兎走

いきん　うひ　えいごう　けんろう　ざが　しゅうこう　せきし　たいきん　たくしょう　ぼうだい

解答

16 錦心繡口（きんしんしゅうこう） 辞
17 衣錦還郷（いきんかんきょう） 辞
18 未来永劫（みらいえいごう） 辞
19 堅牢堅固（けんろうけんご） 辞
20 坐臥行歩（ざがこうほ）／座臥行歩 辞
21 碩師名人（せきしめいじん） 辞
22 堆金積玉（たいきんせきぎょく） 辞
23 一蓮托生（いちれんたくしょう） 辞
24 知小謀大（ちしょうぼうだい） 辞
25 烏飛兎走（うひとそう） 辞

問2 次の11～15の**解説・意味**にあてはまる四字熟語を後の□から選び、その**傍線部分だけの読み**を**ひらがな**で記せ。

☐ **11** 高潔の士は節操を変えないことのたとえ。

☐ **12** 自ら災いを招くたとえ。

☐ **13** 地位や賢愚の差が非常に大きいこと。

☐ **14** 意志がしっかりして動じないこと。

☐ **15** 小人が得意気に威張りわめくたとえ。

> 鳴蟬潔飢・開門揖盗・積水成淵
> 雲竜井蛙・確乎不抜・傭書自資
> 鶏鳴狗盗・瓦釜雷鳴

11 めいせん（鳴蟬潔飢（めいせんけっき））
12 ゆうとう（開門揖盗（かいもんゆうとう））
13 せいあ（雲竜井蛙（うんりゅうせいあ））
14 かっこ（確乎不抜（かっこふばつ））
15 がふ（瓦釜雷鳴（がふらいめい））

問4 次の26～30の**解説・意味**にあてはまる四字熟語を後の□から選び、その**傍線部分だけの読み**を**ひらがな**で記せ。

☐ **26** 指物師や大工、車職人のこと。

☐ **27** 悲しみに涙が止めどなく流れるさま。

☐ **28** 逃すことのできない絶好の機会。

☐ **29** 取り止めがなく当てにならないたとえ。

☐ **30** 稲やキビなどが勢いよく生長するさま。

> 胡説乱道・口角飛沫・梓匠輪輿
> 泣血漣如・啐啄同時・繫風捕影
> 禾黍油油・蒲柳之質

26 ししょう（梓匠輪輿（ししょうりんよ））
27 れんじょ（泣血漣如（きゅうけつれんじょ））
28 そったく（啐啄同時（そったくどうじ））
29 けいふう（繫風捕影（けいふうほえい））
30 かしょ（禾黍油油（かしょゆうゆう））

意味をCheck!

1 膏火自煎…財産や才能があるがために、却って身を滅ぼすこと。
2 城狐社鼠…君主や権力者の陰に隠れて悪事を働く者。
3 生呑活剝…他人の詩や文章などをそのまま盗用すること。
4 格物致知…物事の本質をつきつめて理解し、知識を深めること。
5 稲麻竹葦…たくさんの人や物が入り乱れて群がっていること。また、何重にも囲まれていること。
6 天長地久…天地は永遠で尽きることがないこと。
7 円木警枕…苦労をいとわず勉学に励むたとえ。
8 死屍累累…多くの死体が重なりあっているむごたらしいさま。
9 全豹一斑…物事の一部を見ただけで、全体を推測したり批評したりすること。
10 熱願冷諦…熱心に願うことと冷静に本質を見つめること。
16 錦心繡口…詩文の才能に優れていることを称えていう。
17 衣錦還郷…立身出世して故郷に帰ること。
18 未来永劫…この先はるかに長く。
19 堅牢堅固…かたくてじょうぶなこと。じょうぶで動じたり破られたりしないこと。
20 坐臥行歩…立ち居振る舞いをいう。
21 碩師名人…大学者や名声の高い人。また、徳を備え人望のある人。
22 堆金積玉…非常に多くの富を集めること。
23 一蓮托生…事の善悪にかかわらず、行動や運命を共にすること。
24 知小謀大…力もないのに大きなことを企てること。
25 烏飛兎走…月日が速く過ぎること。

頻出度 C ランク

四字熟語④

目標時間 14分

1回目 /30

2回目 /30

● 次の**四字熟語**について、**問1**～**問4**に答えよ。

問1 次の**四字熟語**の（1～10）に入る適切な語を下の□の中から選び、**漢字二字**で記せ。

□ 美酒（1）
□ （2）鳳雛
□ （3）事定
□ 推本（4）
□ 中原（5）
□ 唇歯（6）
□ （7）相制
□ （8）沈魚
□ 挙措（9）
□ 牽衣（10）

がいかん　かこう　がりょう　けんが　しんたい　そげん　ちくろく　とんそく　ほしゃ　らくがん

解答

1 美酒佳肴（びしゅかこう）辞
2 臥竜鳳雛（がりょうほうすう）辞
3 蓋棺事定（がいかんじてい）辞
4 推本溯源（すいほんそげん）辞
5 中原逐鹿（ちゅうげんちくろく）辞
6 唇歯輔車（しんしほしゃ）辞
7 犬牙相制（けんがそうせい）辞
8 落雁沈魚（らくがんちんぎょ）辞
9 挙措進退（きょそしんたい）辞
10 牽衣頓足（けんいとんそく）辞

問3 次の**四字熟語**の（16～25）に入る適切な語を下の□の中から選び、**漢字二字**で記せ。

□ 党同（16）
□ （17）以徳
□ （18）盗鐘
□ 山河（19）
□ （20）雲客
□ （21）佳人
□ （22）寸長
□ 捧腹（23）
□ （24）奄奄
□ （25）錯節

えんじ　きそく　きんたい　げっけい　さいし　せきたん　ぜっとう　ばつい　ばんこん　ほうえん

解答

16 党同伐異（とうどうばつい）辞
17 報怨以徳（ほうえんいとく）辞
18 掩耳盗鐘（えんじとうしょう）辞
19 山河襟帯（さんがきんたい）辞
20 月卿雲客（げっけいうんかく）辞
21 才子佳人（さいしかじん）辞
22 尺短寸長（せきたんすんちょう）辞
23 捧腹絶倒（ほうふくぜっとう）辞
24 気息奄奄（きそくえんえん）辞
25 盤根錯節（ばんこんさくせつ）辞

問2 次の11～15の**解説・意味**にあてはまる四字熟語を後の□から選び、その**傍線部分だけの読み**を**ひらがな**で記せ。

☐ **11** 人間業を超えたすぐれた技術や作品。

☐ **12** 敵の矛先をくじき、あなどりを防ぐこと。

☐ **13** 自在に弁舌をふるうこと。

☐ **14** 建物などの造営が頻繁なこと。

☐ **15** 根本をつかみ末節には拘らないこと。

鬼斧神工・黄茅白葦・折衝禦侮
横説竪説・朝穿暮塞・高軒寵過
平沙万里・鋼挙網疏

11 きふ（鬼斧神工（きふしんこう））
12 ぎょぶ（折衝禦侮（せっしょうぎょぶ））
13 じゅせつ（横説竪説（おうせつじゅせつ））
14 ちょうせん（朝穿暮塞（ちょうせんぼそく））
15 もうそ（鋼挙網疏（こうきょもうそ））

問4 次の26～30の**解説・意味**にあてはまる四字熟語を後の□から選び、その**傍線部分だけの読み**を**ひらがな**で記せ。

☐ **26** 形だけで実際には役に立たない。

☐ **27** 世俗を超越した悟りの境地。

☐ **28** 極楽往生を願うこと。

☐ **29** 学識がなく無礼な者のこと。

☐ **30** 天下泰平の世のこと。

陶犬瓦鶏・麟鳳亀竜・支葉碩茂
烏鳥私情・枯木寒巌・欣求浄土・
馬牛襟裾・舜日尭年

26 がけい（陶犬瓦鶏（とうけんがけい））
27 かんがん（枯木寒巌（こぼくかんがん））
28 ごんぐ（欣求浄土（ごんぐじょうど））
29 きんきょ（馬牛襟裾（ばぎゅうきんきょ））
30 しゅんじつ（舜日尭年（しゅんじつぎょうねん））

意味をCheck!

1 美酒佳肴…美味い酒と、美味い肴。

2 臥竜鳳雛…才能がありながら機会に恵まれず実力を発揮できない者のこと。「竜」は「りゅう」とも読む。

3 蓋棺事定…生前の評価は当てにならず、棺に入りふたをして初めて本当の値打ちが決まる。

4 推本遡源…物事の根源を考え、そのすべてを知ろうとする。

5 中原逐鹿…帝位・政権の争奪戦。

6 唇歯輔車…互いに助け合うことで成り立つ関係のこと。

7 犬牙相制…犬の牙のように入り組んだ国境で互いに牽制し合うこと。

8 落雁沈魚…美人の形容。

9 挙措進退…立ち居振舞い。仕草。

10 牽衣頓足…別れを惜しむこと。

16 党同伐異…事の善悪にかかわらず仲間に味方して敵を攻撃すること。

17 報怨以徳…受けた恨みに恩徳を以て報いること。

18 掩耳盗鐘…自分で自分を欺くたとえ。

19 山河襟帯…襟のように山が囲み、帯のように河が流れる自然の要害。

20 月卿雲客…公卿や殿上人のこと。高位高官。

21 才子佳人…才能あふれる男と、美人の誉れ高い女。理想的な男女。

22 尺短寸長…優れた人にも劣ったところはあり、劣った人にも優れたところはある。

23 捧腹絶倒…腹をかかえて笑い転げること。

24 気息奄奄…息も絶え絶えで今にも死にそうなさま。

25 盤根錯節…複雑に入り組んで、解決しづらいこと。また、ある勢力がはびこり排除しがたいこと。

故事・諺①

目標時間 12分

1回目 /24

2回目 /24

● 次の故事・成語・諺の**カタカナ**の部分を**漢字**で記せ。

☐ 1 **ヤブ**をつついて蛇を出す。

☐ 2 濡れ手で**アワ**。

☐ 3 禽鳥百を数うると雖(いえど)も**イッカク**に如かず。

☐ 4 文章は経国の大業にして不朽の**セイジ**なり。

☐ 5 **キコ**の勢い。

☐ 6 霜を履んで**ケンピョウ**至る。

☐ 7 **ジジョ**の交わりを結ぶ。

☐ 8 **タクアン**のおもしに茶袋。

解答

1 藪
2 粟
3 一鶴 辞
4 盛事 辞
5 騎虎
6 堅氷 辞
7 爾汝 辞
8 沢庵 辞

☐ 9 車を借る者は之を**ハ**せ、衣を借る者は之を被(き)る。

☐ 10 秋の日は**ツルベ**落とし。

☐ 11 **ヒゲ**も自慢のうち。

☐ 12 **クラ**掛け馬の稽古。

☐ 13 **イソ**のあわびの片思い。

☐ 14 **エイジ**の貝を以て巨海を測る。

☐ 15 **コケ**の後思案。

☐ 16 敷居を**マタ**げば七人の敵あり。

☐ 17 匕首(あいくち)に**ツバ**を打ったよう。

解答

9 馳(駛・騁) 辞
10 釣瓶
11 卑下 辞
12 鞍 辞
13 磯
14 嬰児
15 虚仮 辞
16 跨
17 鍔(鐔) 辞

□ **18** シンエンに臨んで薄氷をふむが如し。

□ **19** 猩猩（しょうじょう）は血を惜しむ、サイは角を惜しむ、日本の武士は名を惜しむ。

□ **20** 尾をトチュウに曳く。

18	19	20
深淵 辞	犀 辞	塗中 辞

□ **21** 鍋釜がニギわう。

□ **22** ロギョの誤り。

□ **23** カンジンの前には機巧を言うことなかれ。

□ **24** セッタの裏に灸。

21	22	23	24
賑（殷） 辞	魯魚	姦（奸）人 辞	雪駄

意味をCheck!

3 禽鳥百を数うると雖も一鶴に如かず…大勢で意見を言い合うより、リーダー的存在の一言が決め手になるたとえ。「雀の千声、鶴の一声」に同じ。

4 文章は経国の大業にして不朽の盛事なり…「文章」、すなわち文学を重視したことば。文学は国を治めることと同様の大事業であり、後世へ受け継がれる盛大な仕事である。

6 霜を履んで堅氷至る…霜を踏んで歩くようになると、やがて堅い氷が張るように、災難は微小な状態から徐々に大きくなるので、前兆を知ったら慎重に備えよということ。

7 爾汝の交わりを結ぶ…「爾」「汝」は共に「なんじ」。気軽に「おまえ」「きさま」と呼び合う親しい交際をすること。

8 沢庵のおもしに茶袋…沢庵漬けのおもしに軽い茶袋を使っても効果がないことから、少しも効果がないことのたとえ。

9 車を借る者は之を馳せ、衣を借る者は之を被る…人から借りた物は、つい思うがままに使用してしまい、取り扱いが乱暴になる傾向があるということ。「被る」は着ること。

11 卑下も自慢のうち…うわべはいかにも謙遜しているふうを装い、そのことを美徳にすりかえて、結局は人を羨ましがらせるような話し方をすること。

12 鞍掛け馬の稽古…「鞍掛け馬」は木馬。実際には役に立たない、むだな修練のこと。

15 虚仮の後思案…愚かな者は必要なときに知恵を出さず、後になって、もう役に立たないことを思い付くということ。

17 匕首に鍔を打ったよう…「匕首」は本来つばの無い短刀。不似合い、不調和のたとえ。

18 深淵に臨んで薄氷をふむが如し…深い淵をのぞき込むときのように、また、薄い氷を踏むときのように、おそれ慎むたとえ。また、非常に危険な状態にあることのたとえ。

19 猩猩は血を惜しむ、犀は角を惜しむ、日本の武士は名を惜しむ…何物にも大事に守るべきものがあるということ。猩猩は伝説上の動物で、その血で染めた赤色を猩猩緋（しょうじょうひ）という。犀の角は粉末にして解熱剤に用いる。

20 尾を塗中に曳く…仕官をして自由を束縛されるより、貧しくとも気ままに暮らすほうがよいことのたとえ。「塗」は泥の意。人を亀にたとえた場合、亀卜に使われて甲羅を神聖視されるより、尾を泥の中に引きずりながら自由に生きていたほうがよいということ。

21 鍋釜が賑わう…生活の豊かさを表したことば。

23 姦人の前には機巧を言うことなかれ…「機巧」はたくらみ、はかりごと。心のねじけた悪賢い人の前で、大事な計画や計略は口にするなという戒め。

24 雪駄の裏に灸…長居の客を早く帰らせるためのまじない。

故事・諺②

●次の故事・成語・諺の**カタカナ**の部分を**漢字**で記せ。

1 未だ覚めず**チトウ**春草の夢、階前の梧葉已(すで)に秋声。
2 虎に翼、獅子に**ヒレ**。
3 **ボタン**に唐獅子、竹に虎。
4 六親和せずして**コウジ**有り。
5 薬の**ヤイト**は身に熱く、毒な酒は甘い。
6 **テンキ**洩漏すべからず。
7 **トンビ**に油揚げをさらわれる。
8 酒は天の**ビロク**。

解答

1 池塘 辞
2 鰭 辞
3 牡丹
4 孝慈 辞
5 灸 辞
6 天機 辞
7 鳶
8 美禄 辞

9 **リョウジョウ**の君子。
10 網**ドンシュウ**の魚を漏らす。
11 **ウリ**の蔓に茄子はならぬ。
12 **コイ**の滝登り。
13 **タイカン**は忠に似たり。
14 両**テンビン**を掛ける。
15 **ズキン**と見せて頬かぶり。
16 **ヤミヨ**に烏、雪に鷺。
17 **コウセン**の路上老少無し。
18 湯の**ジギ**は水になる。

解答

9 梁上 辞
10 呑舟 辞
11 瓜
12 鯉
13 大(奸)姦 辞
14 天秤
15 頭巾 辞
16 闇夜
17 黄泉 辞
18 辞儀 辞宜 辞

☐ 19 傘と**チョウチン**は戻らぬつもりで貸せ。

☐ 20 **マリ**と手と歌は公家の業。

☐ 21 **ウミ**の出る目に気遣いなし。

☐ 22 飛鳥尽きて**リョウキュウ**蔵る。

19 提灯・挑灯
20 鞠(毬) 辞
21 膿
22 良弓 辞

☐ 23 **アリ**の思いも天に届く。

☐ 24 文章は**ケイコク**の大業、不朽の盛事。

☐ 25 朝に**コウガン**ありて夕べに白骨となる。

23 蟻 辞
24 経国
25 紅顔 辞

意味をCheck!

1 **未だ覚めず池塘春草の夢、階前の梧葉已に秋声**…時の移ろい、若い時代のはかなさのたとえ。

2 **虎に翼、獅子に鰭**…もともと実力のある者に、さらに強い力が加わること。

4 **六親和せずして孝慈有り**…一家が不和だからこそ、孝心だの慈愛だのが取り沙汰されるようになる。孝行や慈愛を徳目に掲げた儒家思想に対する老子の批判の言葉。「六親」は父母・兄弟・妻子など。

5 **薬の灸は身に熱く、毒な酒は甘い**…体によい灸は熱いが、毒になる酒はうまいように、ためになる忠言は聞きにくく、甘言は耳に快い。

6 **天機洩漏すべからず**…「天機」は天の機密。転じて、重要な機密。重要な機密事項は絶対に人に話してはいけない。

8 **酒は天の美禄**…酒は天が与えたすばらしい贈り物である。酒を賛美する言葉。

9 **梁上の君子**…泥棒のこと。悪習により、人は盗みを働くようにもなるのだから、自分を励まして努力しなければいけないと戒めたという故事から。

10 **網呑舟の魚を漏らす**…緩やかな法律のたとえ。漢王朝が興ると前の秦王朝の厳しい法律を廃したので、法の網の目は船を丸呑みする大魚を逃がすほどの緩やかさになったが、政治のやり方はよい方向に進んでいったと言われる。

13 **大姦は忠に似たり**…「大姦」は大悪人。大悪人は本心を隠し誠実そうにふるまうので、忠義の人に見える。表面的なものに惑わされてはいけないという戒め。

15 **頭巾と見せて頰かぶり**…頭巾をかぶっているつもりでも、頰かぶりにしか見えないことから、うわべは体裁を整えていても、内実が伴っていないさま。

17 **黄泉の路上老少無し**…「黄泉」は死後の世界。あの世への道を行く者に、老人・若者の区別はない。死は年齢に関係なく、誰のもとにもやってくるということ。

18 **湯の辞儀は水になる**…遠慮するのも、時と場合によりけりというたとえ。入浴を遠慮して譲り合っていると、せっかく沸かした湯が水になってしまうことから。

20 **鞠と手と歌は公家の業**…蹴鞠、書道、和歌の三つは、公家が身につけていなければならない素養であるということ。

22 **飛鳥尽きて良弓蔵る**…利用価値がある間は大切にされるが、無用となると捨てられてしまうこと。また、敵国が滅びると、功労者の忠臣も、もう必要ないとされ殺されてしまうこと。

23 **蟻の思いも天に届く**…微小な者でも一心に祈れば、その祈りは天に届き、天の神に聞き届けられるということ。

25 **朝に紅顔ありて夕べに白骨となる**…朝には血色のよい顔色をしていた若者も、夕方には死んで白骨となる。この世の無常、また、人生のはかなさのたとえ。

文章題①

● 文章中の傍線（1〜10）の**カタカナ**を**漢字**に直し、波線（ア〜コ）の**漢字**の**読み**を**ひらがな**で記せ。

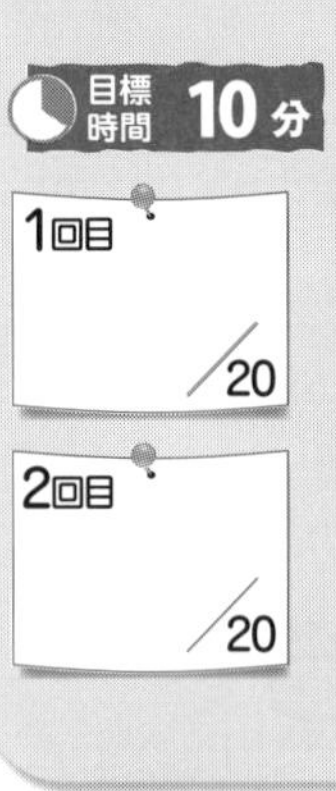

A

青年は一週間程経って又来た。今度は自分の作った原稿を携えていた。余り佳く出来ていなかったから、遠慮なく其の旨を話すと、書き直して見ましょうと云って持って帰った。帰ってから一週間の後、又原稿を懐にして来た。斯様[ア]にして彼は来る度ごとに、書いたものを何か置いて行かない事はなかった。中には三冊続きの大作さえあった。然しそれは尤も不出来なものであった。自分は彼の手に成ったもののうちで、尤も傑[イ]れたと思われるのを、一二度雑誌へ周旋した事がある。けれども、それは、ただ編輯[ウ]者の御情けで誌上にあらわれた丈で、一銭の稿料にもならなかったらしい。自分が彼の生活難を耳にしたのは此の時である。彼はこれから文を売って口を**ノリ**[1]する積もりだと云っていた。

或る時妙なものを持って来て呉れた。菊の花を乾[エ]して、薄い海苔の様に一枚一枚に堅めたものである。精進の畳鰯[オ]だと云って、居合わせた甲子(注)が、早速浸しものに湯がいて、箸を下しながら、酒を飲んだ。それから、**スズラン**[2]の造花を一枝持って来て呉れた事もある。妹が拵(こしら)えたんだと云って、指の股で、枝の心になっている針金をぐるぐる廻転さしていた。

（夏目漱石「永日小品」より）

(注)甲子…ある男、また、某(なにがし)の意。

解答と解説

1 糊（「口を糊する」は生計を立てること。）
2 鈴蘭
3 辿
4 梢
5 塵
6 蝶
7 詫（侘・佗）（「侘・佗」は1級用漢字）
8 瓢箪

B

日は西の山に落ちかかりて花の下道**3タド**りけるに、両側の桜は**4コズエ**を交えて天織るが如く、一帯の白雲凝って更に動かぬに、寒からぬ雪のひらひらと散りて**5チリ**に汚れし草鞋(わらんじ)を撲(う)てど消えもせず流れもあえず、余香は衣に薫じて**6チョウ**の行く春を惜しむも床し。夕陽のやや沈みかかりて千葩(せんば)万葩(ばんば)を照らすにつれ、花の光るかと疑われて長途の疲れも忘れたり。此処を何処と名に呼ぶにやと案内顔する水蔭(注1)に問えば、カ渠は写生せんとして下したる筆を止め、一目千本とは此処なり、貞室(注2)がこれはこれは、知紀(注3)が霞の奥は知らねどもと口吟(くちずさ)みたるも此処の事を詠みたるなりと。一同喜び勇みて大橋を渡り金の鳥居を入りて佐古屋に至れば、紅葉(注4)早くも此処に着きて二時間余も待ち**7ワ**びたりと言う。(中略)紅葉は山駕籠に揺られて花を仰いで眺め、厮(こもの)は**8ヒョウタン**と緋毛氈(ひもうせん)を肩にして附き添い行き、桜の樹(こ)の間をキ潜る様は師宣が遊山の図にも似たり。後より続く一同は脇指ささぬ元禄ク奴の脚絆(きゃはん)掛けたるも可笑し。寺に着けば、青草の上に毛氈(もうせん)を敷き、山海の珍味を**9ウズタカ**き迄陳(なら)べケ列ねて且つ呑み且つ食らい、蔵王堂の森を遥かに見渡せば、朱塗りの**10ガラン**高く聳(そび)えて、青緑の山、後ろをめぐり、釈迦ケ岳、東に峙(そばだ)ちて、雲半嶺を徘徊(はいかい)す。二株三株の山桜は彼方のコ渓間、向こうの峰に今を盛りと咲き乱れて、去年に変わらぬ色を見せたり。

(大橋乙羽「千山万水」より)

(注1)水蔭…江見水蔭(えみすいいん)。明治二年生まれの小説家、翻訳家、編集者、また冒険家。
(注2)貞室…安原貞室(やすはらていしつ)。江戸前期の俳人。
(注3)知紀…八田知紀(はったとものり)。江戸末期～明治初期の鹿児島藩士、歌人。
(注4)紅葉…尾崎紅葉(おざきこうよう)。「金色夜叉」等の作者。文学結社、硯友社(けんゆうしゃ)をつくり、明治時代の文壇に支配的な力を持った。

9 堆
10 伽藍
ア かよう
イ すぐ
ウ へんしゅうしゃ
エ ほ
オ たたみいわし
カ かれ
キ くぐ
ク やっこ
ケ つら
コ たにあい・たにま

文章題②

●文章中の傍線（1～10）の**カタカナ**を**漢字**に直し、波線（ア～コ）の**漢字**の**読み**を**ひらがな**で記せ。

A

松陰は死に向かいて奔〔ア〕れり。然れども吾人の観察は、容易に彼を死の手に渡す能わず。局面打破は、彼が畢生〔イ〕の経綸（けいりん）なりき。果たして然らば彼は此の経綸に孤負〔ウ〕せざる手腕と性行とを具有したるか。手腕はイサ知らず、性行に到りては、優に此れを有す。然り、彼は実に革命の健児也。（中略）心怒りて目**ヒラメ**〔1〕き、情悲しんで涙落つ、思うは則ち動く也。若〔エ〕し此の原則をして、社会の狂濤〔オ〕たる革命に適用するを得ば、心理的の革命、中に勃興して、事実的革命外に発作する也。而して二者の関係、電僅かにヒラメけば、雷乍〔カ〕ち**トドロ**〔2〕くが如く、霎時（しょうじ）に并（なら）び発するあり。或いは肥料を植物に施したるが如く、其の効験容易に察す可からざるものあり。惟〔キ〕うに革命の預言者なるものは、則ち此の心理的革命の打撃者にして、彼等が事実的革命に於ける関係は、取りも直さず、理想と事実との関係を以て説明するを得可し。

（徳富蘇峰「吉田松陰」より）

B

「村田君と共に李人傑氏を訪う。李氏は年未だ二十八歳、信条よりすれば社会主義者、上海に於ける「若き支那」を代表すべき一人なり。途上電車の窓より、青青たる街路の樹、既に夏を迎えたるを見る。天陰、稀に日色あり。風吹けども塵を揚げず。」

解答と解説

1 閃
2 轟
3 蕪雑
4 葡萄
5 林檎
6 頗
7 恰・宛
8 強靱

これは李氏を訪ねた後、書き留めて置いた手控えである。今手帳をあけて見ると、走り書きにした鉛筆の字が、消えかかったのも少なくない。文章は勿論[3]**ブザツ**である。が、当時の心もちは、或いはそのブザツな所に、[ク]反ってはっきり出ているかも知れない。

「僮(どう)あり、直ちに予等を引いて応接室に到る。長方形の卓一、洋風の椅子二三、卓上に盤あり。陶製の果物を盛る。この梨、この[4]**ブドウ**、この[5]**リンゴ**、――この拙き自然の[ケ]摸倣以外に、一も目を慰むべき装飾なし。然れども室に塵埃(じんあい)を見ず。簡素の気に満てるは愉快なり。

「数分の後、李人傑氏来る。氏は小づくりの青年なり。やや長き髪。細面。血色は余り宜しからず。才気ある眼。小さき手。態度は[6]**スコブ**る真摯なり。その真摯は同時に又、鋭敏なる神経を想察せしむ。刹那の印象は悪しからず。[7]**アタカ**も細且つ[8]**キョウジン**なる時計の弾機(ぜんまい)に触れしが如し。卓を隔てて予と相対す。氏は[9]**ネズミ**色の大掛児(タアクワル)を着たり。」

李氏は東京の大学にいたから、日本語は[10]**リュウチョウ**を極めている。殊に面倒な理窟なども、はっきり相手に会得させる事は、私の日本語より上かも知れない。それから手控えには書いていないが、我我の通った応接室は、二階の[コ]梯子が部屋の隅へ、じかに根を下ろした構造だった。その為に梯子を下って来ると、まず御客には足が見える。

（芥川龍之介「上海游記」より）

9 鼠
10 流暢
ア はし
イ ひっせい（一生をかけた重大事を形容する語）
ウ こふ（そむくこと）
エ も
オ きょうとう
カ たちま
キ おも
ク かえ
ケ もほう
コ はしご

文章題③

●文章中の傍線（1〜10）の**カタカナ**を**漢字**に直し、波線（ア〜コ）の**漢字**の**読み**を**ひらがな**で記せ。

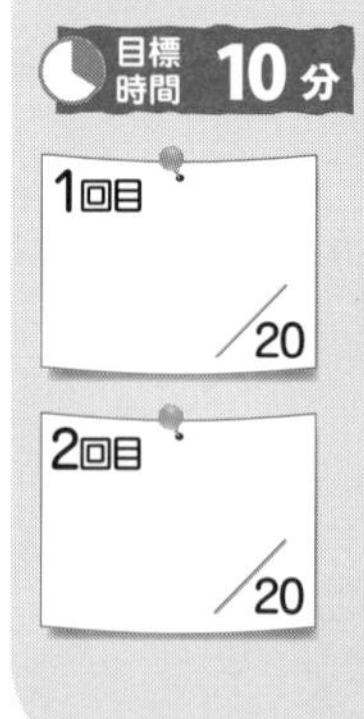

A

屋根では雨が一調子下げた馬鹿囃子（ばかばやし）をたたいて居る。冬の夜中に田舎で聞く[1]**タヌキ**囃子に似ている調子だ。ぬるい寒さが[ア]毛孔からぞっと身体に染み込んだ。僕の足は無意識に其処ら中を歩きまわる。眼は見えるが何だか別世界へ来た様で物が本当に解らない。[2]**カラジシ**の様な犬が誰かを見て[3]**ホ**えていると、其の岩の後ろの方で、[4]**アメ**細工の様に綺麗（きれい）な女が鏡を見ている。（中略）人が二三人立っている所を見ると、僕が小学校に通っていた頃、絵双紙屋の店頭で見かけた様な元禄風の女が何かして居る。桃色の点がぽつぽつ附いて居る。暗い室から次の室を見ると見張女の一人が[イ]朋輩の髪に櫛を入れてやっている。

（高村光太郎「第三回文部省展覧会の最後の一瞥」より）

B

日本の政客が、英国の政党政治を理想的黄金界となし、極力之に向かいて[ウ]趨りつつあるに反し、英国の識者は、却って日本の現状を以て最も国民的有効力を発揮し得るものとなし、[エ]頻りに之を[5]**キンボ**しつつあるは、如何にも面白き反照として、識者の批評眼に映ぜずんばあらず。[6]**コトワザ**に隣家の苦菜と云えり。そは吾が家の[7]**テンサイ**よりも、隣家の苦菜を以て甘しとするは、人情の常なるを云う也。古人の[オ]所謂我が家鶏を捨てて他の野鶩（やぼく）を求むるもの、是のみ。されば日英両国の論

解答と解説

1 狸
2 唐獅子
3 吠
4 飴
5 欽慕
6 諺
7 甜菜（サトウダイコンのこと）
8 晩餐

者が、互いに自国の短を棄てて、他国の長を採らんとするは、尤もの次第也。但問題は、自国の短は果たして短なる乎、他国の長は果たして長なる乎にあり。吾人は須らく公平にして、精明なる批判を俟たざる可からず。

（徳富蘇峰「時務一家言」より）

C

予ら寓処にありて**バンサン**を終え、例によりて公使館守備として出かけしに、途にて公使館よりの特使に出会い、今夜八時半、西公使より一同に達せらるべき次第あり、同刻集合せよとの旨を伝えらる。何事にやあらんと、とりどりに**ウワサ**しつつ公使館に行けば、人々みな心配顔して、相前後して集まりきたりぬ。やがて時刻となれば、館員もわれわれも、一同公使館大広間に集いしに、公使は、今日支那政府より各国公使にあて、今日午後四時より二十四時間内に当地を引揚げよといいきたりしにつき、急に公使会議を開き、ただちに第一、時間を延長すること、第二、乗車（乗用の車）、荷車などの供給のこと、第三、支那政府よりいいきたりし沿道保護については、総理衙門大臣数人の同行、および北京に向かいて進みつつある外国兵に向け、総理衙門より**ツウチョウ**を発し、至急入京せしめ、そのうえにて一同出発すべきことを照会し、（中略）すでに照会を発したり。

（服部宇之吉「北京籠城日記」より）

9 噂
10 通牒（通知する書面）
ア けあな
イ ほうばい
ウ はし
エ しき
オ いわゆる
カ もっと
キ か・や
ク すべか（以下のことが最も必要だということ）
ケ ぐうしょ（仮住まい）
コ みち

文章題④

● 文章中の傍線（1～10）の**カタカナ**を**漢字**に直し、波線（ア～コ）の**漢字**の**読み**を**ひらがな**で記せ。

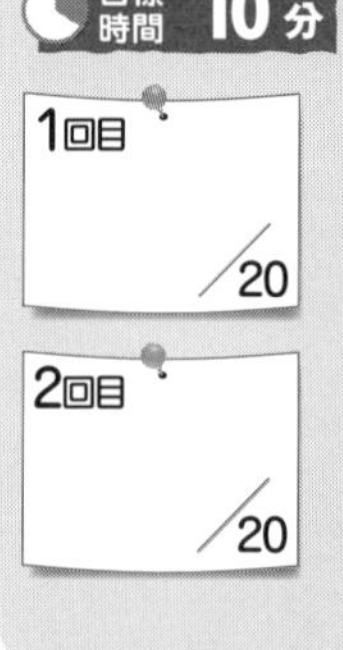

A　初め一概に野卑滑稽としか映らなかった胡地の風俗が、しかし、その地の実際の風土・気候等を背景として考えて見ると決して野卑でも不合理でもないことが、次第に李陵にのみこめて来た。（中略）

曾て先代の且鞮侯単于（そていこうぜんう）の言った言葉を李陵は憶[ア]えている。漢の人間が二言目には、己が国を礼儀の国と言い、匈奴（きょうど）の行を以て**キンジュウ**[1]に近いと見做（みな）すことを難じて、単于は言った。漢人のいう礼儀とは何ぞ？　醜いことを表面だけ美しく飾り立てる虚飾の謂[イ]ではないか。利を好み人を**ネタ**[2]むこと、漢人と胡人と何れ[ウ]か甚だしき？　色に**フケ**[3]り財を貪ること、又何れか甚だしき？　表べ（うわ）を剝ぎ去れば畢竟（ひっきょう）何等の違いはない**ハズ**[4]。ただ漢人は之をごまかし飾ることを知り、我々はそれを知らぬだけだ、と。

（中島敦「李陵」より）

B　地蔵様が欲しいと云ってたら、甲州街道の植木なぞ扱う男が、荷車にのせて来て、庭の三本松の蔭に南向きに据えてくれた。八王子の在、高尾山下浅川附近の古い由緒ある農家の墓地から買って来た六地蔵の一体だと云う。眼を半眼に開いて、合掌してござる。近頃出来の頭の小さい軽薄な地

解答と解説

1 禽獣
2 嫉・妬
3 耽
4 筈
5 一瞥
6 甥
7 干支
8 湛

蔵に比すれば、頭が余程大きく、曲眉[エ]豊頬ゆったりとした柔和の相好、少しも近代生活の齷齪(あくせく)したさまがなく、大分ふるいものと見えて日苔が真白について居る。惜しいことには、鼻の一部と唇の一部にホンの少しばかり欠けがあるが、情の中に何処か可笑味(おかしみ)を添えて、却って趣をなすと云わば云われる。台石の横側に、〇永四歳[オ]丁酉十月二日と彫ってある。最初[5]イチベツして寛永と見たが、見直すと寿永に見えた。寿永では古い、平家没落の頃だ。寿永だ、寿永だ、寿永にして[カ]措け、と寿永で納まって居ると、ある時好古癖の[6]オイが来て、寿永じゃありません宝永ですと云うた。云われて見ると成程宝永だ。暦を繰ると、[7]エトも合って居る。そこで地蔵様の年齢も五百年あまり若くなった。（中略）地蔵様は[キ]忍辱の笑貌(えがお)を少しも崩さず、堅固に合掌してござる。地蔵様を持って来た時、植木屋が石の香炉を持って来て前に据えてくれた。朝々其れに清水を[8]タタえて置く。近在を駈け廻って帰ったデカやピン（注・犬の名）が喘(あえ)ぎ喘ぎ来ては、焦がれた舌で大きな音をさせて其の水を飲む。雀や[ク]四十雀や頬白が時々来ては、あたりを[ケ]覗って香炉の水にぼちゃぼちゃ行水をやる。時々は家の主も[9]ウリの種なぞ浸して置く。散り松葉が沈み、[10]アリや螟虫(あおむし)が溺死して居ることもある。尺に五寸の大海に鱗々の波が立ったり、青空や白雲が心[コ]長閑に浮いて居る日もある。地蔵様は何時も笑顔で、何時も黙って、何時も合掌してござる。

（徳富蘆花「みみずのたはこと」より）

9	瓜
10	蟻
ア	おぼ
イ	いい
ウ	いず
エ	ほうきょう
オ	ていゆう・ひのととり
カ	お
キ	にんにく（仏教用語。我慢すること）
ク	しじゅうから
ケ	うかが
コ	のどか

文章題⑤

●文章中の傍線（1〜10）の**カタカナ**を**漢字**に直し、波線（ア〜コ）の**漢字**の**読み**を**ひらがな**で記せ。

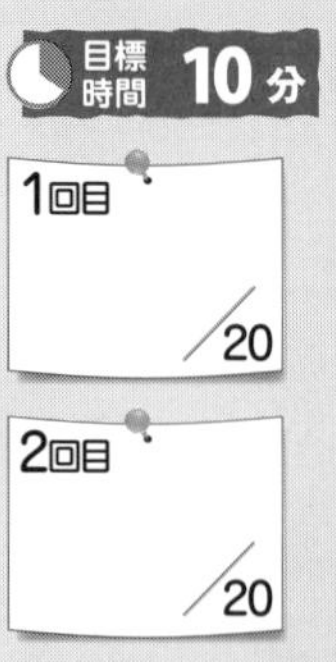

A 陵が匈奴（きょうど）に降るよりも早く、丁度その一年前から、漢の中郎将蘇武が胡地に引き留められていた。

元来蘇武は平和の使節として捕虜交換のために遣わされたのである。所が、その副使某が偶々匈奴の内紛に関係したために、使節団全員が囚えられることになって了（ア）った。単于（ぜんう）は彼等を殺そうとはしないで、死を以て脅して之を降らしめた。ただ蘇武一人は降服を**ガエン**（1）じないばかりか、**ハズカシ**（2）めを避けようと自ら剣を取って己が胸を貫いた。**コントウ**（3）した蘇武に対する胡毉（こい）の手当てというのが頗る変わっていた。地を掘って坎（あな）をつくり熅火（うんか）を入れて、その上に傷者を寝かせ其の背中を蹈（ふ）んで血を出させたと漢書には誌（イ）されている。（中略）且鞮侯（そていこう）単于はすっかり彼に**ホ**（4）れ込んだ。数旬の後漸く蘇武の身体が回復すると、例の近臣衛律をやって又熱心に降をすすめさせた。

（中島敦「李陵」より）

B 五郎岳や薬師岳が大きく見える。中にも五郎岳の傾斜面には、喰い欠いたような窪崖（カール）があって、雪が多い。どこからともなく**ウグイス**（5）が啼（な）く。**レンゲ**（6）岳の三角標が、碧（ウ）空に棹（さお）のように立って

解答と解説

1 肯
2 辱
3 昏倒
4 惚
5 鶯
6 蓮華
7 茜
8 稀・希

いる。野営地の油紙が、三角形になって、人夫どもが蟻のように簇（むら）がって、何か仕事しているのが、眼の下に小さく見える。人夫の多数は山へは登らず、谷川を下って黒部川で、今夜の泊まりを拵（こしら）えさせることにしてある。（中略）加賀の白山が7アカネ染めの西天に、エ桔梗色にスーッとオ刷かれたように出た。次いで近くはカ双六岳、レンゲ岳、背後には黒岳が、ズラリと大虚空に行列した。キ硫黄岳の煙だけ、糸のように細く見えたかと思ううち、偃松（はいまつ）が8マレになり、根生えも力が抜けたように、疎（まば）らになったので、足運びもおのずと早くなり、振り返ったときは、冑（かぶと）形の硫黄岳の頭上に、乗鞍岳が大きく出る。その肩に足を踏まえるようにして、富士式の御岳が、南端を突起した9エンスイ形に聳（そび）えている。前には穂高山の壮大なる岩壁を控えて、槍ヶ岳がスイと突き立っている。高瀬川の硫黄岳は、赭（あか）くク禿げて、槍ヶ岳を小さくしたような尖り方をしているが、低下していること約六百米突、ここから見ると、槍ヶ岳と穂高山の尾根は、驚くべき長大なる石の壁を屏風（びょうぶ）立ちに繞（めぐ）らして、殊に槍ヶ岳は、黒板塀を見るような大絶壁の上に、ケ桶のように兀々（ごつごつ）した石を束ね、その頭から強烈なる焮衝（きんしょう）でも起こしたように、穂先が埃及（エジプト）のオベリスク状に抜け上がって、尖っていて、背中には偃松が隙間もなく、ベッタリと蒼黯（あおぐろ）く縫いつけ、雪がコ漆喰のように、岩と岩の間を白く10クマ取って、拭ったような碧空は、百本杭の上を音もなく流れて行く水のように、漫々として限りもない。

（小島烏水「日本北アルプス縦断記」より）

9 円錐
10 隈
ア しま
イ しる
ウ へきくう・あおぞら
エ ききょう
オ は
カ すごろく
キ いおう
ク は
ケ おけ
コ しっくい

文章題⑥

● 文章中の傍線（1～10）の**カタカナ**を**漢字**に直し、波線（ア～コ）の**漢字**の**読み**を**ひらがな**で記せ。

A　九度山は眞田庵の在るところ、関が原の役終わりし後、眞田昌幸其の子幸村、徳川氏の[1]**ゾク**を食(は)むを[ア]辱として此の山に[イ]棲遅し、以て天下の形勢を観察せしところなり。胸裏の韜略(とうりゃく)、何(いつ)の日にか舒(の)ぶるを得べき。夜闌(ふ)けて星を観、昼静かにして兵書を読む。眞田[2]**ヒモ**は父子が其の郎党と生を営む資に[ウ]創め作りしもの。張抜筒、後年大阪の陣中に[3]**イカ**に東軍の肝胆を寒からしめたるぞ。庵の址(あと)、今は寺となりて伽羅陀山善名称院という。地蔵[4]**ボサツ**を本尊とし女僧これを守る。[エ]什物六文銭の旗は一代の梟雄(きょうゆう)伊達政宗の銃馬隊をも潰走せしめしものなり。素樸(そぼく)なる木鞍の一隻は、眞田が淵の深潭(しんたん)に水馬を調練したる時、幸村自ら捌りしものにて又自ら作れるものとぞ。別に其の女お市の方の手遊びにとて自ら刀を執りし木製の[オ]狗児あり。彫刻極めて精緻、馬上に槊(さく)を横たえて三軍を叱咤(しった)する豪傑が、何時かは風雲の時来るを俟(ま)ちつつも閑居寂然、児女と相戯るの状(さま)も想われて懐かしや。

車は今や深渓の上を[カ]度りぬ。巌痩せて水肥えたり。其の奔湍(ほんたん)の雪を噴くところ、是眞田が淵、今は竜王渓と名づけられたり。小祠(しょうし)の欹岩(きがん)に立つあり、善女竜王を祀(まつ)るとぞ。一代の大俠、武士道の権化なる幸村が事を想うて顧望しつつ山に入る。

（遅塚麗水「幣袋」より）

解答と解説

1 粟（扶持の意）
2 紐
3 如何
4 菩薩
5 嚬
6 錨・碇
7 濡
8 御簾

B 安芸の宮島駅に着いたのは午前四時半、まだ日が上らぬ。すぐ船の乗場へ出る。水盤のように平らかな海峡だ。紺青色の島に藍色の霧が流れる。空にも水にも流れる。下ノ関丸は五六十**トン**[5]許り(キ)の綺麗(きれい)な汽船だ。吼(ほ)えるように汽笛を鳴らして**イカリ**[6]を抜く。十五分間で厳島に着いた。まだ静かに眠っている山裾に島の人は既に起きて居る。霧に**ヌ**[7]れた朱塗の大廊下を履(ク)のままで歩むのは好い心持だ。潮の退いて居るのは少し口惜しい。拝殿に立ち塞がって拝む。赤地の錦の旗をつけた矛や、箙(えびら)にさした矢や、大弓やが両側に飾ってある。**ミス**[8]は新しいのが明るく、灯籠は物寂びたのが奥ゆかしい。誰かが平家の話を仕出す。重盛が参籠したのはまだ三日以前の事に過ぎぬ。此の三日の間に平家も亡(ケ)び源氏も亡び、北條、足利、徳川も亡び、そして僕等が今日ここに来たのだと思う。社殿の後ろから紅葉谷に上る。霧は益々深い。岩惣の二階座敷は戸を明け放して、**カヤ**[9]越しにまだ幾組かの避暑客が寝て居る。カヤの**モエギ**[10]色が山の朝景色に調和して涼しい。

塔を右に見ながら千畳閣に上る。豊公が朝鮮征伐の軍評定所として急速に建てさせたものだ。天井板を張らぬ、粗雑な、而(コ)も偉大な丸木作りの建築は豊公の襟度を慕(しの)ばしめる。

(與謝野鉄幹ほか「五足の靴」より)

9 蚊帳
10 萌葱・萌黄(きみどり色)
ア はじ
イ せいち(世俗を避けて田野に住むこと)
ウ はじ
エ じゅうもつ・じゅうぶつ(由緒ある秘蔵の物)
オ くじ
カ わた
キ ばか
ク くつ
ケ ほろ
コ しか

文章題⑦

●文章中の傍線（1～10）の**カタカナ**を**漢字**に直し、波線（ア～コ）の**漢字**の**読み**を**ひらがな**で記せ。

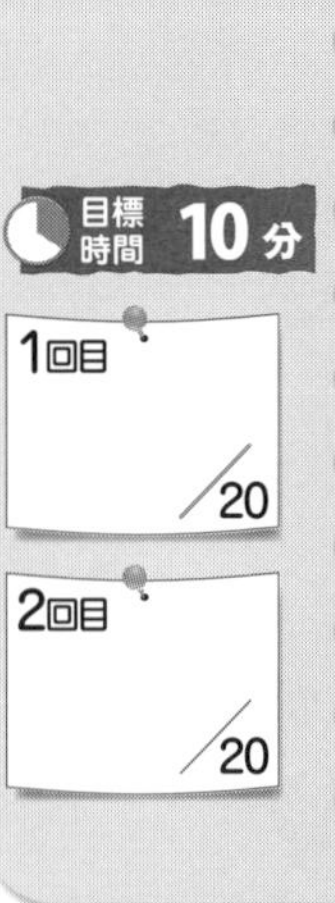

A

昔別荘の真似事に立てた、膝を[ア]容れるばかりの小家には、仏者の百一物のようになんの道具も只一つしか無い。それに主人の[1]**オキナ**は壁という壁を皆棚にして、棚という棚を皆書物にしている。（中略）主人は老いても黒人種のような視力を持っていて、世間の人が懐かしくなった故人を[イ]訪うように、古い本を読む。世間の人が市に出て、新しい人を見るように新しい本を読む。[2]**ウ**めば砂の山を歩いて松の木立を見る。砂の浜に下りて海の波瀾（はらん）を見る。僕八十八（ぼくやそはち）の薦める野菜の膳に向かって、飢えを[3]**シノ**ぐ。書物の外で、主人のオキナの[4]**モテアソ**んでいるのは、小さいLoupe（ルーペ）である。砂の山から摘んで来た小さい草の花などを見る。その外Zeiss（ツァイス）の顕微鏡がある。海の[5]**シズク**の中にいる小さい動物などを見る。（中略）そのオキナの過去の記憶が、稀に長い鎖のように、刹那の間に何十年かの跡を見渡させることがある。そう云う時はオキナの炯々（けいけい）たる目が大きく睜（みは）られて、遠い遠い海と空とに注がれている。これはそんな時ふと書き[ウ]棄てた[6]**ホゴ**である。

（森鷗外「妄想」より）

B

暴風にも静かな中心がある。忙しい農家の夏の戦闘（いくさ）にも休戦の期がある。

七月末から八月初めか、麦も仕舞い、草も一先ず取りしもうた程よい頃を見はからって、月番から

解答と解説

1 翁
2 倦
3 凌
4 翫・玩・弄
5 雫・滴
6 反古・反故
7 賑
8 袈裟

総郷上がり正月のふれを出す。総郷業を休み足を洗うて上がるの意である。其の期は三日、中日は村総出の草苅り路普請の日とする。右左から恣（ほしいまま）に公道を侵した雑草や雑木の枝を、一同磨ぎ耗（エ）らした鎌で遠慮会釈もなく切り払う。人よく道を弘むを、文義通りやるのである。欲張りと名のある不人望な人の畑や林は、此の時こそと思い切り切りまくる。昔は兎に角、此の頃では世の中せち辛くなって、物日にも稼ぐことが流行する。総郷上がり正月にも、畑に田にぼつぼつ働く影を見うける。

八月は小学校も休業（やすみ）だ。八月七日は村の七夕、五色の短冊さげた笹を立つる家もある。やがて盂蘭盆会（うらぼんえ）。苧殻（オ）のかわりに麦からで手軽に迎え火を焚いて、それでも盆だけに墓地も家内（やうち）も可なり**7ニギ**わい、緋（カ）の**8ケサ**をかけた坊さんや、仕着せの浴衣単衣（キ）で**9ヤブ**入りに行く奉公男女の影や、断続して来る物**10モラ**いや、盆らしい気持ちを見せて通る。然（ク）し其の貧しい小さな野の村では、昔から盆踊りと云うものを知らぬ。一年中で一番好い水々しい大きな月が上っても、其れは断片的（きれぎれ）に若者の歌を喉（そそ）るばかりである。まるまるとした月を象（ケ）る環を作って、大勢の若い男女が、白い地を践（コ）み、黒い影を落として、歌いつ踊りつ夜を深して、傾（かたぶ）く月に一人減り二人寝に行き、到頭「四五人に月落ちかかる踊りかな」の趣は、此の辺の村では見ることが出来ぬ。

（徳富蘆花「みみずのたはこと」より）

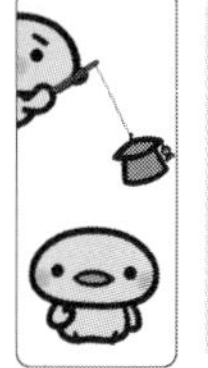

9 藪（藪入りは奉公人が実家に帰れる日）
10 貰
ア い
イ と
ウ す
エ へ
オ おがら（皮をはいだ麻の茎。盆の迎え火・送り火に用いる）
カ ひ
キ ひとえ
ク しか
ケ かたど
コ ふ

文章題⑧

● 文章中の傍線(1〜10)の**カタカナ**を**漢字**に直し、波線(ア〜コ)の**漢字**の**読み**を**ひらがな**で記せ。

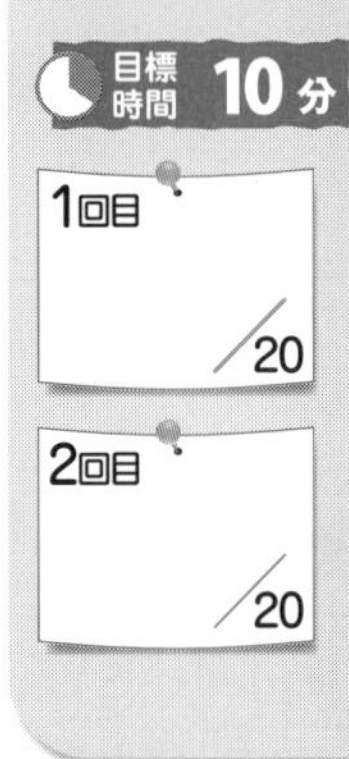

A

小屋を出れば、[ア]黄昏近き空どんより暗くなりて、小雨ほとほと落ち来ぬ。桜川の水[1]サナガら[イ]青の様に[2]ヨドみて、岸の柳の影もおぼろになりぬ。傘を翳(かざ)して堤に立てば、暮雨煙の如く、寸碧の山、小さき四ツ手網、[ウ]其処此処に薺(なずな)程なる独樹、皆融けて消えなんとす。夕鳥の声だにせず、傘一つ向こうの田中を行く。

宿に帰りて、春雨のしめやかなるを聞きつつ、今日東京にて求めし蕪村集読む程に何時しか眠りぬ。

三日、眼ざむれば、瀟々(しょうしょう)の音先ず枕に音づれつ。今日は[3]カスミケ浦を渡りて鹿島へ行かんとするに、つれなき雨や、と[エ]悶うれど詮なし。(中略)船は雨を[オ]衝いて、各処に寄港し、今は浦の中程を過ぐるにやあらん、玻璃(はり)窓の曇りを拭いて[4]ノゾけば、濁水漫々、雨天昏々として、唯時に水鳥の羽重げに水を[5]カスめて飛び、ひた濡れに濡れし鼠色の帆の二つ三つ眼に入るのみ。煙草の煙室に満ちて、程近き機関室の囂々(ごうごう)耳を[カ]聾せんとするさえあるに、舩(ふね)[6]シキりに揺れて、心地[キ]悪しきこと云う可くもあらず。

(徳富蘆花「雨の水国」より)

解答と解説

1 究
2 淀・澱
3 霞
4 覗・窺
5 掠
6 頻
7 儘
8 蘇(甦)
(「甦」は1級用漢字)

B 粟の鳥を逐ク う女の事は、山椒大夫（さんしょうだゆう）伝説の一節である。わたくしは昔手に取った7**ママ**で棄てた一幕物の企てを、今単篇小説に8**ヨミガエ**らせようと思い立った。山椒大夫のような伝説は、書いて行く途中で、想像が道草を食って迷子にならぬ位の程度に筋が立っていると云うだけで、わたくしの辿って行く糸には人を縛る強さはない。わたくしは伝説其の物をも、余り精ケ しく探らずに、夢のような物語を夢のように思い浮かべて見た。

昔陸奥に磐城判官正氏と云う人があった。永保元年の冬罪があって筑紫安楽寺に流された。妻は二人の子を連れて、岩代の信夫郡にいた。二人の子は姉をあんじゅと云い、弟をづし王と云う。母は二人の育つのを待って、父を尋ねに旅立った。越後の直江の浦に来て、応化の橋の下に寝ていると、そこへ山岡大夫という人買いが来て、だまして舟に載せた。母子三人に、うば竹と云う老女が附いていたのである。さて沖に9**コ**ぎ出して、山岡大夫は母子主従を二人の船頭に分けて売った。（中略）由良に着いたあんじゅ、づし王は山椒大夫というものに買われて、姉は汐を汲ませられ、弟は柴を苅コ らせられる。子供等は親を慕って逃げようとして、額に烙印（らくいん）をせられる。姉が弟を逃がして、跡に残って責め殺される。弟は中山国分寺の僧に救われて、京都に往く。清水寺で、づし王は梅津院と云う貴人に逢う。梅津院は七十を越して子がないので、子を授けて貰いたさに参籠したのである。づし王は梅津院の養子にせられて、陸奥守兼丹後守になる。づし王は佐渡へ渡って母を連れ戻し、丹後に入って山椒大夫を竹の10**ノコギリ**で挽き殺させる。

（森鷗外「歴史其のママと歴史離れ」より）

9 漕
10 鋸
ア たそがれ・こうこん
イ あぶら
ウ そこここ
エ もだ
オ つ
カ ろう
キ あ
ク お
ケ くわ
コ か

漢・字・パ・ズ・ル

四字熟語を探そう！

下のパズルの中には、準１級までに学ぶ四字熟語が12個隠されています。縦横斜めに読んで、全部見つけてください。

春	秋	欣	純	叙	宵	金	剛	不	壊
蛇	膚	喜	見	百	狂	烏	之	磨	無
門	前	雀	羅	不	膏	玉	薬	薪	君
賢	相	躍	虎	鎧	体	兎	龍	一	馬
戒	泰	易	怪	袖	心	浮	角	盲	鶴
髪	山	紫	電	一	閃	雲	亡	亀	浮
紅	鴻	鶏	玉	触	枝	沈	羊	浮	毛
釜	毛	二	無	幻	蟬	頭	補	木	迅
敦	熊	碧	海	羊	狗	豚	牢	呑	舟
見	梁	雲	眼	肉	致	菜	肴	虚	無

答え

欣喜雀躍（きんきじゃくやく）
門前雀羅（もんぜんじゃくら）
金剛不壊（こんごうふえ）
金烏玉兎（きんうぎょくと）
鎧袖一触（がいしゅういっしょく）
紫電一閃（しでんいっせん）
泰山鴻毛（たいざんこうもう）
紅毛碧眼（こうもうへきがん）
兎角亀毛（とかくきもう）
盲亀浮木（もうきふぼく）
亡羊補牢（ぼうようほろう）
羊頭狗肉（ようとうくにく）

模擬テスト

実際の試験と同じ形式の模擬試験を３回掲載しています。実際の試験は60分ですので、自分で時間を計ってやってみましょう。答え合わせも正確に行いましょう。合格点の目安は200点満点中の160点(80%程度)です。

本試験形式

第1回 模擬テスト

(一) 次の傍線部分の読みをひらがなで記せ。1~20は音読み、21~30は訓読みである。

1×30 /30

1 怨霊を鎮めるために寺院を建立した。（　）
2 適正を按排しつつ人事を定める。（　）
3 湛湛と水をたたえた湖。（　）
4 曽遊の地に懐かしさを覚える。（　）
5 貴族の胤嗣として生まれる。（　）
6 昂然と肩をそびやかし通りを歩いた。（　）
7 些細なことも占卜をもって指針としていた。（　）
8 倭語とは日本固有の言葉のことをいう。（　）
9 弓箭を帯して馬に乗った。（　）
10 恩師を今も欽慕している。（　）
11 職業に貴賤なし。（　）
12 壺中の天で快楽を尽くした。（　）
13 先輩に自作の斧正を乞う。（　）
14 芝蘭の化を受けて成長できた。（　）
15 穿柳の人と呼ばれるほど矢が上手い。（　）
16 厭世的な空気が弥漫する。（　）
17 幸せな気持ちが揺曳していた。（　）
18 野党の主張に論駁する。（　）
19 綾子の着物を着て外出した。（　）
20 他者を凌駕してMVPに選ばれた。（　）
21 我が子の行く末を戚える。（　）
22 兄は樵、弟は漁師だった。（　）

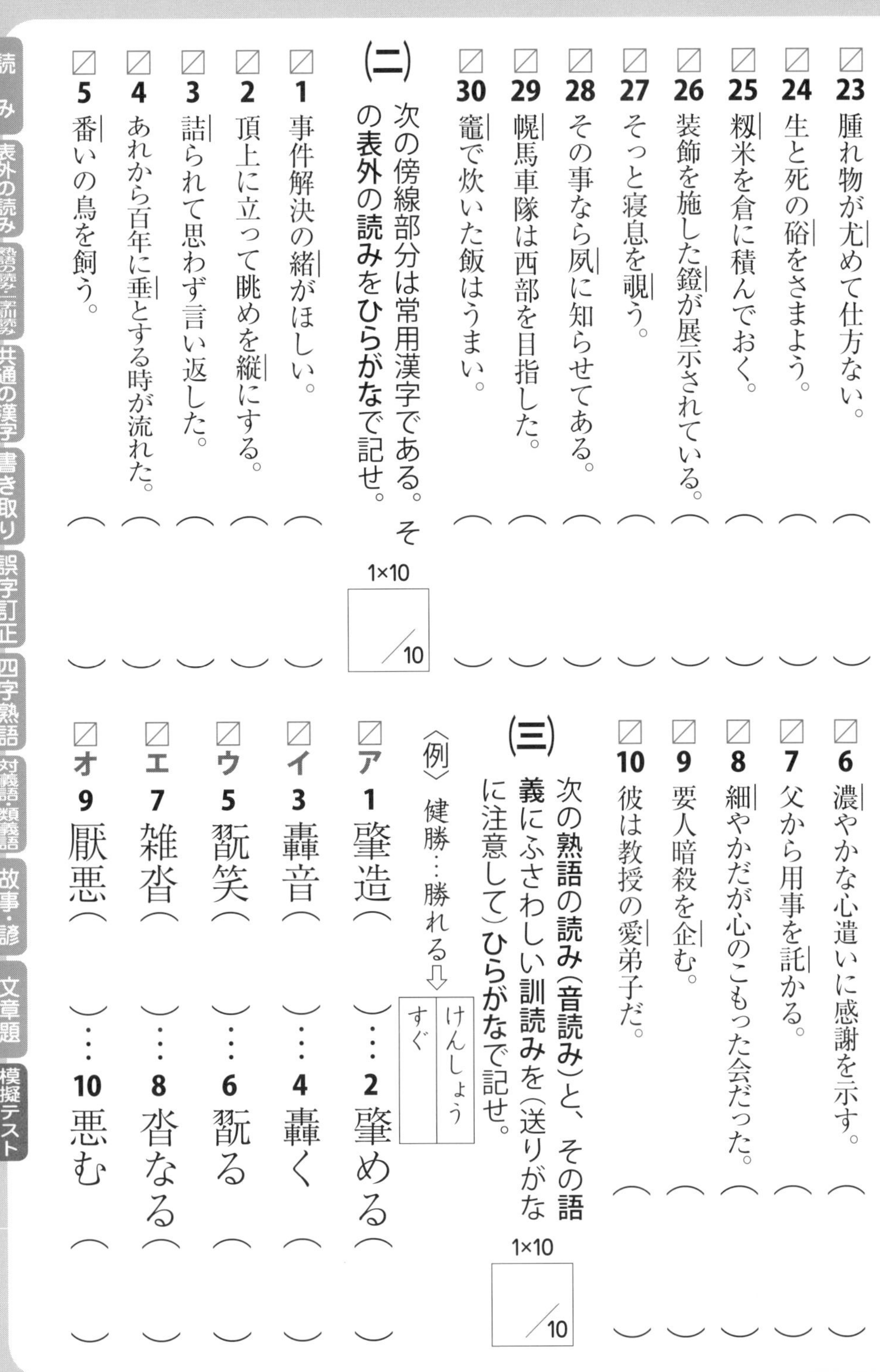

23 腫れ物が尤めて仕方ない。（　　）
24 生と死の硲をさまよう。（　　）
25 籾米を倉に積んでおく。（　　）
26 装飾を施した鐙が展示されている。（　　）
27 そっと寝息を覗う。（　　）
28 その事なら夙に知らせてある。（　　）
29 幌馬車隊は西部を目指した。（　　）
30 竈で炊いた飯はうまい。（　　）

(二)

次の傍線部分は常用漢字である。その表外の読みをひらがなで記せ。

1×10 ／10

1 事件解決の緒がほしい。（　　）
2 頂上に立って眺めを縦にする。（　　）
3 詰られて思わず言い返した。（　　）
4 あれから百年に垂とする時が流れた。（　　）
5 番いの鳥を飼う。（　　）
6 濃やかな心遣いに感謝を示す。（　　）
7 父から用事を託かる。（　　）
8 細やかだが心のこもった会だった。（　　）
9 要人暗殺を企む。（　　）
10 彼は教授の愛弟子だ。（　　）

(三)

次の熟語の読み（音読み）と、その語義にふさわしい訓読みを（送りがなに注意して）ひらがなで記せ。

1×10 ／10

〈例〉 健勝…勝れる ⇩ けんしょう すぐ

ア 1 肇造（　　）…2 肇める（　　）
イ 3 轟音（　　）…4 轟く（　　）
ウ 5 翫笑（　　）…6 翫る（　　）
エ 7 雑沓（　　）…8 沓なる（　　）
オ 9 厭悪（　　）…10 悪む（　　）

(四) 次の各組の二文の（　）には**共通する**漢字が入る。その読みを後の□から選び、**常用漢字（一字）**で記せ。

2×5
／10

1 値上げを待って（1）蔵する。
主流派に（1）潮の兆しがある。

2 九十歳を（2）寿と称して祝う。
数万の兵（2）を率いて出陣する。

3 話が（3）境に入る。
風景絶（3）の高台に立つ。

4 歯列を（4）正する。
（4）激な発言に驚く。

5 （5）飲馬食を慎む。
捕（5）船が帰港した。

か・きょう・げい・こう
し・そつ・たい・はい

(五) 次の傍線部分の**カタカナ**を**漢字**で記せ。

2×20
／40

1 思わず**モラ**い泣きしてしまう。
2 事件の**コンセキ**は何もない。
3 海辺の静かな**ユウラク**に滞在する。
4 学芸員が**ハニワ**を復元している。
5 **マイナ**いを取って便宜を与える。
6 緊張すると**ドモ**る癖がある。
7 噂話はたいてい**オヒレ**が付いている。
8 心の底から**アンド**を覚えた。
9 テストの結果は**スコブ**る良かった。
10 **キョウリョウ**に掛かる応力を計算する。
11 有名な**カッポウ**料理店で修業する。
12 歴史に**サンゼン**と輝く大偉業だ。
13 **ギキョウシン**に駆られ助太刀をする。
14 控室の**イス**に腰掛けて待った。
15 前途にわずかな**ショコウ**が見えた。

□ **16** 唇の端を**ユガ**めて笑った。（　　）

□ **17** 古人の**ソウハク**をなめる。（　　）

□ **18** 顔面**ソウハク**となる。（　　）

□ **19** 体験学習で和紙を**ス**いた。（　　）

□ **20** 胸の**ス**く思いがした。（　　）

（六）

次の各文にまちがって使われている**同じ音訓の漢字が一字**ある。**上に誤字を、下に正しい漢字**を記せ。

2×5　／10

□ **1** 几帳面と言えば聞こえはよいが些か尺子定規な考え方をする人物であると判断された。（　・　）

□ **2** 個人と官憲との争いに旦を発する暴動は一向に鎮まる様子が無かった。（　・　）

□ **3** 瀕死の状態の私に見事な楚生術を施してくれたお蔭で九死に一生を得た。（　・　）

□ **4** 筆絶に尽くし難い程の苛酷な人生を歩んできたが一度も他者を恨むことはなかった。（　・　）

□ **5** 彼女の発想は常に暫新奇抜で誰をも感嘆させる雄弁さも兼ね備えている。（　・　）

（七）

次の**問1**と**問2**の四字熟語について答えよ。

問1 2×10
問2 2×5　／30

問1 次の四字熟語の1～10の（　）に入る適切な語を後の□から選び、**漢字二字**で記せ。

□ **1** （　　）戴天

□ **2** （　　）万里

□ **3** （　　）無窮

□ **4** （　　）神助

□ **5** （　　）附会

□ **6** 欣喜（　　）

□ **7** 情緒（　　）

□ **8** 吉日（　　）

□ **9** 天神（　　）

□ **10** 笑面（　　）

けんきょう・じゃくやく・ちぎ・てんじょう・てんめん・てんゆう・ふぐ・ほうてい・やしゃ・りょうしん

問2 次の1～5の**解説・意味**にあてはまる四字熟語を後の□から選び、その**傍線部分だけの読みをひらがな**で記せ。

□ **1** 見識が狭いことのたとえ。（　　）

2 古いしきたりを守ること。（　　）

3 すべての者は悟りを得て仏になれること。（　　）

4 考え方や行動にこだわりのないさま。（　　）

5 勢いが極めてさかんなことのたとえ。（　　）

融通無碍・光輝燦然・兎死狗烹・悉皆成仏
旭日昇天・紅毛碧眼・管中窺豹・旧套墨守

（八）

次の1～5の**対義語**、6～10の**類義語**を後の□の中から選び、**漢字**で記せ。□の中の語は一度だけ使うこと。

2×10　／20

対義語

1 浅瀬（　　）

2 露出（　　）

3 険阻（　　）

4 遵奉（　　）

5 雄飛（　　）

類義語

6 逐電（　　）

7 鄭重（　　）

8 口調（　　）

9 終身（　　）

10 虚実（　　）

こうふん・こんとう・しふく・しゃへい
しゅっぽん・しんえん・しんがん
はいち・ひっせい・へいたん

（九）

次の故事・成語・諺の**カタカナ**の部分を**漢字**で記せ。

2×10　／20

1 **ヌ**れ衣を着せる。（　　）

2 言葉に**クギ**を刺す。（　　）

3 **タクアン**のおもしに茶袋。（　　）

4 **ボタン**に唐獅子、竹に虎。（　　）

5 一富士二鷹三**ナスビ**。（　　）

6 断じて行えば**キジン**も之を避く。（　　）

7 傘と**チョウチン**は戻らぬつもりで貸せ。（　　）

8 塗箸で**ソウメン**を食う。（　　）

9 **キリン**も老いては駑（ど）馬に劣る。（　　）

10 **ミノ**になり笠になる。（　　）

(十) 文章中の傍線(1～5)のカタカナを漢字に直し、波線(ア～コ)の漢字の読みをひらがなで記せ。

書き 2×5
読み 1×10
／20

A [ア]凡て知識は意より起これども、また意に妨げらるること、[イ]猶火は薪より生ずれども、之を滅すべき烟(けむり)もまた薪より出づるが如し。真知識を得んとせば、根本を断滅して[ウ]而も所産の知のみ活発に動くを要すと。案ずるに、意の[1]チョウリョウするために真知見を魅せらるるは[2]モチロンの事実なり。されど単に[エ]断く論断したるのみにて、直に真知識を獲んとせば意を圧すべしという、[オ]鞭端馬腹に及ばざるの感なからんや。意が事物の真相を[カ]蝕するは、必竟(ひっきょう)、我と物と差別の見を執りて、衝突するに由れり。物、我に帰すれば、愛となり、物、我に背けば憎となる。吾人が、審美の境に於いて物と我との調和を要すとせるは、此の衝突を除くの[キ]謂なり。

(島村抱月「審美的意識の性質を論ず」より)

B 文学の発達、印刷術の進歩よりして、人は[ク]悉く皆紙に依頼し、人間の記憶力著しく減殺せりとの論は、西洋の学者達も唱道すと聞く。成程ノートブックを[3]ネズミに引かれたらんには、脳中無一物にして、坐間に引用書の並べられしほどに史上の事実は明らかならず。其の場になりて帳面を引っ繰り返せばよいわと、万事心に呑み込もうとは為(せ)ざる此の[ケ]比の事とて、用いぬ刀の[4]サびるが如く、使用せざる記憶力の衰え易くて、自然に滅じゆくは事実なんめれど、此は人間の罪にして紙の罪にはあらず。(中略)[5]ケツジョウの昔は扨(さて)置き、支那の竹簡、埃及(エジプト)のパピラスの[コ]儘にして発達せずんば、万国郵便夢にも知らず、日々の新聞薬にしたくも見られず。(中略)左れば我等の学問は心得を旨として、紙に依頼すべからざるはモチロンながら、又人文発達に功ある紙を珍重愛護して、之を後世子孫に伝えざる可からず。

(西村天囚「北国物語」より)

1	
2	
3	
4	
5	
ア	
イ	
ウ	
エ	
オ	
カ	
キ	
ク	
ケ	
コ	

本試験形式 第2回 模擬テスト

目標時間 60分　合格点 160点

1回目 ／200　2回目 ／200

解答・解説は220~221ページ

(一) 次の傍線部分の読みをひらがなで記せ。1~20は音読み、21~30は訓読みである。

1×30　／30

1 国中から選りすぐった穎才揃いだ。（　）
2 日常の些事でも疎かにしない。（　）
3 近什が非常に高い評価を受けた。（　）
4 実際に見てきたような口吻だった。（　）
5 禾黍の生育ぶりが良い。（　）
6 薙髪して仏門に入った。（　）
7 試合会場には闘志が横溢していた。（　）
8 腔腸動物の研究における第一人者だ。（　）
9 流麗な翰墨に魅せられた。（　）
10 佳辰を選び花嫁を迎えた。（　）
11 轟然たる大音響とともに列車が通過した。（　）
12 乾坤は天と地を意味する。（　）
13 瑞雲が選ばれた人の居場所を示す。（　）
14 寒風が肌膚を刺した。（　）
15 青空に向かって紙鳶を揚げる。（　）
16 打ち明け話には吃驚するばかりだ。（　）
17 申し出に対し鷹揚に頷く。（　）
18 夙志を果たし満足だ。（　）
19 造兵廠を目標とした爆撃が行われた。（　）
20 村を挙げて葺屋の手入れをする。（　）

21 巴投げで一本を取った。（　）
22 靫やかな枝を手折る。（　）

23 王の命に叛き謀反を起こす。（　）

24 ようやく山小屋に辿りついた。（　）

25 川の阿に水が淀んでいる。（　）

26 筆跡が所々掠れている。（　）

27 賢くて而も気立てが良い。（　）

28 悪天候が行事の碍げになった。（　）

29 道がわからず四つ辻で途方に暮れた。（　）

30 廓の中から矢を射掛ける。（　）

（二）

次の傍線部分は常用漢字である。その**表外の読み**を**ひらがな**で記せ。

1×10 　／10

1 自分の好みで部屋を設える。（　）

2 君命を辱くす。（　）

3 類希なる才能を疎かにしてはならない。（　）

4 奇しくも同姓同名であった。（　）

5 一同の殿に名を列ねている。（　）

6 朝食を認めてから出かける。（　）

7 私が思っているのは方にその人だ。（　）

8 強く吹きつけていた風が和いだ。（　）

9 朝敵を尽く滅ぼす。（　）

10 当主手ずから茶を点てた。（　）

（三）

次の**熟語の読み**（**音読み**）と、その語義にふさわしい**訓読み**を（送りがなに注意して）**ひらがな**で記せ。

1×10 　／10

〈例〉 健勝：勝れる ⇩ けんしょう すぐ

ア 1 叡哲（　）：2 叡い（　）

イ 3 鳩首（　）：4 鳩める（　）

ウ 5 鍾美（　）：6 鍾める（　）

エ 7 優渥（　）：8 渥い（　）

オ 9 周匝（　）：10 匝る（　）

(四)

次の各組の二文の（　）には共通する漢字が入る。その読みを後の□から選び、常用漢字（一字）で記せ。

2×5　　/10

{ （1）心の友を慰める。
　追突され車体に損（1）を受けた。 }　（　　）

{ （2）発な子だと感心する。
　鋭（2）な刃物で切り落とす。 }　（　　）

{ 自由を（3）喫する。
　漏れたガスが充（3）する。 }　（　　）

{ 早くから彼の才（4）は認められていた。
　たくましい軀（4）を誇る。 }　（　　）

{ （5）買した車を売りさばく。
　彼は世（5）にたけた男だ。 }　（　　）

あん・かん・こ・こう
しょう・そ・まん・り

(五)

次の傍線部分のカタカナを漢字で記せ。

2×20　　/40

1 もうこの家の敷居を**マタ**ぐことはない。（　　）
2 傷口に**ウミ**がたまってしまった。（　　）
3 品性に欠け、**ダキ**すべき人物だ。（　　）
4 アイスクリームを**サジ**ですくった。（　　）
5 **ハク**をつける絶好の機会となった。（　　）
6 **ホウトウ**を続け、親に勘当された。（　　）
7 下山して**フモト**の村で一泊した。（　　）
8 **リッスイ**の余地もない程の人出だった。（　　）
9 独立を決定づける**ブンスイレイ**となった。（　　）
10 草原に**シマ**馬の親子がいる。（　　）
11 意欲**オウセイ**な青年を採用した。（　　）
12 この海の**サンゴ**礁は特に美しい。（　　）
13 **リュウチョウ**な英語を話す。（　　）
14 威風堂々と**ガイセン**門を潜った。（　　）
15 宮中で**ケマリ**の会が開かれた。（　　）

16 一羽のシギが飛び立った。（　　）
17 農地にカンガイを整備した。（　　）
18 カンガイ深い作品に出会った。（　　）
19 日曜大工で鋸をヒく。（　　）
20 人目をヒく服装をする。（　　）

(六)

次の各文にまちがって使われている同じ音訓の漢字が一字ある。上に誤字を、下に正しい漢字を記せ。

2×5　／10

1 両者の実力には雲泥の差があると見られたが結果的には近差であった。（　・　）
2 雨後の筍（たけのこ）のように並び立っているが、漸次自然陶汰されていくだろう。（　・　）
3 陳腐な考え方や常踏手段ではこの難局を乗り切ることは到底不可能だ。（　・　）
4 普段から峻厳な態度で他を圧する議員が歯に絹着せぬ物言いで政敵の失策を追及した。（　・　）
5 中国の壮大な歴史の中でも憤書坑儒は特筆すべき野蛮な出来事であった。（　・　）

(七)

次の問1と問2の四字熟語について答えよ。

問1 2×10
問2 2×5　／30

問1 次の四字熟語の1〜10の（　）に入る適切な語を後の□から選び、漢字二字で記せ。

1（　）猛進
2（　）再拝
3（　）曲浦
4（　）力行
5（　）以徳
6 閑雲（　）
7 活剝（　）
8 古色（　）
9 碩学（　）
10 甲論（　）

おつばく・きんけん・せいどん・そうぜん・たいじゅ
ちょうてい・ちょとつ・とんしゅ・ほうえん・やかく

問2 次の1〜5の解説・意味にあてはまる四字熟語を後の□から選び、その傍線部分だけの読みをひらがなで記せ。

1 様々な不揃いのものが入り混じっているさま。（　　）

2 老人がのんびりと隠居生活を送ること。（　　）
3 度量が大きいさま。（　　）
4 失敗の後に改善することのたとえ。（　　）
5 聞いていて快い甘い言葉。（　　）

含飴弄孫・甜言蜜語・魯魚章草・清濁併呑
鞭声粛粛・亡羊補牢・参差錯落・天佑神助

（八）

次の1～5の**対義語**、6～10の**類義語**を後の□の中から選び、**漢字**で記せ。□の中の語は一度だけ使うこと。

2×10　／20

対義語

1 諫言（　　）
2 蓄財（　　）
3 懸隔（　　）
4 乱射（　　）
5 明瞭（　　）

類義語

6 碇泊（　　）
7 虚言（　　）
8 奇怪（　　）
9 洞察（　　）
10 秘訣（　　）

かんぱ・こと・そげき・ついしょう・とうじん
とうびょう・はくちゅう・めんよう・もうご
ようてい

（九）

次の故事・成語・諺の**カタカナ**の部分を**漢字**で記せ。

2×10　／20

1 渇してもトウセンの水を飲まず。（　　）
2 テップの急。（　　）
3 地獄のサタも金次第。（　　）
4 カセイは虎よりも猛し。（　　）
5 ヒシヅルほど子ができる。（　　）
6 掃きダめに鶴。（　　）
7 コウセンの路上、老少無し。（　　）
8 二股ゴウヤク。（　　）
9 遠くの火事より背中のキュウ。（　　）
10 刃のサビは刃より出て刃を腐らす。（　　）

(十) 文章中の傍線(1～5)のカタカナを漢字に直し、波線(ア～コ)の漢字の読みをひらがなで記せ。

書き 2×5
読み 1×10

/20

A 当今文運の昌んなる、文人墨客、会盟して社を結ぶ。而して人苟も風流にして胸中墨有り才徳並び具わる者、一たび盟に**アズカ**れば、衆推して先生に拝す。声四海に流れ、溝澮皆盈つ。油然の雲、沛然の雨、人の**キンボ**せざるは靡し。予も盟に**アズカ**るを得ずと雖も、亦嘗て末筵に列なること数回、其の盛事の如きは略観て尽くせり。其の地多くは柳橋街、万八・河半の二楼を以てす。会に先だつこと数月、日を**ボク**して一大牌を掛げ、書して曰く、晴雨に拘わらず、某の月某日を以て会す。四方の君子の顧臨を請うと。且つ大書して先生の姓名を掲ぐ。是に於いてか、人世に先生有ることを知らざるは莫し。蓋し漢朝の及第放榜の事と略同じくして栄知るべし。観る者聚まる。(中略)一様に未だ会せざるの間、先生鶏起し、孜々として奔走これ務む。高門県簿敢えて往かざるは莫し。亦内熱の恐れを省みず。

(寺門静軒「江戸繁昌記」より)

B 今年も、もう空に、透き徹った秋の粉が一面散り渡るようになりました。雲がちぎれ、風が吹き、夏の休みももう明日だけです。達二は、明後日から、また自分で作った小さな草鞋をはいて、二つの谷を越えて、学校へ行くのです。宿題もみんな済ましたし、**カニ**を捕ることも木炭を焼く遊びも、もうみんな厭きていました。達二は、家の前の檜によりかかって、考えました。

ああ。此の夏休み中で、一番面白かったのは、おじいさんと一緒に上の原へ仔馬を連れに行ったのと、もう一つはどうしても剣舞だ。鶏の黒い尾を飾った頭巾をかぶり、あの昔からの赤い陣羽織を着た。それから硬い板を入れた**ハカマ**をはき、脚絆や草鞋をきりっとむすんで、種山剣舞連と大きく書いた沢山の提灯に囲まれて、みんなと町へ踊りに行ったのだ。

(宮沢賢治「種山ケ原」より)

1	
2	
3	
4	
5	
ア	
イ	
ウ	
エ	
オ	
カ	
キ	
ク	
ケ	
コ	

本試験形式

第3回 模擬テスト

目標時間 60分
合格点 160点

1回目 /200
2回目 /200

解答・解説は 222~223ページ

(一)

次の傍線部分の読みをひらがなで記せ。1~20は音読み、21~30は訓読みである。

1×30 /30

1 彼の言い分は遁辞に過ぎない。( )

2 翠黛の山々に分け入る。( )

3 見込みのある青年を推挽する。( )

4 大嘗会は最も重要な宮中神事だ。( )

5 将軍の御落胤の末裔との伝承がある。( )

6 柑橘類は東南アジアが原産だ。( )

7 近ごろ鼠盗が出没している。( )

8 井蛙は大海を知らない。( )

9 賭け事に耽溺して家族を顧みない。( )

10 哀憐の情を禁じ得ない。( )

11 牒状を回して決起を促す。( )

12 道の両脇に溝渠を設ける。( )

13 霊廟には王族以外は入れない。( )

14 三者鼎談が多くの実を結んだ。( )

15 碩徳の人として崇敬されている。( )

16 巽位は東南方を指す。( )

17 発言と行動が背馳している。( )

18 播種から収穫までを体験する。( )

19 儲嗣に恵まれず家は断絶した。( )

20 湊泊中の船から音楽が聞こえる。( )

21 自ら彊めて止むことが無い。( )

22 瀞の付近は渓谷美で名高い。( )

☐ **23** 童話に寓けて人生の教訓を示す。（　　）

☐ **24** 祖父に灸を据えられた。（　　）

☐ **25** 国の大事を重臣に猷る（　　）

☐ **26** 近ごろ頓に耳が遠くなってきた。（　　）

☐ **27** 僻事を排し真実のみを取る。（　　）

☐ **28** 誤りを認めて詫びる。（　　）

☐ **29** 年長者に対し遜った言葉を使う。（　　）

☐ **30** 悪い慣習が世の中に蔓る。（　　）

(二) 次の傍線部分は常用漢字である。その**表外の読み**を**ひらがな**で記せ。

1×10　／10

☐ **1** 広場に屯していた群衆に解散を命じた。（　　）

☐ **2** あなたの幸運に肖りたいものだ。（　　）

☐ **3** 資金の出どころは件の黒幕だそうだ。（　　）

☐ **4** これで天下を粗手にした。（　　）

☐ **5** 謙った態度をみせる。（　　）

☐ **6** 文化祭に全校挙って参加する。（　　）

☐ **7** 規定に則った判断を下す。（　　）

☐ **8** 正直の頭に神宿る。（　　）

☐ **9** 悲しい物語に胸を衝かれた。（　　）

☐ **10** 新しい炭を火鉢に埋ける。（　　）

(三) 次の**熟語の読み**（**音読み**）と、その語義にふさわしい**訓読み**を（送りがなに注意して）**ひらがな**で記せ。

1×10　／10

〈例〉 健勝…勝れる ⇩

けんしょう	すぐ

☐ **ア** 1 輔弼（　　）…2 弼ける（　　）

☐ **イ** 3 弥縫（　　）…4 弥う（　　）

☐ **ウ** 5 補綴（　　）…6 綴る（　　）

☐ **エ** 7 瀕死（　　）…8 瀕る（　　）

☐ **オ** 9 錯謬（　　）…10 謬る（　　）

(四)

次の各組の二文の（　）には共通する漢字が入る。その読みを後の□から選び、常用漢字（一字）で記せ。

2×5　／10

1
観光地はいま（1）忙期だ。
熱帯の植物が（1）茂している。

2
どうしようかと思（2）にくれる。
斬新なショーを（2）出する。

3
両者の実力には（3）泥の差がある。
青（3）の志を抱く。

4
（4）心より同情する。
微（4）をくみ取っていただきたい。

5
来客を（5）重に迎える。
馬（5）に手綱を渡す。

あん・うん・きょう・こう
ちゅう・てい・はん・り

(五)

次の傍線部分のカタカナを漢字で記せ。

2×20　／40

1 小船が高波にホンロウされる。
2 豪華客船が母港にトウビョウした。
3 緑滴るサワやかな季節になった。
4 フトウで鷗が舞っている。
5 ノミが伝染病を媒介した。
6 タケベラを使って練り上げる。
7 シトミを上げて空模様を見た。
8 ムナクソの悪い事件が起きた。
9 オパールをタンパク石ともいう。
10 読書のダイゴミを楽しんでいる。
11 孫に会うとコウコウヤの顔になる。
12 大使は両国のチュウタイとなる存在だ。
13 サワラビは襲色目の名でもある。
14 ショウヨウとして死を受け入れる。
15 レンガを積み上げ窯を作る。

☐ **16** 小さな油断が大問題を**ジャッキ**した。（　　）

☐ **17** 国王が献上品を**カノウ**した。（　　）

☐ **18** 傷口が**カノウ**した。（　　）

☐ **19** 泉の水を**ムス**んで飲む。（　　）

☐ **20** リボンを**ムス**んでもらう。（　　）

（六）

次の各文にまちがって使われている**同じ音訓の漢字が一字**ある。**上に誤字を、下に正しい漢字**を記せ。

2×5　　／10

☐ **1** 郷愁を誘う旋律と易しい歌詞の流行歌は瞬く間に日本中に伝波した。（　・　）

☐ **2** この疾患は耳鼻咽喉科ではなく口空外科で診察してもらうのが適切だ。（　・　）

☐ **3** 表に打って出るべきか牢城すべきかで諸将の意見は折り合わず評定は混乱を極めた。（　・　）

☐ **4** 桐の箪子の優秀性は素材本来の性質の他、製造技術にも依拠している。（　・　）

☐ **5** 首相に就任すると先ず破端した財政の再建に尽力し、現実的な外交施策を推し進めた。（　・　）

（七）

次の**問1**と**問2**の四字熟語について答えよ。

問1 2×10
問2 2×5
　　／30

問1 次の四字熟語の1～10の（　）に入る適切な語を後の□から選び、**漢字二字**で記せ。

☐ **1**（　）定規

☐ **2**（　）馬腹

☐ **3**（　）迎合

☐ **4**（　）相承

☐ **5**（　）興亡

☐ **6** 亡羊（　）

☐ **7** 平談（　）

☐ **8** 矛盾（　）

☐ **9** 一顧（　）

☐ **10** 伏竜（　）

あふ・けいせい・しし・しゃくし・ぞくご
ちょうべん・ちらん・どうちゃく・ほうすう・ほろう

問2 次の1～5の**解説・意味**にあてはまる四字熟語を後の□から選び、その**傍線部分だけの読み**を**ひらがな**で記せ。

☐ **1** 祖国が滅亡したことを嘆くこと。（　　）

2 問題の解決には原因を取り除く必要があること。（　　）

3 結果にかかわらず運命を共にすること。（　　）

4 全世界を一家のように和合させること。（　　）

5 高潔な人物は常に信念を曲げることがないこと。（　　）

安車蒲輪・八紘一宇・鳴蟬潔飢・一蓮托生
麦秀黍離・釜底抽薪・藍田生玉・長汀曲浦

(八)

次の1～5の**対義語**、6～10の**類義語**を後の□の中から選び、**漢字**で記せ。□の中の語は一度だけ使うこと。

2×10　/20

対義語

1 豊沃（　　）

2 賛嘆（　　）

3 匡正（　　）

4 簡明（　　）

5 野鳥（　　）

類義語

6 本領（　　）

7 寝台（　　）

8 偽作（　　）

9 突如（　　）

10 困窮（　　）

かいじゅう・かきん・がしょう・がぜん
がんさく・こうぶ・しんこっちょう
ちょうば・ひっそく・わいきょく

(九)

次の故事・成語・諺の**カタカナ**の部分を**漢字**で記せ。

2×10　/20

1 恋の**サヤ**当て。（　　）

2 **シャカ**に宗旨なし。（　　）

3 **エテ**に鼻突く。（　　）

4 火中に**クリ**を拾う。（　　）

5 六日の**アヤメ**十日の菊。（　　）

6 **ユズ**の木に裸で登る。（　　）

7 吉凶は**アザナ**える縄の如し。（　　）

8 **ハキョウ**は再び照らさず。（　　）

9 **ネギ**は人影でも嫌う。（　　）

10 馬革に**シカバネ**をつつむ。（　　）

(十) 文章中の傍線(1〜5)のカタカナを漢字に直し、波線(ア〜コ)の漢字の読みをひらがなで記せ。

書き 2×5
読み 1×10

/20

A 欧羅巴諸国に於いては、児童の為に発行の昔話類の書籍、極めて夥(おびただ)しく、価も廉にして、其の体裁は、年齢に応じて、自ら差異あり。多くは皆挿画本とし、児童をして絵を[ア]玩ぶと共に、自ら字を覚え、書を愛するの情を発せしむ。故に教育の助けをなすこと、極めて大なり。[イ]就中日耳曼(ゲルマン)にては、グリム氏兄弟の合纂せし昔話本は、最も広く行われ、印行も大小あり、挿画せるもあり、せざるもあり、記する所の話は、我が国の舌切雀、兎と[1]**タヌキ**、桃太郎の鬼が嶋征伐の類と、甚だ似たり。蓋しグリム兄弟は欧洲にて「比較言語学」の祖宗とも、仰がるる大学者なれども、言語の佳所は、却って老婆老媼(ろうおう)の口碑に存すること多きことを悟り、其の事業の浅薄なる如く見ゆるをも[2]**イト**わず、鋭意して、民間の昔話を採録し、詞藻の足らざる所は、之を補い、以て彼の書を作りたるなり。

(末松謙澄「日本文章論」より)

B 平生(ひごろ)は天翔(かけ)る事も為さば為すべき雄心(おごころ)持ちし我なりしが、身に染みて今ぞ人間の甲斐無きを知りつる!。天は限り無く大いなるに、我は[ウ]糠星の其れより[エ]微けく、地は[オ]涯も無く広やかなるに、身は塵土(ちりひじ)と小さなる、此の某甲(なにがし)が[カ]懐ける念いの、運命に[キ]対かえる其の真態(ありさま)は、譬(たと)えば一縷(いちる)の細き細き、毛の如く[3]**クモ**の囲のごとき糸を、千万馬力もて[4]**トドロ**き廻れる大車輪に[ク]繋けて、其の車輪の我が願う方に廻らんことを、[ケ]窃かに願い求むるが如し。嗚呼(ああ)、我が願いの聴かるべきや?!。心細くもまた心細くて、情け無くも物のみの思わるる世かな!。我が[コ]智慧の今効(かい)無きを知り、我が意念(おもい)の今孱弱(かよわ)きを知り、断えぬ泉と湧き上がる恋の誠に洗われて、心は[5]**ムク**の往時(むかし)に返りぬ。

(幸田露伴「天うつ浪」より)

1	2	3	4	5	ア	イ	ウ	エ	オ	カ	キ	ク	ケ	コ

本試験形式

第1回 模擬テスト 解答と解説

問題はP200~205

（一） 読み

1 おんりょう
2 あんばい
3 たんたん
4 そうゆう
5 いんし
6 こうぜん
7 せんぼく
8 わご
9 きゅうせん
10 きんぼ
11 きせん
12 こちゅう
13 ふせい
14 しらん
15 せんりゅう
16 びまん
17 ようえい
18 ろんばく
19 りんず
20 りょうが
21 うれ
22 きこり
23 とが
24 はざま
25 もみ
26 あぶみ
27 うかが
28 つと
29 ほろ
30 かまど

（二） 表外の読み

1 いとぐち
2 ほしいまま
3 なじ
4 なんなん
5 つが
6 こま
7 ことづ
8 ささ
9 たくら
10 まな

（三） 熟語の読み 一字訓読み

ア 1 ちょうぞう 2 はじ
イ 3 ごうおん 4 とどろ
ウ 5 がんしょう 6 あなど
エ 7 ざっとう 8 かさ
オ 9 えんお 10 にく

（四） 共通の漢字

1 退
2 卒
3 佳
4 矯
5 鯨

（五） 書き取り

1 貰
2 痕跡
3 邑落
4 埴輪
5 賂
6 吃
7 尾鰭
8 安堵 案堵
9 頗
10 橋梁
11 割烹
12 燦然
13 義侠心
14 椅子
15 曙光
16 歪
17 糟粕
18 蒼白
19 漉 抄
20 空

（一）
4「曽遊」は以前に訪れたことがあること。
9「弓箭」は弓と矢。
10「欽慕」は敬いしたうこと。
12「壺中」はつぼの中、「壺中の天」は酒を飲んで俗世を忘れる楽しみ。
14「芝蘭」は才能と人徳がある人のたとえ。

（四）
4「矯激」は言動がずば抜けて激しいこと。

（六）
3「甦」は1級用の漢字。

（七）
問2の選択「光輝燦然（こうきさんぜん）」は一段と鮮やかに光り輝くこと。

（九）
「兎死狗烹（としくほう）」は利用価値がある間は用いられるが、そうでなくなれば捨てられること。

(六) 誤字訂正

1 尺→杓
2 旦→端
3 楚→蘇（甦）
4 絶→舌
5 暫→斬

(七) 四字熟語

問1

1 不倶
2 鵬程
3 天壌
4 天佑（天祐）
5 牽強
6 雀躍
7 纏綿
8 良辰
9 地祇
10 夜叉

問2

1 きひょう
2 きゅうとう
3 しっかい
4 むげ
5 きょくじつ

(八) 対義語・類義語

1 深淵
2 遮蔽
3 平坦
4 背馳
5 雌伏
6 出奔
7 懇到
8 口吻
9 畢生
10 真贋

(九) 故事・諺

1 濡
2 釘
3 沢庵
4 牡丹
5 茄子（茄）
6 鬼神
7 提灯（挑灯）
8 素麺（索麺）
9 麒麟（騏驎）
10 蓑（簑）

(十) 文章題

書き取り

1 跳梁
2 勿論
3 鼠
4 錆（銹）
5 結縄

読み

ア すべ
イ なお
ウ しか
エ か
オ べんたん
カ しょく
キ いい
ク ことごと
ケ ころ
コ まま

6 断固とした態度で行えば鬼神さえも避けていく、断行すれば困難なことでも成功することのたとえ。

10 あるときは雨を遮る蓑に、あるときは日差しをよける笠になることから、相手をかばい、助けること。「簑」は1級用の漢字。

(十)

1 思うままにふるまうこと。

5 まだ文字のなかった上古、記憶すべきことや伝達すべき意思を表すために作った縄の結び目。

エ このように。

オ 鞭の先端。

キ 「～ということ」の意。

＊Bの問題文中にある「パピラス」は「パピルス」のこと。古代エジプトでパピルスという葦に似た草の茎からつくられた一種の紙。

第2回 模擬テスト 解答と解説

問題は P206~211

(一) 読み

1 えいさい
2 さじ
3 きんじゅう
4 こうふん
5 かしょ
6 ちはつ ていはつ
7 おういつ
8 こうちょう
9 かんぼく
10 かしん
11 ごうぜん
12 けんこん
13 ずいうん
14 きふ
15 しえん
16 きっきょう
17 おうよう
18 しゅくし
19 ぞうへいしょう
20 しゅうおく
21 ともえな
22 しな
23 そむ
24 たど
25 くま
26 かす
27 しか
28 さまた
29 つじ
30 くるわ

(二) 表外の読み

1 しつら
2 かたじけな
3 たぐい
4 く
5 しんがり
6 したた
7 まさ
8 な
9 ことごと
10 た

(三) 熟語の読み 一字訓読み

ア 1 えいてつ 2 かしこ
イ 3 きゅうしゅ 4 あつ
ウ 5 しょうび 6 あつ
エ 7 ゆうあく 8 あつ
オ 9 しゅうそう 10 めぐ

(四) 共通の漢字

1 傷
2 利
3 満
4 幹
5 故

(五) 書き取り

1 跨
2 朧
3 唾棄
4 匙
5 箔
6 放蕩
7 麓
8 立錐
9 分水嶺
10 縞
11 旺盛
12 珊瑚
13 流暢
14 凱旋
15 蹴鞠
16 鳴
17 灌漑
18 感慨
19 挽
20 惹

(一)
16「吃驚」はおどろくこと。
18「夙志」は幼少からの志。「夙」は早朝、はやいなどの意味。

(三)
3「鳩首」は人々が集まり、額をつき合わせて話し合うこと。

(七)
問2選択肢の「魯魚章草（ろぎょしょうそう）」は文字の書き誤り。「魯」と「魚」、「章」と「草」が字形が似ていて書き誤りやすいことから。「鞭声粛粛（べんせいしゅくしゅく）」は気づかれないように馬に鞭打つ音も静かに。

(九)
2 水たまりで苦しむ鮒（ふな）。危機が迫っていることのたとえ。
7 死は年齢に関係なくやってくることのたとえ。
9 遠くの大事よりも、小さな自分に近い事件に危機感を感じることのたとえ。
10「身から出た錆」とほぼ同じ意

(六) 誤字訂正

1 近→僅
2 陶→淘
3 踏→套
4 絹→衣
5 憤→焚

(七) 四字熟語

問1

1 猪突
2 頓首
3 長汀
4 勤倹
5 報怨
6 野鶴
7 生呑
8 蒼然
9 大儒
10 乙駁

問2

1 しんし
2 がんい
3 へいどん
4 ほろう
5 てんげん

(八) 対義語・類義語

1 追従
2 蕩尽
3 伯仲
4 狙撃
5 糊塗
6 投錨
7 妄語
8 面妖
9 看破
10 要諦

(九) 故事・諺

1 盗泉
2 轍鮒
3 沙汰
4 苛政
5 菱蔓
6 溜
7 黄泉
8 膏薬
9 灸
10 錆（銹）

(十) 文章題

書き取り

1 与
2 欽慕
3 ト
4 蟹
5 袴

読み

ア さか
イ み
ウ かつ
エ つら
オ はい
カ かか
キ な
ク しし
ケ あ
コ ひのき

味。「銹」は1級用漢字。

(十)
1 その物事にかかわること。「預かる」とは送り仮名が異なるので注意。
2 うやまいしたうこと。
3 うらなうこと。
オ 掲示のふだ。
ク 努め励むさま。
＊なお、文中の「溝澮皆盈つ」は、雨水が溝川を満ちあふれるように、あまねく知れわたること。「沛然の雨」ははげしく降る雨。「放榜」は試験の合格者を発表すること。

本試験形式
第3回 模擬テスト 解答と解説

問題は P212~217

(一) 読み

1 とんじ
2 すいたい
3 すいばん
4 だいじょうえ
5 らくいん
6 かんきつ
7 そとう
8 せいあ
9 たんでき
10 あいれん
11 ちょうじょう
12 こうきょ
13 れいびょう
14 ていだん
15 せきとく
16 そんい
17 はいち
18 はしゅ
19 ちょし
20 そうはく
21 つと
22 とろ
23 かこつ
24 やいと
25 はか
26 とみ
27 ひがごと
28 わ
29 へりくだ
30 はびこ

(二) 表外の読み

1 たむろ
2 あやか
3 くだん
4 ほぼ
5 へりくだ
6 こぞ
7 のっと
8 こうべ
9 つ
10 い

(三) 熟語の読み 一字訓読み

ア 1 ほひつ 2 たす
イ 3 びほう 4 つくろ
ウ 5 ほてい 6 つづ
エ 7 ひんし 8 せま
オ 9 さくびゅう 10 あやま

(四) 共通の漢字

1 繁
2 案
3 雲
4 衷
5 丁

(五) 書き取り

1 翻弄
2 投錨
3 爽
4 埠頭
5 蚤
6 竹篦
7 蔀
8 胸糞
9 蛋白
10 醍醐味
11 好好爺 好々爺
12 紐帯
13 早蕨
14 従容 縦容
15 煉瓦
16 惹起
17 嘉納
18 化膿
19 掬
20 結

(一)
1「遁辞」は言い逃れの言葉。
4「大嘗会」は大嘗祭に行われる節会(天皇が諸臣に酒、食事を賜る儀式)。
19「儲嗣」は天子、貴人の世継ぎ。
22「瀞」は川の流れがゆるやかな所。流れにより浸食されてできた深い淵。

(三)
9「錯謬」は間違えること。

(五)
17「嘉納」は目上の人が献上品などを快く受け取ること。

(七)
問2の選択肢の「安車蒲輪(あんしゃほりん)」は乗り心地のよい車に老人を迎えること、老人をいたわること。

「藍田生玉(らんでんしょうぎょく)」はよい家柄から賢明な子弟が出るたとえ。「藍田玉を生ず」とも読む。

(六) 誤字訂正

1 波→播
2 空→腔
3 牢→籠
4 子→笥
5 端→綻

(七) 四字熟語

問1

1 杓子
2 長鞭
3 阿附
4 師資
5 治乱
6 補牢
7 俗語
8 撞着 撞著
9 傾城
10 鳳雛

問2

1 しょり
2 ふてい
3 たくしょう
4 はっこう
5 めいせん

(八) 対義語・類義語

1 荒蕪
2 嘲罵
3 歪曲
4 晦渋
5 家禽
6 真骨頂
7 臥床(牀)
8 贋作
9 俄然
10 逼塞

(九) 故事・諺

1 鞘
2 釈迦
3 得手
4 栗
5 菖蒲
6 柚 柚子
7 糾
8 破鏡
9 葱
10 屍

(十) 文章題

書き取り

1 狸
2 厭
3 蜘蛛・蜘・蛛
4 轟
5 無垢

読み

ア もてあそ
イ なかんずく
ウ ぬかぼし
エ かす
オ はて
カ いだ
キ む
ク か
ケ ひそ
コ ちえ

(八)
5「家禽(かきん)」はアヒルや七面鳥など、家畜として飼われる鳥。
7「牀」は1級用漢字。

(九)
3 自分の得意とする事柄がかえって失敗になることのたとえ。
6 棘のある柚子の木に裸で登るように、無茶なことをするたとえ。
8「覆水盆に返らず」「後悔先に立たず」とほぼ同じ意味。
9 葱は日当たりのよい所に植えよ、という意味。

(十)
イ その中でも。とりわけ。
ウ 夜空に散らばるたくさんの小さな星。「糠」は微小なものを表す。

本書記載の情報は制作時点のものです。受検をお考えの方は、必ずご自身で下記の公益財団法人 日本漢字能力検定協会の発表する最新情報をご確認ください。

公益財団法人 日本漢字能力検定協会
【ホームページ】 https://www.kanken.or.jp/
<本部> 京都市東山区祇園町南側 551 番地
ホームページにある「よくある質問」を読んで該当する質問がみつからなければメールフォームでお問合せください。電話でのお問合せ窓口は 0120－509－315（無料）です。

◆「漢検」「漢字検定」は公益財団法人 日本漢字能力検定協会の登録商標です。

本書に関する正誤等の最新情報は、下記のアドレスでご確認ください。
https://www.seibidoshuppan.co.jp/info/hkankenj1-2311

◉ 上記アドレスに掲載されていない箇所で、正誤についてお気づきの場合は、書名・質問事項・氏名・住所（またはFAX番号）を明記の上、**成美堂出版**まで**郵送**または**FAX**でお問い合わせください。**お電話でのお問い合わせはお受けできません。**
◉ 内容によってはご質問をいただいてから回答を発送するまでお時間をいただくこともございます。
◉ 本書の内容を超える質問等にはお答えできませんので、あらかじめご了承ください。

■ 本文デザイン：HOPBOX（福井信明）
■ 本文イラスト：黒はむ
■ 編　集　協　力：knowm

よくあるお問い合わせ

Q 持っている辞書に掲載されている読みと、本書に掲載されている読みが違いますが、どちらが正解でしょうか？

A 辞書によっては、準１級用漢字や常用漢字の表外の読みが異なることがあります。**漢検の採点基準では、「漢検要覧１級／準１級対応」（日本漢字能力検定協会発行）で示しているものを正解としています**ので、本書もこの基準に従っています。そのため、お持ちの辞書と読みが異なることがあります。
また、準１級用漢字のなかには、標準字体のほかに正解となる許容字体があります。本書では［　］内に許容字体を表記していますが、**「漢検要覧１級／準１級対応」（日本漢字能力検定協会発行）**で詳しく参照することが出来ます。

Q 持っている辞書に掲載されている故事・成語が本書に掲載されているものと異なりますが、どちらが正解でしょうか。

A 故事・成語については、辞書によって読み方や表現が異なる場合がありますが、本書では、過去に実際の試験で出題されたものを掲載しています。

頻出度順 漢字検定準１級問題集

編　著　成美堂出版編集部
発行者　深見公子
発行所　成美堂出版
〒162-8445 東京都新宿区新小川町1-7
電話(03)5206-8151 FAX(03)5206-8159
印　刷　大盛印刷株式会社

ISBN978-4-415-23201-0
落丁·乱丁などの不良本はお取り替えします
定価はカバーに表示してあります

頻出度順 漢字検定準１級問題集 別冊

漢字検定 準 1 級

合格ブック

暗記に役立つ！

- 絶対覚える **準1級用漢字表**
- 資料❶ 試験に出る **常用漢字の表外の読み**
- 資料❷ 試験に出る **四字熟語**の問題
- 資料❸ 試験に出る **故事・諺**の問題

成美堂出版

← 矢印の方向に引くと、取り外せます。

漢字	音読み	訓読み	用例	部首
惟○	[イ] [ユイ]	[おもう] [これ] [ただ]	思惟(しい・しゆい) 惟(ただ)	小 忄 心
葦○	*[イ]	[あし] [よし]	葦原(あしはら) 葦火(あしび)	艹 艹 艸
飴	[イ] (飴)	[あめ]	飴(あめ)と鞭(むち)	食 飠 食
謂○	[イ]	[いう] [いわれ] [いい]	謂(いい) (所謂(いわゆる))	言
鮪	[イ] [ユウ]	[まぐろ] [しび]	黒鮪(くろまぐろ)	魚
郁○	[イク]	[かぐわしい] [さかん]	郁郁(いくいく) 郁(かぐわ)しい	阝 邑
溢○	[イツ] *(溢)	[あふれる] [すぎる] [おごる] [みちる] [こぼれる]	溢水(いっすい) 横溢(おういつ) 溢美(いつび) 脳溢血(のういっけつ)	氺 氵 水
鰯○	(鰛)	[いわし]	真鰯(まいわし) 潤目鰯(うるめいわし)	魚
允○	[イン]	[まこと] [まことに] [ゆるす] [じょう]	允可(いんか) 允許(いんきょ)	儿
胤○	[イン]	[たね]	後胤(こういん) 胤嗣(いんし)	月 肉
寅○	[イン]	[つつしむ] [とら]	庚寅(こういん) 壬寅(じんいん)	宀
蔭○	[イン]	[かげ] [おかげ] [おおう] [しげる]	樹蔭(じゅいん)	艹 艹 艸
ウ 佑○	[ウ] [ユウ]	[たすける] [たすけ]	佑助(ゆうじょ) 天佑(てんゆう)	𠆢 亻 人
迂○	[ウ] (迂)	[まがる] [うとい] [とおい]	迂遠(うえん) 迂路(うろ)	辶 辶 辵
烏○	[ウ] [オ]	[からす] [くろい] [いずくんぞ] [なんぞ]	烏兎(うと) 烏有(うゆう)	灬 火
蔚	[ウツ] [イ]		蔚蔚(うつうつ) 彪蔚(ひょううつ・ひゅううつ)	艹 艹 艸
云○	[ウン]	[いう]	云為(うんい) (云云(うんぬん))	二
エ 曳○	[エイ]	[ひく]	曳航(えいこう) 揺曳(ようえい)	曰
洩	[エイ] [セツ]	[のびる] [もれる]	漏洩(ろうえい)	氺 氵 水
盈	[エイ]	[みちる] [あまる]	盈虚(えいきょ) 満盈(まんえい)	皿
瑛○	[エイ]		玉瑛(ぎょくえい)	王 玉
叡○	[エイ]	[かしこい]	叡断(えいだん) 叡慮(えいりょ)	又
穎	[エイ] (頴)	[ほさき] [すぐれる]	禾穎(かえい) 穎異(えいい)	禾
嬰	[エイ]	[めぐる] [ふれる] [あかご]	嬰児(えいじ) 退嬰(たいえい)	女
亦○	[エキ]	[また]	亦楽(またたの)しからずや	亠
苑○	[エン] [オン] [ウツ]	[その] [ふさがる]	御苑(ぎょえん) 紫苑(しおん)	艹 艹 艸

漢字	音読み	訓読み	用例	部首
奄○	[エン]	[おおう][ふさがる][たちまち]	気息奄奄(きそくえんえん) 奄う(おおう)	大
掩	[エン]	[おおう][かばう][たちまち]	掩護(えんご) 掩撃(えんげき)	扌手
堰○	[エン]	[せき][いせき][せく]	堰塞(えんそく) 堰く(せく)	土
焔○	[エン] (焰)	[もえる][ほのお]	気焔(きえん) 余焔(よえん)	⺣火
淵○	[エン] (渕)	[ふち][ふかい][おくぶかい]	深淵(しんえん) 千鳥ケ淵(ちどりがふち)	⺢氵水
鳶○	[エン]	[とび][とんび]	紙鳶(しえん) 鳶色(とびいろ)	鳥
厭	[エン][オン][ヨウ]	[おさえる][いとう][あきる][いや]	厭悪(えんお)・厭い(いと) 厭離(おんり・えんり)	厂
燕○	[エン]	[つばめ][さかもり][くつろぐ]	燕尾服(えんびふく) 燕返し(つばめがえし)	⺣火
鴛	[エン]	[おしどり]	鴛(おしどり) 鴛鴦(えんおう)の契り(ちぎり)	鳥
薗	[エン][オン]	[その]		艹艹艸
於○ (オ)	[オ]	[おいて][おける]	於邑(おゆう) 於菟(おと)	方
媼	[オウ]	[みめよい]		女
凰○	[オウ][コウ]	[おおとり]	鳳凰(ほうおう)	几
襖	[オウ] (襖)	[わたいれ][ふすま][あお]	襖(ふすま) 襖紙(ふすまがみ)	衤衣
鴨○	[オウ]	[かも]	鴨脚(おうきゃく) 鴨居(かもい)	鳥
鴦	[オウ]	[おしどり]	鴦(おしどり) 鴛鴦(えんおう)の契り(ちぎり)	鳥
鶯	[オウ] (鴬)	[うぐいす]	鶯遷(おうせん)・残鶯(ざんおう) 鶯語(おうご)	鳥
鴎○	[オウ] (鷗)	[かもめ]	鴎盟(おうめい)	鳥
鸚	[オウ][イン]		鸚鵡(おうむ)	鳥
禾○ (カ)	[カ]	[いね][のぎ]	禾穀(かこく)・禾黍(かしょ) 禾穂(かすい)	禾
瓜○	[カ] (瓜)	[うり]	甜瓜(てんか) 瓜二つ(うりふたつ)	瓜 瓜
伽○	[カ][ガ][キャ]	[とぎ]	夜伽(よとぎ)・伽羅(きゃら) 伽藍(がらん)	𠆢亻人
茄○	[カ]	[はす][なす][なすび]	蕃茄(ばんか)	艹艹艸
卦	[カ][ケ]	[うらなう][うらない]	卦兆(かちょう)・有卦(うけ) 八卦(はっけ)	卜
珂○	[カ]			王玉
迦○	[カ] (迦)		迦藍(がらん) 釈迦(しゃか)	⻌⻍辵
嘩○	*[カ]	[かまびすしい]	喧嘩(けんか)	口

漢字	音読み	訓読み	用例	部首
嘉○	[カ]	[よい] [よみする]	嘉(よみ)する 嘉猷(かゆう)	口
樺○	[カ]	[かば]	白樺(しらかば)	木
榎○	[カ]	[えのき]	榎茸(えのきだけ)	木
蝦○	[カ] [ガ]	[えび] [がま]	蝦根(えびね) (蝦夷(えぞ・えみし))	虫
霞○	[カ]	[かすみ] [かすむ]	霞(かすみ) 雲霞(うんか) 煙霞(えんか) 晩霞(ばんか) 春霞(はるがすみ)	雨
臥○	[ガ]	[ふす] [ふしど]	仰臥(ぎょうが)・起臥(きが) 病臥(びょうが)	臣
俄○	[ガ]	[にわか] [にわか]	俄雨(にわかあめ) 俄然(がぜん)	ヘイ人
峨○	[ガ] (峩)	[けわしい]	峨(けわ)しい 嵯峨(さが)	山
駕○	[ガ]	[のる] [のりもの] [あつかう] [しのぐ]	凌駕(りょうが) 陵駕(りょうが)	馬
蛾	[ガ] [ギ]	[まゆげ] [あり]	蛾眉(がび) 誘蛾灯(ゆうがとう)	虫
芥○	[カイ] [ケ]	[からし] [あくた] [ちいさい]	芥子(けし・かいし・からし) 塵芥(じんかい・ちりあくた)	艹艹艸
恢○	*[カイ]	[おおきい] [ひろい]	天網恢恢(てんもうかいかい)	小忄心
廻	*[カイ] [エ]	[まわす] [まわる] [めぐる] [めぐらす]	廻船問屋(かいせんどんや) 廻向(えこう)	廴
咳	*[カイ] [ガイ]	[せき] [せく] [しわぶき] [しわぶく]	鎮咳剤(ちんがいざい) 咳(せ)く	口
晦○	[カイ] (晦)	[みそか] [つごもり] [くらい] [くらます]	晦渋(かいじゅう)・晦匿(かいとく) 晦朔(かいさく)	日
堺○	[カイ]	[さかい]		土
凱○	[カイ] [ガイ]	[かちどき] [やわらぐ]	凱歌(がいか) 凱旋(がいせん)・凱(かちどき)	几
魁○	[カイ]	[かしら] [さきがけ] [おおきい] [おさ]	魁(さきがけ)・渠魁(きょかい) 首魁(しゅかい)	鬼
漑	*[カイ] [ガイ] (漑)	[そそぐ] [すすぐ]	灌漑(かんがい)	氺氵水
檜○	[カイ] (桧)	[ひのき] [ひ]	檜垣(ひがき)・檜(ひのき) 檜扇(ひおうぎ)	木
鎧○	[カイ] [ガイ]	[よろい] [よろう]	鎧戸(よろいど)	金
蟹○	[カイ] (蠏)	[かに]	蟹(かに)・蟹行(かいこう) 沢蟹(さわがに)	虫
亥○	[ガイ]	[い]	亥月(がいげつ) 辛亥革命(しんがいかくめい)	亠
苅	[ガイ]	[かる]		艹艹艸
碍	[ガイ] [ゲ]	[さまたげる] [ささえる]	障碍(しょうがい)・碍(さまた)げ 無碍(むげ)	石
塙○	[カク] [コウ]	[かたい] [はなわ]	塙(はなわ)	土

漢字	音読み	訓読み	用例	部首
廓	［カク］	［ひろい］［ひろげる］［むなしい］［くるわ］	遊廓(ゆうかく) 廓言葉(くるわことば)	广
赫	［カク］	［あかい］［さかん］［かがやく］［あつい］	赫灼(かくしゃく) 赫怒(かくど)	赤
摑○	［カク］（掴）	［つかむ］	手摑み(てづかみ)	扌手
劃	［カク］	［わかつ］［くぎる］	劃然(かくぜん) 劃かつ(わ)	刂刀
鍔	［ガク］	［つば］	鍔(つば) 鍔競り合い(つばぜりあい)	金
鰐	［ガク］	［わに］	鰐(わに) 鰐魚(がくぎょ)	魚
樫○		［かし］	樫(かし) 姥目樫(うばめがし)	木
恰○	［カッ］［コウ］	［あたかも］	恰も(あたか)・恰幅(かっぷく) 恰好(かっこう)	小忄心
筈○	［カツ］	［やはず］［はず］	手筈(てはず) 筈(はず)	竹
侃○	［カン］	［つよい］	侃直(かんちょく)・侃侃(かんかん) 侃侃如(かんかんじょ)	𠆢亻人
柑○	［カン］	［みかん］［こうじ］	柑橘(かんきつ) 蜜柑(みかん)	木
函○	［カン］（凾）	［いれる］［はこ］［よろい］	投函(とうかん) 函館(はこだて)	凵
竿○	［カン］	［さお］［ふだ］	竹竿(ちくかん・たけざお) 旗竿(はたざお)	竹
莞○	［カン］	［い］［むしろ］	莞爾(かんじ)	艹艹艸
桓	［カン］		盤桓(ばんかん) 桓武天皇(かんむてんのう)	木
菅○	［カン］	［すげ］［すが］	菅笠(すげがさ)・菅薦(すがごも) 菅原道真(すがわらのみちざね)	艹艹艸
姦	［カン］	［よこしま］［みだら］［かしましい］	姦詐(かんさ)・大姦(たいかん) 姦しい(かしま)	女
萱○	［カン］［ケン］	［かや］［わすれぐさ］	萱堂(けんどう) 萱葺き(かやぶ)	艹艹艸
澗	［カン］［ケン］（澗）	［たに］［たにみず］	澗谷(かんこく)	氵氵水
舘	［カン］	［やかた］［たて］［たち］		舌
翰	［カン］（翰）	［ふで］［ふみ］［てがみ］［とぶ］［みき］	翰墨(かんぼく) 筆翰(ひっかん) 翰林(かんりん) 書翰(しょかん)	羽
諫	［カン］（諌）	［いさめる］	諫言(かんげん) 苦諫(くかん)	言
灌	［カン］（潅）	［そそぐ］	灌漑(かんがい)	氵氵水
雁○	［ガン］（鴈）	［かり］	雁行(がんこう) 落雁(らくがん)	隹
巖○	［ガン］	［けわしい］［いわ］［いわお］［がけ］	巖窟(がんくつ) 巖棲(がんせい) 巖頭(がんとう) 巖しい(けわ)	山

漢字	音読み	訓読み	用例	部首
癌	[ガン]		癌腫(がんしゅ)・発癌(はつがん) 喉頭癌(こうとうがん)	疒
贋	[ガン]	[にせ]	贋作(がんさく) 贋札(にせさつ)	貝
翫	[ガン] (翫)	[もてあそぶ] [あじわう] [あなどる] [むさぼる]	翫弄(がんろう) 賞翫(しょうがん)	羽
キ 其◦	[キ]	[その] [それ]	其れ式(それしき)	ハ八
祁	[キ] (祁)	[おおいに] [おおきい] [さかんに]	祁寒(きかん)	礻示
葵◦	[キ]	[あおい]	葵花(きか) 双葉葵(ふたばあおい)	艹艹艸
稀◦	[キ] [ケ]	[まれ] [まばら] [うすい]	稀薄(きはく) 稀有(けう)	禾
箕	[キ]	[み] [ちりとり]	箕(み) 箕坐(きざ)	竹
嬉◦	[キ]	[たのしむ] [うれしい] [あそぶ]	嬉嬉(きき) 嬉しい(うれしい)	女

漢字	音読み	訓読み	用例	部首
槻◦	[キ]	[つき]	槻弓(つきゆみ・つくゆみ)	木
毅◦	[キ]	[つよい] [たけし]	毅然(きぜん) 剛毅(ごうき)	殳
窺◦	[キ]	[うかがう] [のぞく]	管窺(かんき) 窺う(うかがう)	穴
徽◦	[キ] (徽)	[よい] [しるし]	徽章(きしょう) 徽号(きごう)	彳
磯◦	[キ]	[いそ]	磯遊び(いそあそび)	石
麒◦	[キ]	[きりん]	麒麟(きりん)	鹿
鰭	[キ]	[ひれ] [はた]	尾鰭(おひれ) 鰭酒(ひれざけ)	魚
妓	[ギ]	[わざおぎ] [あそびめ] [こ]	老妓(ろうぎ)・芸妓(げいぎ) 舞妓(まいこ)・名妓(めいぎ)	女
祇◦	[ギ] (祇)	[くにつかみ]	神祇(じんぎ) 祇園精舎(ぎおんしょうじゃ)	礻示

漢字	音読み	訓読み	用例	部首
誼◦	[ギ]	[よい] [すじみち] [よしみ]	誼(よしみ)・厚誼(こうぎ) 友誼(ゆうぎ)	言
蟻	[ギ]	[あり] [くろ] [くろい]	蟻酸(ぎさん) 働き蟻(はたらきあり)	虫
掬◦	[キク]	[すくう] [むすぶ]	一掬(いっきく) 掬ぶ(むすぶ)・掬う(すくう)	扌手
鞠◦	[キク]	[まり] [やしなう] [とりしらべる] [かがむ]	蹴鞠(けまり)・鞠訊(きくじん) 鞠問(きくもん)	革
麴	[キク] (麹)	[こうじ] [さけ]	麴菌(こうじきん) 米麴(こめこうじ)	麦麥
吃	[キツ]	[どもる] [くう] [すう]	吃る(どもる)・吃緊(きっきん) 吃驚(きっきょう)	口
迄◦	[キツ] (迄)	[いたる] [およぶ] [まで]		辶辶辵
桔◦	[キツ] [ケツ]		桔梗(きちこう・ききょう)	木
橘◦	[キツ]	[たちばな]	柑橘(かんきつ) 橘中(きっちゅう)	木

漢字	音読み	訓読み	用例	部首
仇	[キュウ]	[かたき][あだ][つれあい]	仇敵(きゅうてき) 仇(あだ)は情(なさ)け	𠆢 亻 人
灸○	[キュウ]	[やいと]	灸(やいと) 灸(きゅう)を据(す)える	火 灬
汲○	*[キュウ]	[くむ][ひく]	汲汲(きゅうきゅう) 鮎汲(あゆく)み	氺 氵 水
玖○	[キュウ][ク]		玖馬(キューバ)	王 玉
笈○	*[キュウ]	[おい]	書笈(しょきゅう) 笈(おい)の小文(こぶみ)	竹
韮	[キュウ](韭)	[にら]	韮(にら)・春韮(しゅんきゅう) 黄韮(きにら)	艹 艹 艸
鳩○	[キュウ][ク]	[はと][あつめる][あつまる][やすんずる]	鳩舎(きゅうしゃ) 土鳩(どばと)	鳥
厩○	*[キュウ](廐)(廏)(厩)	[うまや]	厩舎(きゅうしゃ) 厩肥(きゅうひ) 厩(うまや)	厂
渠	*[キョ]	[みぞ][おおきい][かしら][かれ][なんぞ]	暗渠(あんきょ) 渠魁(きょかい) 溝渠(こうきょ)	氺 氵 水
嘘	[キョ](噓)	[ふく][はく][すすりなく][うそ]	嘘(うそ)吐(つ)き	口
鋸○	[キョ]	[のこぎり][のこ]	鋸(のこぎり)・鋸歯(きょし) 鋸鮫(のこぎりざめ)	金
禦	[ギョ]	[ふせぐ][つよい]	禦(ふせ)ぐ 制禦(せいぎょ)	礻 示
叶○	[キョウ]	[かなう]	叶和(きょうわ) 叶(かな)う	口
兇	[キョウ]	[わるい][おそれる]	兇刃(きょうじん) 兇賊(きょうぞく)	儿
匡○	[キョウ]	[ただす][すくう]	匡正(きょうせい)・匡(ただ)す 匡済(きょうさい)	匚
杏○	[キョウ][アン]	[あんず]	杏林(きょうりん) 杏子(あんず)	木
劫○	[キョウ][コウ][ゴウ]	[おびやかす][かすめる]	億劫(おっくう)・劫初(ごうしょ) 劫末(ごうまつ)・劫火(ごうか)	力
亨○	[キョウ][コウ][ホウ]	[とおる][にる]	亨通(こうつう) 亨(とお)る	亠
怯	[キョウ][コウ]	[おびえる][おじる][ひるむ]	怯夫(きょうふ)・怯(ひる)む 怯(おび)える	⺗ 忄 心
俠○	[キョウ](侠)	[おとこだて][きゃん]	義俠(ぎきょう)・俠客(きょうかく) 俠気(おとこぎ)	𠆢 亻 人
喬○	[キョウ]	[たかい][おごる]	喬木(きょうぼく)	口
僑	[キョウ]	[やどる][かりずまい]	華僑(かきょう)	𠆢 亻 人
蕎○	[キョウ]		(蕎麦(そば))	艹 艹 艸
彊	[キョウ]	[つよい][つとめる][しいる]	彊諫(きょうかん)・彊(つよ)い 彊(つと)める	弓
橿	[キョウ]	[かし]	黒橿(くろがし) 橿原神宮(かしはらじんぐう)	木

馨○	饗○	尭○	旭○	粁	芹○	欣○	衿○	欽○
[キョウ][ケイ]	*[キョウ]	[ギョウ]	[キョク]		[キン]	[キン][ゴン]	[キン]	[キン]
[かおり][かおる]	[あえ][もてなす][うける]	[たかい]	[あさひ]	[キロメートル]	[せり]	[よろこぶ]	[えり]	[つつしむ][うやまう]
馨香(けいこう・けいきょう)・芳馨(ほうけい)・馨逸(けいいつ)	饗宴(きょうえん)・饗す(もてなす) 饗応(きょうおう)	尭風舜雨(ぎょうふうしゅんう)	旭光(きょっこう) 旭日(きょくじつ)		献芹(けんきん)	欣快(きんかい) 欣求浄土(ごんぐじょうど)	衿帯(きんたい)・衿(えり) 青衿(せいきん)	欽慕(きんぼ)・欽羨(きんせん) 欽定(きんてい)
香	飠𩙿食	土	日	米	艹艹艸	欠	衤衣	欠

禽○	檎○	矩○ ク	狗	倶○	鉤	駈	軀
*[キン]	*[キン][ゴ]	[ク]	[ク][コウ]	*[ク][グ]	[ク][コウ](鈎)	[ク]	*[ク](躯)
[とり][とらえる][いけどり]		[さしがね][のり]	[いぬ]	[ともに]	[かぎ][つりばり][かける][おびどめ][まがる]	[かける][かる]	[からだ][むくろ]
禽獣(きんじゅう)・渉禽(しょうきん)・猛禽(もうきん)・鳴禽(めいきん)	林檎(りんご)	矩(のり) 矩形(くけい)	羊頭狗肉(ようとうくにく) 走狗(そうく)	不倶戴天(ふぐたいてん)	鉤餌(こうじ) 鉤型(かぎがた)	駈け回る(かけまわる)	長身痩軀(ちょうしんそうく)
内	木	矢	犭犬	𠆢亻人	金	馬	身

寓○	腔○	粂	喰○	袈○ ケ	圭○	荊	桂○	珪
*[グ][グウ]	*[クウ][コウ](腔)		*	[ケ]	[ケイ]	[ケイ](荆)	[ケイ]	[ケイ]
[よせる][やどる][かりずまい][かこつける]	[から][からだ]	[くめ]	[くらう][くう]		[たま][かどだつ]	[いばら][むち]	[かつら]	[たま]
寓意(ぐうい) 寓話(ぐうわ)	腔腸(こうちょう)・満腔(まんこう) 鼻腔(びこう)	粂の仙人(くめのせんにん)		大袈裟(おおげさ)	圭角(けいかく)	荊(いばら)・柴荊(さいけい) 荊妻(けいさい)	桂皮(けいひ) 桂離宮(かつらりきゅう)	珪石(けいせき)・珪華(けいか) 珪素(けいそ)
宀	月肉	米	口	衤衣	土	艹艹艸	木	王玉

畦	卿○	罫	慧○	頸	鮭	繋○	戟○
[ケイ]	[ケイ] [キョウ] *(卿)	[ケイ]	[ケイ] [エ]	[ケイ] (頚)	[ケイ] [カイ]	[ケイ] (繫)	[ケキ] [ゲキ]
[うね] [あぜ]	[きみ] [くげ]		[さとい] [かしこい]	[くび]	[さけ] [さかな]	[つなぐ] [つながる] [かかる] [とらえる] [きずな]	[ほこ]
畦道(あぜみち)	卿相(けいしょう) 大蔵卿(おおくらきょう)	罫紙(けいし)・罫線(けいせん) 罫(けい)	慧眼(けいがん)・聡慧(そうけい) 慧悟(けいご)・慧敏(けいびん)	頸椎(けいつい) 頸聯(けいれん)	鮭鱒(けいそん) 塩鮭(しおざけ)	繋ぐ(つなぐ) 繋属(けいぞく) 繋留(けいりゅう)	兵戟(へいげき)・剣戟(けんげき) 矛戟(ぼうげき)・刺戟(しげき)
田	㔾 卩	罒 网	⺗ 忄 心	頁	魚	糸	戈

頁○	訣○	蕨○	牽○	倦○	喧○	絢○	硯○	捲○
[ケツ] [ヨウ]	[ケツ]	*[ケツ]	[ケン]	[ケン] (倦)	[ケン]	[ケン]	[ケン] [ゲン]	[ケン] (捲)
[かしら] [ページ]	[わかれる] [おくぎ]	[わらび]	[ひく] [つらなる]	[うむ] [あきる] [あぐむ] [つかれる]	[かまびすしい] [やかましい]	[あや]	[すずり]	[まく] [まくる] [めくる] [いさむ]
頁岩(けつがん)	秘訣(ひけつ)・永訣(えいけつ) 訣別(けつべつ)	早蕨(さわらび)・蕨(わらび) 蕨餅(わらびもち)	牽引(けんいん) 牽制(けんせい)	倦む(うむ)・倦む(あぐむ) 倦怠(けんたい)	喧伝(けんでん) 喧騒(けんそう)	絢飾(けんしょく) 織物の絢(おりもののあや)	筆硯(ひっけん) 硯石(すずりいし)	捲る(まくる)・捲く(まく) 席捲(せっけん)
頁	言	艹 艹 艸	牜 牛	𠆢 亻 人	口	糸	石	扌 手

蜎	鰹	鹸	彦○	絃○	諺○	乎 コ	姑	狐
[ケン]	[ケン]	[ケン] (鹼)	[ゲン]	[ゲン]	[ゲン] (諺)	[コ]	[コ]	[コ] (狐)
[うつくしい]	[かつお]	[しおけ] [あく]	[ひこ]	[いと] [つる]	[ことわざ]	[か] [や] [を] [かな]	[しゅうとめ] [しゅうと] [おんな] [しばらく]	[きつね]
蟬蜎(せんけん)	鰹節(かつおぶし)	石鹸(せっけん)	俊彦(しゅんげん)・英彦(えいげん) 諸彦(しょげん)	絃楽器(げんがっき)	古諺(こげん) 俗諺(ぞくげん)	醇乎(じゅんこ) 確乎(かっこ)	姑息(こそく)・姑く(しばらく) 姑の涙汁(しゅうとめのなみだじる)	白狐(びゃっこ)・狐狸(こり) 銀狐(ぎんぎつね)
虫	魚	鹵	彡	糸	言	ノ	女	犭 犬

漢字	音読み	訓読み	用例	部首
胡○	[コ][ゴ][ウ]	[あごひげ][えびす][なんぞ][でたらめ][ながいき][みだり][いずくんぞ]	胡弓（こきゅう） 胡麻（ごま） 胡乱（うろん）	月 肉
袴○	[コ]	[はかま][ももひき]	弊袴（へいこ）・袴下（こした） 袴（はかま）	衤 衣
壺	[コ]（壷）	[つぼ]	壺中（こちゅう）・漏壺（ろうこ） 銅壺（どうこ）	士
菰	[コ]（苽）	[こも][まこも]	真菰（まこも）・菰（こも） 菰畳（こもだたみ）	艹 艹 艸
跨○	[コ]	[またぐ][またがる][よる][また]	跨線橋（こせんきょう） 跨ぐ（また）	𧾷 足
鈷	[コ]		三鈷（さんこ）	金
瑚○	[コ][ゴ]		珊瑚礁（さんごしょう）	王 玉
糊○	[コ]	[のり][くちすぎ]	糊口（ここう）・糊（のり） 糊塗（こと）	米

漢字	音読み	訓読み	用例	部首
醐○	[コ][ゴ]		醍醐味（だいごみ）	酉
伍○	[ゴ]	[くみ][いつつ]	伍す（ご） 落伍者（らくごしゃ）	𠆢 亻 人
吾○	[ゴ]	[われ][わが]	吾人（ごじん） 吾が輩（わがはい）	口
冴○	*[ゴ]	[さえる]	冴える（さ）	冫
梧○	[ゴ]	[あおぎり]	梧桐（ごとう）	木
叩	[コウ]	[たたく][はたく][ひかえる]	叩扉（こうひ）・叩頭（こうとう） 叩く（たた）・叩首（こうしゅ）	㔾 卩
弘○	[コウ][グ]	[ひろい][ひろめる]	弘毅（こうき） 弘誓（ぐぜい）	弓
亙	[コウ]	[わたる]	聯亙（れんこう）・亙古（こうこ） 綿亙（めんこう）	二
亘○	[コウ][セン]	[わたる]	亘る（わた） 綿亘（めんこう）	二

漢字	音読み	訓読み	用例	部首
宏○	[コウ]	[ひろい][おおきい]	寛宏（かんこう） 宏壮（こうそう）	宀
佼	[コウ]	[うつくしい]	庸中佼佼（ようちゅうのこうこう）	𠆢 亻 人
庚○	[コウ]	[かのえ][とし]	庚寅（こういん・かのえとら） 庚申（こうしん・かのえさる）	广
杭○	[コウ]	[わたる][くい]	杭（くい）・杭材（こうざい） 橋杭（はしぐい）	木
肴○	[コウ]	[さかな]	酒肴（しゅこう）・佳肴（かこう） 肴（さかな）・肴核（こうかく）	月 肉
肱	[コウ]	[ひじ]	股肱（ここう） 肱（ひじ）	月 肉
昂○	[コウ][ゴウ]	[たかぶる][あがる][たかい]	昂る（たかぶ）・昂然（こうぜん） 昂進（こうしん）・昂揚（こうよう）	日
垢	[コウ][ク]	[あか][よごれる][けがれる][はじ]	垢抜ける（あかぬ） 金無垢（きんむく）	土
巷○	[コウ]（巷）	[ちまた]	巷（ちまた）・巷間（こうかん） 巷説（こうせつ）	己

漢字	音読み	訓読み	用例	部首
倖○	[コウ]	[さいわい] [へつらう]	薄倖(はっこう) 射倖心(しゃこうしん)	へイ人
晃○	[コウ]	[あきらか] [ひかる]	晃晃(こうこう)	日
浩○	[コウ]	[おおきい] [ひろい] [おおい] [おごる]	浩然(こうぜん)	氺氵水
紘○	[コウ]	[おおづな] [ひろい]	八紘一宇(はっこういちう)	糸
袷	[コウ]	[あわせ]	袷(あわせ) 袷羽織(あわせばおり)	衤衣
釦	[コウ]	[かざる] [ボタン]	飾り釦(かざりぼたん)	金
皐○	[コウ] (皋)	[さわ] [さつき]	九皐(きゅうこう) 皐月(こうげつ・さつき)	白
蛤	[コウ]	[はまぐり]	蛤御門(はまぐりごもん)	虫
幌○	*[コウ]	[ほろ]	幌(ほろ)・札幌(さっぽろ) 幌馬車(ほろばしゃ)	巾

漢字	音読み	訓読み	用例	部首
膏○	[コウ]	[あぶら] [こえる] [うるおす] [めぐむ]	石膏(せっこう)・膏薬(こうやく) 膏血(こうけつ)・軟膏(なんこう)	月肉
閤○	[コウ]	[くぐりど] [へや] [たかどの]	閤(こう)・太閤(たいこう) 閤下(こうか)	門
縞○	[コウ]	[しろぎぬ] [しま]	格子縞(こうしじま) 縞柄(しまがら)・縞鯵(しまあじ)	糸
鴻○	[コウ]	[おおとり] [おおきい]	鴻毛(こうもう)・鴻恩(こうおん) 鴻儒(こうじゅ)	鳥
鮫	*[コウ]	[さめ]	鋸鮫(のこぎりざめ) 鮫肌(さめはだ)	魚
糠	[コウ]	[ぬか]	糟糠(そうこう)・糠袋(ぬかぶくろ) 糠漬け(ぬかづけ)	米
藁○	[コウ]	[わら]	藁履(わらぐつ)・草藁(くさわら) 藁葺き(わらぶき)	艹艹艸
鵠	[コウ] *[コク]	[くぐい] [しろい] [まと] [ただしい] [おおきい]	鴻鵠(こうこく) 正鵠(せいこく・せいこう)	鳥

漢字	音読み	訓読み	用例	部首
礦	[コウ] (砿)	[あらがね]	炭礦(たんこう)	石
攪	[コウ] [カク] (撹)	[みだす] [まぜる]	攪乱(こうらん・かくらん)	扌手
壕○	[ゴウ]	[ほり]	壕(ごう)・壕(ほり) 防空壕(ぼうくうごう)	土
濠	*[ゴウ]	[ほり]	濠(ごう)・濠(ほり) 城の濠(しろのほり)	氺氵水
嚙	[ゴウ] (噛)	[かむ] [かじる]	嚙み潰す(かみつぶす)	口
轟○	[ゴウ]	[とどろく] [おおいに]	轟音(ごうおん)・轟然(ごうぜん) 轟沈(ごうちん)	車
忽○	[コツ]	[ゆるがせ] [たちまち]	忽せ(ゆるがせ)・忽然(こつぜん) 粗忽(そこつ)	小忄心
惚○	[コツ]	[ほれる] [ほうける] [ぼける] [とぼける]	惚ける(とぼける) 惚れる(ほれる)	小忄心
艮	[コン] [ゴン]	[うしとら]	艮(うしとら)	艮

漢字	音読み	訓読み	用例	部首
坤	[コン]	[つち] [ひつじさる]	坤軸(こんじく)・乾坤一擲(けんこんいってき)(1級)	土
昏○	[コン]	[くれ] [くらい] [くらむ]	昏倒(こんとう)・昏睡(こんすい)・昏昏(こんこん)	日
梱	[コン]	[こり] [こうり] [しきみ]	梱包(こんぽう)・二梱(ふたこり・ふたこうり)	木
乍	[サ]	[たちまち] [ながら]	乍ち(たちま)・乍ら(なが)	ノ
些○	[サ]	[いささか] [すこし]	些か(いささ)・些細(ささい)・些少(さしょう)・些事(さじ)	二
裟○	[サ]		大袈裟(おおげさ)	衤衣
瑳○	[サ]	[みがく]	切瑳琢磨(せっさたくま)	王玉
坐○	[ザ]	[すわる] [いながら] [そぞろに] [います] [おわす] [まします]	坐ろ(そぞろ)・坐ら(いなが)・坐礁(ざしょう)・尻坐(こうざ)・坐臥(ざが)・坐視(ざし)・坐禅(ざぜん)	土
叉○	*[サ] [シャ]	[また] [さす] [こまねく] [こまぬく]	三叉路(さんさろ)・夜叉(やしゃ)	又
紗○	[サ] [シャ]	[うすぎぬ]	更紗(さらさ)・羅紗(らしゃ)	糸
蓑○	[サ] [サイ]	[みの]	蓑笠(さりゅう・さりつ・みのかさ)	艹艹艸
嵯○	[サ] (嵳)	[けわしい]	嵯峨(さが)	山
哉○	[サイ]	[かな] [や] [か]	快哉(かいさい)	口
栖○	[サイ] [セイ]	[すむ] [すみか]	栖息(せいそく)・幽栖(ゆうせい)	木
晒○	[サイ]	[さらす]	晒す(さら)・店晒し(たなざら)	日
柴○	[サイ]	[しば] [まつり] [ふさぐ]	柴扉(さいひ)・柴荊(さいけい)・薪柴(しんさい)・鹿柴(ろくさい)	木
砦○	[サイ]	[とりで]	山砦(さんさい)・砦柵(さいさく)・城砦(じょうさい)・砦(とりで)	石
啐	[サイ] [ソツ]	[なめる] [なきごえ]	啐啄同時(そったくどうじ)	口
犀○	[サイ] [セイ]	[かたい] [するどい]	犀利(さいり)・金木犀(きんもくせい)	牛
榊○	(榊)	[さかき]	榊(さかき)	木
朔○	[サク]	[ついたち] [きた]	朔(さく)・朔日(さくじつ)・朔北(さくほく)・晦朔(かいさく)	月月
窄○	[サク]	[せまい] [せばまる] [すぼむ] [つぼむ]	窄む(すぼ)・狭窄(きょうさく)・見窄らしい(みすぼ)	穴
笹○		[ささ]	篠笹(しのざさ)・笹藪(ささやぶ)・笹身(ささみ)	竹
撒○	[サツ] [サン]	[まく]	撒布(さんぷ)・豆撒き(まめま)	扌手
薩○	[サツ] (薩)		菩薩(ぼさつ)・薩摩芋(さつまいも)	艹艹艸
珊○	*[サン]		珊瑚(さんご)・珊珊(さんさん)・珊瑚礁(さんごしょう)	王玉

漢字	音読み	訓読み	用例	部首
蒜	[サン]	[ひる] [にんにく]	蒜（ひる） 野蒜（のびる）	艹艹艸
餐	[サン]	[くう] [のむ] [たべもの]	賜餐（しさん）・正餐（せいさん） 晩餐（ばんさん）・加餐（かさん）	𩙿飠食
燦○	[サン]	[あきらか] [あざやか] [きらめく]	燦然（さんぜん）・燦燦（さんさん） 燦（あき）らか	火
纂○	[サン]	[あつめる] [くみひも] [つぐ]	編纂（へんさん）	糸
讃○	[サン] （讚）	[ほめる] [たたえる] [たすける]	讃（たた）える 絶讃（ぜっさん）・讃歌（さんか）	言
之○ シ	[シ]	[これ] [この] [の] [ゆく]	之（ゆ）く 之字路（しじろ・しじのみち）	ノ
巳○	[シ]	[み]	上巳（じょうし） 辛巳（しんし・かのとみ）	己
仔○	[シ]	[たえる] [こまか] [こ]	仔細（しさい） 仔犬（こいぬ）	𠆢イ人
只○	[シ]	[ただ]	只管（しかん） 只今（ただいま）	口

漢字	音読み	訓読み	用例	部首
此○	[シ]	[この] [これ] [かく] [ここ]	此岸（しがん） 彼此（ひし）	止
弛○	[シ] [チ]	[たるむ] [ゆるむ] [たゆむ]	弛緩（しかん）・弛廃（しはい） 弛（たゆ）む	弓
孜○	[シ]	[つとめる]	孜孜（しし）	攴攵
屍	[シ]	[しかばね] [かばね]	死屍（しし）・屍骸（しがい） 屍臭（ししゅう）・屍斑（しはん）	尸
砥○	[シ]	[と] [といし] [とぐ] [みがく]	砥（し）・砥礪（しれい） 砥石（といし）	石
梓○	[シ]	[あずさ] [はんぎ] [だいく]	上梓（じょうし）・梓行（しこう） 桑梓（そうし）・梓弓（あずさゆみ）	木
笥	[シ] [ス]	[け] [はこ]	箪笥（たんす） 笥子（けこ・けご）	竹
匙	[シ]	[さじ]	匙（さじ）を投（な）げる 茶匙（ちゃさじ）	匕
偲○	[シ]	[しのぶ]	父（ちち）を偲（しの）ぶ	𠆢イ人

漢字	音読み	訓読み	用例	部首
痔	[ジ]	[しもがさ]	痔疾（じしつ）	疒
覗	[シ]	[うかがう] [のぞく]	顔色（かおいろ）を覗（うかが）う 覗（のぞ）き見（み）	見
斯○	[シ]	[この] [これ] [かく] [かかる]	斯界（しかい）・斯学（しがく） 斯（か）く・斯道（しどう）	斤
蒔○	[シ] [ジ]	[うえる] [まく]	蒔（ま）く・蒔絵（まきえ） 種蒔（たねま）き	艹艹艸
獅○	[シ]	[しし]	獅子（しし）	犭犬
髭	[シ]	[くちひげ] [ひげ]	髭剃（ひげそ）り	髟
而○	[ジ]	[しかして] [しかれども] [しかも] [しかるに] [なんじ]	形而上（けいじじょう） 而立（じりつ） 而（しか）る	而
馳○	[ジ] [チ]	[はせる]	背馳（はいち） 馳（は）せる	馬

爾○	[ジ][ニ]	[なんじ][その]	爾汝(じじょ)・爾(なんじ) 爾後(じご)・率爾(そつじ)	爻
鴫		[しぎ]	鴫(しぎ) 鴫焼き(しぎやき)	鳥
宍	[ジク][ニク]	[しし]	宍色(ししいろ)	宀
悉○	[シツ]	[つくす][ことごとく][つぶさに]	悉に(つぶさに)・悉く(ことごとく) 知悉(ちしつ)	小忄心
蛭	[シツ][テツ]	[ひる]	蛭(ひる)に塩(しお)	虫
櫛○	[シツ] (櫛) *	[くし][くしけずる]	櫛比(しっぴ)・櫛(くし) 櫛る(くしけずる)・櫛形(くしがた)	木
柘○	[シャ]	[やまぐわ][つげ]	(柘植(つげ))	木
這	[シャ] (這)	[この][これ][はう]	這箇(しゃこ)・這(こ)の 這般(しゃはん)	辶辶辵
勺	[シャク]		一勺(いっしゃく)	勹
灼○	* [シャク]	[やく][あきらか][あらたか][やいと]	灼(あらた)か・赫灼(かくしゃく) 灼熱(しゃくねつ)	火灬
杓	* [シャク][ヒョウ]	[ひしゃく][しゃくう]	茶杓(ちゃしゃく)	木
錫○	[シャク][セキ][シ]	[すず][つえ][たまもの]	錫杖(しゃくじょう) 錫(すず)	金
雀○	[ジャク]	[すずめ]	孔雀(くじゃく)・燕雀(えんじゃく) 雀(すずめ)の涙(なみだ)	隹
惹○	[ジャク][ジャ]	[ひく][まねく]	惹起(じゃっき) 惹(ひ)き起(お)こす	小忄心
諏○	* [シュ][ス]	[はかる][とう]	諮諏(ししゅ) (諏訪湖(すわこ))	言
嬬	[ジュ]	[つま][よわい]	嬬恋(つまごい)	女
濡○	[ジュ]	[うるおう][ぬれる][とどこおる][こらえる]	濡(うるお)い 濡(ぬ)れ手(て)に粟(あわ)	氺氵水
綬	[ジュ]	[ひも][くみひも]	印綬(いんじゅ) 藍綬褒章(らんじゅほうしょう)	糸
竪○	[ジュ] (竪)	[たつ][たて][こども][こもの]	竪子(じゅし) 竪琴(たてごと)	立
酋	* [シュウ] (酋)	[おさ][かしら]	酋領(しゅうりょう) 酋長(しゅうちょう)	酉
柊○	[シュウ] (柊)	[ひいらぎ]	柊葉(しゅうよう) 柊南天(ひいらぎなんてん)	木
洲○	[シュウ]	[す][しま]	洲渚(しゅうしょ)・欧洲(おうしゅう) 三角洲(さんかくす)	氺氵水
萩○	[シュウ]	[はぎ]	萩(はぎ)の乱(らん)	艹艹艸
葺○	* [シュウ]	[ふく][つくろう]	葺(ふ)く・葺屋(しゅうおく) 補葺(ほしゅう)	艹艹艸
嵩○	[シュウ][スウ]	[かさ][かさむ][たかい]	嵩(かさ)・水嵩(みずかさ) 嵩高(かさだか/すうこう)	山
楢	* [シュウ][ユウ] (楢)	[なら]	楢茸(ならたけ)	木
蒐○	[シュウ]	[あつめる][かり]	蒐荷(しゅうか) 蒐集(しゅうしゅう)	艹艹艸

輯○	鰍	繡○	穐	鷲○	什	廿○	戎	紐○
［シュウ］	［シュウ］	［シュウ］（繍）	［シュウ］（穐）	［シュウ］［ジュ］	［ジュウ］	［ジュウ］	［ジュウ］	［ジュウ］＊［チュウ］
［あつめる］［やわらぐ］	［どじょう］［いなだ］［かじか］	［ぬいとり］［にしき］［うつくしい］	［あき］［とき］	［わし］	［とお］	［にじゅう］	［えびす］［いくさ］［おおきい］［つわもの］	［ひも］
集輯（しゅうしゅう） 編輯（へんしゅう）		錦繡（きんしゅう） 刺繡（ししゅう）		鷲鼻（わしばな） 鷲摑み（わしづかみ）	近什（きんじゅう）・佳什（かじゅう） 什器（じゅうき）	（廿日市市（はつかいちし））	戎夷（じゅうい）・戎器（じゅうき） 戎馬（じゅうば）	紐帯（ちゅうたい・じゅうたい） 紐解く（ひもとく）
車	魚	糸	禾	鳥	𠆢亻人	十	戈	糸

夙	粥○	峻○	竣○	隼○	馴○	舜○	醇○
［シュク］	［シュク］［イク］	［シュン］	［シュン］	［シュン］［ジュン］	［シュン］［ジュン］［クン］	［シュン］（舜）	［シュン］［ジュン］
［つとに］［はやい］［まだき］	［かゆ］［ひさぐ］	［たかい］［けわしい］［おおきい］［きびしい］	［おわる］	［はやぶさ］	［なれる］［ならす］［すなお］［よい］［おしえ］	［むくげ］	［もっぱら］［あつい］
夙志（しゅくし）・夙に（つとに） 夙昔（しゅくせき）・夙夜（しゅくや）	粥腹（かゆばら）・芋粥（いもがゆ） 粥ぐ（ひさぐ）・粥薬（しゅくやく）	急峻（きゅうしゅん） 峻厳（しゅんげん）	竣工（しゅんこう）	隼（はやぶさ） 鷹隼（ようしゅん）	馴致（じゅんち） 馴化（じゅんか） 馴染み（なじみ） 馴れ合い（なれあい） 雅馴（がじゅん）	尭鼓舜木（ぎょうこしゅんぼく）	醇乎（じゅんこ）・醇朴（じゅんぼく） 芳醇（ほうじゅん）
夕	米	山	立	隹	馬	舛	酉

駿○	淳○	惇○	閏○	楯○	疋○	杵○	恕○	渚○
［シュン］［スン］	［ジュン］	［ジュン］［トン］	＊［ジュン］	［ジュン］	［ショ］［ソ］［ヒツ］	［ショ］	［ショ］［ジョ］	［ショ］
［すぐれる］	［あつい］［すなお］	［あつい］［まこと］	［うるう］	［たて］	［あし］［ひき］	［きね］	［おもいやる］［ゆるす］	［なぎさ］［みぎわ］
駿足（しゅんそく） 駿馬（しゅんめ）	淳風（じゅんぷう） 淳朴（じゅんぼく）	惇い（あつい） 惇朴（じゅんぼく・とんぼく）	閏月（じゅんげつ）・閏統（じゅんとう） 閏（うるう）・正閏（せいじゅん）	鉄楯（てつじゅん）	疋（ひき） 疋物（ひきもの）	杵臼（しょきゅう）・砧杵（ちんしょ） 鉄杵（てっしょ）・臼杵（きゅうしょ）	恕す（ゆるす）・諒恕（りょうじょ） 宥恕（ゆうじょ）・優恕（ゆうじょ）	汀渚（ていしょ） 洲渚（しゅうしょ）
馬	氺氵水	⺗忄心	門	木	疋	木	⺗忄心	氺氵水

黍	疏○	鋤	薯	曙○	藷	汝○	庄○
[ショ]	[ショ] [ソ] (疏)	[ショ] [ジョ]	[ショ] [ジョ] (薯)	[ショ]	[ショ] (藷)	[ジョ]	[ショウ] [ソウ]
[きび]	[とおす] [とおる] [うとい] [うとむ] [おろそか] [あらい] [まばら] [ふみ]	[すき] [すく]	[いも]	[あけぼの]	[いも] [さとうきび]	[なんじ]	[いなか] [むらざと]
禾黍(かしょ)・鶏黍(けいしょ) 黍餅(きびもち)	注疏(ちゅうそ) 疏通(そつう) 弁疏(べんそ) 疏か(おろそか)	鋤簾(じょれん) 鋤鍬(すきくわ)	薯(いも)・自然薯(じねんじょ) 馬鈴薯(ばれいしょ)	曙光(しょこう) 曙(あけぼの)	甘藷(かんしょ)	爾汝(じじょ)	庄屋(しょうや)
黍	疋	金	艹艹艸	日	艹艹艸	氺氵水	广

丞○	妾	昌○	秤○	哨○	菖○	娼	捷○	梢○
[ショウ] [ジョウ]	[ショウ]	[ショウ]	[ショウ] [ビン] (秤)	[ショウ] (哨)	[ショウ]	[ショウ]	[ショウ]	[ショウ]
[たすける]	[めしつかい] [めかけ] [わらわ]	[さかん] [うつくしい] [みだれる]	[はかり]	[みはり]	[しょうぶ]	[あそびめ]	[かつ] [はやい]	[こずえ] [かじ]
丞ける(たすける) 丞相(じょうしょう)	姫妾(きしょう)・愛妾(あいしょう) 臣妾(しんしょう)	隆昌(りゅうしょう) 繁昌(はんじょう)	秤量(しょうりょう・ひょうりょう) 天秤(てんびん)・金秤(きんばかり)	哨戒(しょうかい)・哨兵(しょうへい) 哨(みはり)・歩哨(ほしょう)	菖蒲(しょうぶ)	娼館(しょうかん) 娼妓(しょうぎ)	捷報(しょうほう) 敏捷(びんしょう)	梢頭(しょうとう) 末梢(まっしょう)
一	女	日	禾	口	艹艹艸	女	扌手	木

湘○	甥○	蛸	裳○	嘗○	摺○	蔣○	蕉○	廠
[ショウ]	[ショウ] [セイ] *	[ショウ] (蛸)	[ショウ]	[ショウ] [ジョウ]	[ショウ] [ロウ] (摺)	[ショウ] (蒋)	[ショウ]	[ショウ] (廠)
	[おい]	[たこ]	[も] [もすそ]	[なめる] [かつて] [こころみる]	[たたむ] [ひだ] [する] [くじく]	[まこも]		[かりや] [うまや] [しごとば]
湘南(しょうなん)	甥姪(せいてつ)・外甥(がいせい) 甥(おい)・甥御(おいご)	蛸壺(たこつぼ)	裳裾(もすそ)・衣裳(いしょう) 裳着(もぎ)	嘗試(しょうし) 大嘗会(だいじょうえ)	摺り足(すりあし) 摺る(する)		芭蕉(ばしょう)	廠舎(しょうしゃ)・工廠(こうしょう) 造兵廠(ぞうへいしょう)
氺氵水	生	虫	衤衣	口	扌手	艹艹艸	艹艹艸	广

漢字	音読み	訓読み	用例	部首
樟○	[ショウ]	[くす][くすのき]	樟脳(しょうのう)	木
橡	[ショウ]	[とち][くぬぎ][つるばみ]	橡餅(とちもち)	木
錆○	[ショウ][セイ](錆)	[さび][さびる]	錆鮎(さびあゆ)	金
樵	[ショウ][ゾウ]	[きこり][こる][きこる]	樵(きこり)・樵(こ)る 樵夫(しょうふ)	木
鞘○	[ショウ](鞘)	[さや]	鞘当(さやあ)て 利鞘(りざや)	革
鍾	[ショウ]	[さかずき][あつめる][つりがね]	鍾乳洞(しょうにゅうどう) 鍾愛(しょうあい)	金
鍬○	[ショウ][シュウ]	[すき][くわ]	鋤鍬(すきくわ)	金
篠○	[ショウ](篠)	[しの]	篠竹(しのだけ)・篠笹(しのざさ) 篠突(しのつ)く	竹
醤○	[ショウ](醤)	[ししびしお][ひしお]	醤油(しょうゆ) 肉醤(にくしょう・ししびしお)	酉
鎗	[ショウ][ソウ]	[やり]	鎗金(そうきん)	金
鯖	[ショウ][セイ](鯖)	[さば][よせなべ]	鯖(さば)の生(い)き腐(ぐさ)れ	魚
擾	[ジョウ]	[ならす][みだれる][わずらわしい][さわぐ]	騒擾(そうじょう) 紛擾(ふんじょう)	扌手
穣○	[ジョウ]	[ゆたか][みのる]	豊穣(ほうじょう)	禾
茸○	[ジョウ]	[しげる][ふくろづの][たけ][きのこ]	茸茸(じょうじょう)・榎茸(えのきだけ) 鹿茸(ろくじょう)・椎茸(しいたけ)	艹艹艸
杖○	*[ジョウ]	[つえ]	頬杖(ほおづえ)・戒杖(かいじょう) 錫杖(しゃくじょう)	木
瀞	[ジョウ][セイ](瀞)	[とろ]	瀞(とろ) 長瀞(ながとろ)	氺氵水
鄭○	[ジョウ][テイ]*(鄭)	[ねんごろ]	鄭声(ていせい) 鄭重(ていちょう)	阝邑
埴○	[ショク](埴)	[はに]	埴輪(はにわ)	土
粟	[ショク][ソク][ゾク]	[もみ][あわ][ふち]	稲粟(とうぞく)・一粟(いちぞく) 粟粒(ぞくりゅう)	米
蝕	[ショク](蝕)	[むしばむ]	蝕(むしば)む・日蝕(にっしょく) 蝕害(しょくがい)	虫
燭○	[ショク][ソク]	[ともしび]	燭台(しょくだい)・華燭(かしょく) 蠟燭(ろうそく)・花燭(かしょく)	火灬
辰○	[シン]	[たつ][ひ][とき]	辰砂(しんしゃ)・佳辰(かしん) 辰巳(たつみ)	辰
矧	[シン]	[はぐ]	矢(や)を矧(は)ぐ	矢
晋○	[シン]	[すすむ]	晋山(しんざん)	日
疹	[シン]	[はしか]	疹(はしか)・風疹(ふうしん) 湿疹(しっしん)	疒
秦○	[シン]	[はた]	秦(しん)の始皇帝(しこうてい)	禾
訊○	[シン]*[ジン]	[たずねる][とう][きく][たより]	鞠訊(きくじん)・審訊(しんじん) 訊(たず)ねる	言

漢字	音読み	訓読み	用例	部首
榛○	[シン]	[はしばみ] [はり] [くさむら]	榛色(はしばみいろ)	木
賑○	[シン]	[ほどこす] [にぎわう] [にぎやか]	賑給(しんきゅう)　賑(にぎ)わう	貝
槙○	[シン] [テン]	[まき]	柏槙(びゃくしん)	木
壬○	[ジン] [ニン]	[みずのえ] [おもねる]	壬寅(じんいん・みずのえとら)　壬申(じんしん)の乱(らん)	士
荏	[ジン] [ニン]	[え] [やわらか]	荏苒(じんぜん)	艹艹艸
稔○	[ジン] [ニン] [ネン]	[みのる] [とし] [つむ]	豊稔(ほうじん)　稔性(ねんせい)	禾
靭	[ジン] (靱) (韌)	[しなやか]	強靭(きょうじん)　靭帯(じんたい)	革
塵	[ジン]	[ちり]	塵芥(じんかい)・砂塵(さじん)　塵紙(ちりがみ)	土
儘	[ジン]	[ことごとく] [まま]	気儘(きまま)　儘(まま)ならぬ	𠆢亻人

ス

漢字	音読み	訓読み	用例	部首
翠○	[スイ] (翆)	[かわせみ] [みどり]	翠黛(すいたい)・青翠(せいすい)　葱翠(そうすい)・翠嵐(すいらん)	羽
錘○	[スイ]	[つむ] [おもり]	錘(おもり)　紡錘(ぼうすい)	金
錐○	[スイ]	[きり] [するどい]	三角錐(さんかくすい)・錐(きり)　円錐(えんすい)・立錐(りっすい)	金
瑞○	[ズイ]	[しるし] [めでたい] [みず]	瑞瑞(みずみず)しい　瑞穂(みずほ)・瑞雲(ずいうん)	王玉
蕊	[ズイ] (蕋) (蘂)	[しべ]	花蕊(かずい)・蕊(しべ)　雌蕊(めしべ)	艹艹艸
趨○	[スウ] [ソク] [シュ]	[はしる] [おもむく] [はやい] [うながす]	趨勢(すうせい)・帰趨(きすう)　趨向(すうこう)	走
雛○	[スウ] [ス]	[ひな] [ひよこ]	雛孫(すうそん)・雛僧(すうそう)　内裏雛(だいりびな)	隹
椙		[すぎ]	椙(すぎ)	木
吋	[スン] [トウ]	[インチ]		口

セ

漢字	音読み	訓読み	用例	部首
脆	[セイ] [ゼイ] (脃)	[もろい] [よわい] [やわらかい] [かるい]	脆弱(ぜいじゃく)　涙脆(なみだもろ)い	月肉
棲○	[セイ]	[すむ] [すみか]	棲遅(せいち)・群棲(ぐんせい)　棲息(せいそく)	木
貰○	[セイ]	[もらう] [かりる] [ゆるす]	貰(もら)う　貰(もら)い泣(な)き	貝
靖○	[セイ]	[やすい] [やすんじる]	靖国(せいこく)	立
鉦	[セイ] [ショウ]	[かね]	鉦鼓(しょうこ・しょうご)　鉦打(かねう)ち	金
汐○	[セキ]	[しお] [うしお]	潮汐(ちょうせき)　汐焼(しおや)け	氺氵水
碩○	[セキ]	[おおきい]	碩学(せきがく)　碩徳(せきとく)	石
蹟○	[セキ] [シャク]	[あと]	痕蹟(こんせき)　遺蹟(いせき)	足
屑○	[セツ] (屑)	[いさぎよい] [くず]	藻屑(もくず)・屑屑(せつせつ)　屑(くず)・砕屑(さいせつ)	尸

漢字	音読み	訓読み	用例	部首
鱈	[セツ](鱈)	[たら]	鱈(たら)・鱈鍋(たらなべ) 矢鱈(やたら)	魚
尖◦	[セン]	[とがる][するどい][さき]	尖(とが)る・舌尖(ぜっせん) 尖兵(せんぺい)・尖鋭(せんえい)	小
舛	[セン]	[そむく][あやまる][いりまじる]	舛錯(せんさく)・舛誤(せんご) 舛午(せんご)	舛
苫	[セン]	[とま][むしろ]	苫屋(とまや)	艹艹艸
茜◦	[セン]	[あかね]	茜(あかね)・茜色(あかねいろ) 茜雲(あかねぐも)	艹艹艸
栴	[セン]		栴檀(せんだん)は双葉(ふたば)より芳(かんば)し	木
穿◦	*[セン]	[うがつ][はく][つらぬく][ほじる][ほじくる]	穿孔(せんこう) 穿(うが)つ・穿(ほじ)る	穴
閃◦	*[セン]	[ひらめく]	一閃(いっせん) 閃光(せんこう)	門
釧◦	[セン]	[うでわ][くしろ]	腕釧(わんせん) (釧路(くしろ))	金

漢字	音読み	訓読み	用例	部首
銑◦	[セン]	[ずく]	銑鉄(せんてつ・ずくてつ) 銑銭(ずくせん)	金
揃◦	*[セン]	[そろう][そろえる][そろい]	勢揃(せいぞろ)い 揃刈(せんがい)	扌手
煽	[セン](煽)	[あおる][おだてる][おこる][あおり]	煽(おだ)てる 煽(あお)る・煽動(せんどう)	火灬
箭	*[セン]	[や]	弓箭(きゅうせん)・火箭(かせん) 箭羽(せんう)・飛箭(ひせん)	竹
撰◦	[セン][サン](撰)	[えらぶ]	新撰組(しんせんぐみ) 杜撰(ずさん)	扌手
賤	[セン][ゼン](賤)	[やすい][いやしい][あやしい][いやしめる][しず]	貴賤(きせん)・下賤(げせん) 賤称(せんしょう)	貝
蟬◦	[セン][ゼン](蟬)	[せみ][うつくしい][つづく]	蟬脱(せんだつ) 蟬時雨(せみしぐれ)	虫
苒	[ゼン](苒)		荏苒(じんぜん)	艹艹艸
糎		[センチメートル]		米

ソ

漢字	音読み	訓読み	用例	部首
岨	[ソ]	[そば][そばだつ]	岨道(そばみち・そわみち) 険岨(けんそ)・岨(そば)だつ	山
姐	[ソ][シャ]	[あね][あねご][ねえ]	姐御(あねご)	女
楚◦	[ソ]	[いばら][しもと][むち][すわえ]	清楚(せいそ)・楚楚(そそ) 四面楚歌(しめんそか)	木
鼠	[ソ][ショ][ス]	[ねずみ]	鼠盗(そとう)・鼠輩(そはい) 鼠算(ねずみざん)	鼠
蘇◦	[ソ][ス]	[ふさ][よみがえる]	蘇生(そせい)・紫蘇(しそ) 蘇(よみがえ)る	艹艹艸
匝	[ソウ](帀)	[めぐる]	匝囲(そうい)・匝(めぐ)る 周匝(しゅうそう)	巾
宋◦	[ソウ]		宋学(そうがく)	宀
蚤	[ソウ]	[のみ][はやい][つめ]	蚤牙(そうが) 蚤(のみ)の夫婦(ふうふ)	虫
惣◦	[ソウ]	[すべて]	惣菜(そうざい) 惣領(そうりょう)	小忄心

漢字	音読み	訓読み	用例	部首
葱	[ソウ]	[ねぎ][き][あおい]	葱翠(そうすい)・浅葱(あさぎ)・葱青(そうせい)・葱花(そうか)	艹艹艸
湊○	[ソウ]	[みなと][あつまる]	湊泊(そうはく)・湊理(そうり)・湊(あつ)まる	氺氵水
蒼○	[ソウ]	[あお][あおい][しげる][ふるびる][あわただしい]	蒼然(そうぜん)・蒼蒼(そうそう・あおあお)・蒼白(そうはく)	艹艹艸
掻	[ソウ](搔)	[かく]	足掻(あが)く	扌手
噌○	[ソウ][ソ](噌)	[かまびすしい]	味噌(みそ)	口
聡○	[ソウ]	[さとい]	聡慧(そうけい)・聡明(そうめい)・耳聡(みみざと)い	耳
綜○	[ソウ]	[すべる][おさ][まじえる]	錯綜(さくそう)・綜合(そうごう)	糸
漕○	[ソウ]	[はこぶ][こぐ]	漕艇(そうてい)・廻漕(かいそう)・船(ふね)を漕(こ)ぐ	氺氵水

漢字	音読み	訓読み	用例	部首
槍○	[ソウ]	[やり]	槍術(そうじゅつ)・槍玉(やりだま)	木
甑	[ソウ](甑)*	[こしき]	甑落(こしきお)とし・甑中(そうちゅう)	瓦
糟	[ソウ]	[かす]	糟糠(そうこう)の妻(つま)・糟粕(そうはく)・糟汁(かすじる)	米
叢○	[ソウ]	[くさむら][むらがる]	叢書(そうしょ)・叢雲(むらくも)	又
竈	[ソウ](竈)*	[かまど][へっつい]	竈煙(そうえん)・病竈(びょうそう)・竈神(かまどがみ)・釜竈(ふそう)	穴
藪	[ソウ](藪)	[さわ][やぶ]	藪沢(そうたく)・淡藪(だんそう)・林藪(りんそう)・笹藪(ささやぶ)	艹艹艸
鯵	[ソウ](鰺)	[あじ]	縞鯵(しまあじ)	魚
巽○	[ソン]	[たつみ][ゆずる]	巽位(そんい)・巽与(そんよ)・巽(たつみ)・巽言(そんげん)	己
噂○	[ソン](噂)*	[うわさ]	噂(うわさ)をすれば影(かげ)	口

タ

漢字	音読み	訓読み	用例	部首
樽○	*[ソン](樽)	[たる]	樽酒(そんしゅ・たるざけ)	木
鱒○	*[ソン][ゾン](鱒)	[ます]	鮭鱒(さけます)・虹鱒(にじます)	魚
柁	[タ][ダ]	[かじ]	柁楼(だろう)	木
舵○	[タ][ダ]	[かじ]	操舵(そうだ)・舵取(かじと)り	舟
詑	[タ]	[あざむく]	詑(あざむ)く	言
詫	[タ]	[わびる][ほこる][わび]	詫(わ)びる・詫(わ)び状(じょう)	言
陀○	[タ][ダ]		仏陀(ぶっだ)・曼陀羅(まんだら)	阝阜
雫○	*[ダ]	[しずく]	雨(あめ)の雫(しずく)	雨

漢字	音読み	訓読み	用例	部首
楕○	[ダ]（橢）	[こばんがた]	楕円(だえん)	木
岱	[タイ]		岱山(たいざん)	山
苔○	[タイ]	[こけ]	苔(こけ)・苔類(たいるい) 杉苔(すぎごけ)・海苔(のり)	艹 艹 艸
殆○	[タイ]	[ほとんど] [あやうい] [ほとほと]	危殆(きたい) 殆(ほとほと)・殆うい(あやうい)	歹
梯○	[タイ] [テイ]	[はしご]	梯(はしご)・階梯(かいてい) 梯子(はしご)	木
碓○	[タイ]	[うす]	碓声(たいせい)	石
腿	[タイ]（腿）	[もも]	大腿(だいたい)	月 肉
黛○	[タイ]	[まゆずみ] [かきまゆ] [まゆ]	翠黛(すいたい)・黛青(たいせい) 粉黛(ふんたい)・青黛(せいたい)	黒 黒
鎚	[タイ] [ツイ]（鎚）	[つち] [かなづち]	相鎚(あいづち)・鎚金(ついきん) 鉄鎚(てっつい)	金

漢字	音読み	訓読み	用例	部首
乃○	[ダイ] [ナイ]	[の] [すなわち] [なんじ]	乃公(だいこう)・乃父(だいふ) 乃至(ないし)	ノ
悌○	[ダイ] [テイ]	[やわらぐ]	孝悌(こうてい)	小 忄 心
迺	[ダイ] [ナイ]（迺）（廼）	[なんじ] [すなわち] [の]	迺公(だいこう)	辶 辶 辵
醍○	[ダイ] [テイ]		醍醐味(だいごみ)	酉
托○	[タク]	[おす] [おく] [たのむ]	托鉢(たくはつ)・茶托(ちゃたく) 托む(たのむ)	扌 手
啄○	[タク] [トク]	[ついばむ]	啄木(たくぼく) 餌(えさ)を啄(ついば)む	口
琢○	[タク]	[みがく]	琢磨(たくま)・彫琢(ちょうたく) 琢く(みがく)	王 玉
擢○	[タク] [テキ]（擢）	[ぬく] [ぬきんでる]	擢んでる(ぬきんでる) 抜擢(ばってき)	扌 手

漢字	音読み	訓読み	用例	部首
鐸	[タク]	[すず]	鐸(たく)・風鐸(ふうたく) 木鐸(ぼくたく)	金
凧○		[たこ]	凧揚げ(たこあげ) 凧糸(たこいと)・奴凧(やっこだこ)	几
韃	[タツ] [ダツ]（韃）	[むち] [むちうつ]	鞭韃(べんたつ) 韃つ(むちうつ)	革
捺○	[ダツ] [ナツ]	[おす]	押捺(おうなつ)・捺染(なっせん) 捺印(なついん)	扌 手
坦○	[タン]	[たいら]	虚心坦懐(きょしんたんかい) 平坦(へいたん)	土
耽○	[タン]	[ふける] [おくぶかい]	耽溺(たんでき) 耽読(たんどく)	耳
蛋	[タン]	[あま] [えびす] [たまご]	蛋白(たんぱく)	虫
湛○	[タン] [チン]	[たたえる] [あつい] [しずむ] [ふかい] [ふける]	湛える(たたえる) 湛湛(たんたん)・湛然(たんぜん)	氺 氵 水
椴	[タン] [ダン]	[とど] [とどまつ]	椴松(とどまつ)	木

漢字	音読み	訓読み	用例	部首
歎○	[タン] (歎)	[たたえる] [なげく]	慨歎・歎傷 歎ずる	欠
檀○	[タン] [ダン]	[まゆみ]	栴檀 白檀	木
箪○	[タン] (箪)	[わりご] [はこ] [ひさご]	箪笥	竹
騨	[タン] [タ] [ダ] (騨)		飛騨山脈	馬
灘○	[ダン] [タン] (灘)	[はやせ] [なだ]	急灘 灘声	⺢氵水
智○ (チ)	[チ]	[ちえ] [さとい]	叡智 智慧	日
蜘	[チ]	[くも]	蜘網 蜘蛛	虫
筑○	＊[チク] [ツク]		筑前煮	竹
蛛	[チュ] [チュウ] [シュ]	[くも]	蜘蛛形類	虫
丑○	[チュウ]	[うし]	己丑 丑の刻参り	一
紬○	[チュウ]	[つむぎ] [つむぐ]	繭紬 紬紡糸	糸
註○	＊[チュウ]	[ときあかす]	註釈 註文	言
厨○	[チュウ] [ズ] (厨)	[くりや] [はこ]	庖厨・厨子・厨芥	厂
苧	[チョ]	[からむし] [お]	苧殻 苧麻	艹艹艸
猪○	[チョ]	[い] [いのしし]	猪突猛進 猪の目	犭犬
樗	[チョ]	[おうち]	樗材 樗	木
儲○	[チョ] (儲)	[そえ] [もうける] [たくわえる]	儲君・儲嗣 儲かる	𠆢亻人
瀦	[チョ] (瀦)	[みずたまり] [たまる]	瀦滞 瀦溜	⺢氵水
吊	[チョウ]	[つる] [つるす]	懸吊 吊る	口
帖○	[チョウ] [ジョウ]	[かきもの] [たれる] [やすめる]	画帖・法帖 手帖・半帖	巾
釘○	[チョウ] [テイ]	[くぎ]	装釘 釘を刺す	金
凋	＊[チョウ]	[しぼむ]	凋残・凋む 凋落	冫
喋○	[チョウ]	[しゃべる] [ふむ]	喋る 喋喋	口
牒○	[チョウ] [ジョウ]	[ふだ]	通牒・牒状 符牒	片
脹○	[チョウ]	[ふくれる] [はれる] [ふくよか]	膨脹 脹満	月肉
蔦○	[チョウ]	[つた]	蔦漆 蔦葛	艹艹艸
銚	＊[チョウ] [ヨウ]	[なべ] [すき] [とくり]	銚子	金

漢字	音読み	訓読み	用例	部首
暢○	[チョウ]	[のびる][とおる][のべる]	暢達(ちょうたつ)・暢茂(ちょうも) 流暢(りゅうちょう)	日
肇○	[チョウ]	[はじめる][はじめ]	肇国(ちょうこく) 肇造(ちょうぞう)	聿
蝶○	[チョウ]		蝶番(ちょうつがい) 胡蝶(こちょう)	虫
諜	[チョウ]	[うかがう][さぐる][しめす][ふだ]	防諜(ぼうちょう)・諜す(しめす) 諜報(ちょうほう)	言
寵○	*[チョウ]	[めぐむ][めぐみ][いつくしむ]	寵児(ちょうじ)・寵愛(ちょうあい) 寵臣(ちょうしん)	宀
鯛○	[チョウ][トウ](鯛)	[たい]	鯛御飯(たいごはん)	魚
砧○	[チン]	[きぬた]	砧声(ちんせい)・砧(きぬた) 砧杵(ちんしょ)	石
椿○	[チン]	[つばき]	椿事(ちんじ)・椿寿(ちんじゅ) 椿油(つばきあぶら)	木
ツ 槌○	[ツイ](槌)	[つち][うつ]	鉄槌(てっつい) 相槌(あいづち)	木
辻	(辻)	[つじ]	辻札(つじふだ)・辻(つじ) 四つ辻(よつつじ)	⻍ ⻌ 辵
テ 汀○	[テイ]	[みぎわ][なぎさ]	汀渚(ていしょ)	⺢ 氵 水
剃	[テイ]	[そる]	剃度(ていど)・剃髪(ていはつ) 剃る(そる)	刂 刀
挺○	[テイ]*[チョウ]	[ぬく][ぬきんでる]	挺する(てい) 挺身(ていしん)・挺く(ぬく)	扌 手
碇	[テイ]	[いかり]	碇泊(ていはく)	石
禎○	[テイ]	[さいわい]	禎祥(ていしょう)	礻 示
鼎○	[テイ]	[かなえ][まさに]	鼎談(ていだん)・鼎立(ていりつ) 鼎に(まさに)・鼎(かなえ)	鼎
綴○	[テイ][テツ]	[つづる][とじる][あつめる]	補綴(ほてい・ほてつ) 綴れ織り(つづれおり)	糸
蹄○	*[テイ]	[ひづめ][わな]	蹄鉄(ていてつ)・馬蹄(ばてい) 蹄(ひづめ)	足
薙○	[テイ][チ]	[なぐ][かる][そる]	薙髪(ちはつ・ていはつ) 薙ぐ(なぐ)	艹 艹 艸
鵜○	[テイ]	[う]	鵜(う)・鵜飼い(うかい) 鵜呑み(うのみ)	鳥
禰	[デイ][ネ](祢)	[みたまや][かたしろ]	禰宜(ねぎ) 禰祖(でいそ)	礻 示
荻○	[テキ]	[おぎ]	荻花(てきか・てっか) 荻(おぎ)・岸荻(がんてき)	艹 艹 艸
鏑	[テキ]	[やじり][かぶら][かぶらや]	鏑(かぶら)	金
姪○	[テツ]	[めい]	甥姪(せいてつ)・姪孫(てっそん) 姪御(めいご)	女
畷	[テツ]	[なわて]	畷(なわて)	田
轍	[テツ]	[わだち][あとかた][のり]	轍(わだち) 途轍(とてつ)	車
佃○	[テン][デン]	[たがやす][つくだ][かり]	佃煮(つくだに)	𠆢 亻 人

漢字	音読み	訓読み	用例	部首
辿○	[テン]（辿）	[たどる]	辿(たど)る	⻌辶辵
甜	[テン]	[あまい][うまい]	甜菜(てんさい)・甜瓜(てんか) 甜酒(てんしゅ)	甘
淀○	[テン][デン]	[よど][よどむ]	淀(よど)み無(な)い	氺氵水
澱	[テン][デン]	[おり][よどむ][よど]	澱(おり)・澱(よど)む 澱粉(でんぷん)	氺氵水
顛○	[テン]（顚）	[いただき][たおれる][くつがえる]	顛末(てんまつ) 山顛(さんてん)	頁
纏○	[テン]（纏）（纒）	[まとう][まつわる][まとめる][まつる][まとい]	纏足(てんそく) 纏着(てんちゃく) 纏(まつ)る 纏(まと)める 纏持(まといも)ち	糸
撚	[デン][ネン]	[ひねる][よる][より]	撚(よ)る・撚糸(ねんし) 撚(よ)り糸(いと)	扌手
鮎○	[デン][ネン]	[あゆ]	鮎汲(あゆく)み	魚

ト

漢字	音読み	訓読み	用例	部首
杜○	[ト][ズ]	[とじる][ふさぐ][やまなし][もり]	杜(ふさ)ぐ 杜漏(ずろう) 杜絶(とぜつ) 杜撰(ずさん) 鎮守(ちんじゅ)の杜(もり)	木
兎○	[ト]（兔）（兎）*	[うさぎ]	烏兎(うと)・脱兎(だっと) 兎(と)に角(かく)	儿
菟	[ト]（莵）（菟）（莬）*	[うさぎ]	於菟(おと)	艹艹艸
堵○	[ト]（堵）	[かき]	安堵(あんど)・案堵(あんど) 堵列(とれつ)	土
鍍	[ト]	[めっき]	鍍金(ときん(めっき))	金
沓○	[トウ]	[かさなる][むさぼる][くつ]	雑沓(ざっとう)・沓(くつ) 沓石(くついし)	日
宕○	[トウ]	[ほしいまま][ほらあな]	豪宕(ごうとう)	宀

漢字	音読み	訓読み	用例	部首
套○	[トウ]*	[かさねる][おおい]	外套(がいとう) 常套句(じょうとうく)	大
桶○	[トウ]	[おけ]	湯桶(ゆとう) 手桶(ておけ)	木
董○	[トウ]	[ただす][とりしまる]	骨董(こっとう) 董(ただ)す	艹艹艸
淘	[トウ]	[よなげる]	淘(よな)げる 淘汰(とうた)	氺氵水
逗○	[トウ][ズ]（逗）	[とどまる][くぎり]	逗留(とうりゅう) 逗(とど)まる	⻌辶辵
兜○	[トウ][ト]	[かぶと]	兜巾(ときん) 兜(かぶと)を脱(ぬ)ぐ	儿
萄○	[トウ][ドウ]		葡萄(ぶどう)	艹艹艸
塘	[トウ]（塘）	[つつみ]	塘(つつみ) 池塘(ちとう)	土
嶋○	[トウ]	[しま]		山

漢字	音読み	訓読み	用例	部首
蕩	[トウ]	[うごく] [とろける] [のびやか] [ほしいまま] [みだす] [はらう] [あらう]	蕩(とろ)ける 蕩尽(とうじん) 蕩蕩(とうとう) 放蕩(ほうとう)	艹艹艸
樋◦	[トウ] (樋)	[ひ] [とい]	雨樋(あまどい)	木
撞◦	[トウ] [ドウ] [シュ]*	[つく]	撞入(とうにゅう) 撞木(しゅもく)	扌手
濤	[トウ] (涛)	[なみ]	濤声(とうせい)・波濤(はとう) 松濤(しょうとう)	氺氵水
檮	[トウ] (梼)	[きりかぶ] [おろか]	檮昧(とうまい)	木
禱◦	[トウ] (祷)	[いのる] [まつる]	祈禱(きとう) 黙禱(もくとう)	礻示
鐙	[トウ]	[たかつき] [あぶみ]	鐙(あぶみ) 鐙骨(あぶみこつ)	金
桐◦	[ドウ] [トウ]	[きり] [こと]	桐油(とうゆ) 桐(きり)	木
膿	[ドウ] [ノウ]	[うみ] [うむ]	膿(う)む 化膿(かのう)	月肉
栂		[とが] [つが]	栂(とがつが)の木(き)	木
禿	[トク]	[はげ] [はげる] [ちびる] [かむろ]	禿筆(とくひつ) 禿(ち)びる 禿(かむろ・かぶろ) 禿(は)げる	禾
瀆	[トク] (涜)	[みぞ] [けがす] [あなどる]	瀆職(とくしょく)・汚瀆(おとく) 瀆(けが)す・瀆(あなど)る	氺氵水
竺◦	[トク] [ジク]	[あつい]	天竺(てんじく)	竹
沌◦	[トン]	[ふさがる]	混沌(こんとん)	氺氵水
呑◦	[トン] [ドン] (吞)	[のむ]	呑吐(どんと) 併呑(へいどん)	口
敦◦	[トン]	[あつい] [とうとぶ]	敦厚(とんこう) 敦朴(とんぼく)	攴攵
遁◦	[トン] [シュン] [ジュン] (遯)*	[のがれる] [しりごみする]	遁辞(とんじ) 遁(のが)れる 隠遁(いんとん) 遁世(とんせい) 遁走(とんそう)	辶辶辵
噸		[トン]		口
ナ 凪◦		[なぎ] [なぐ]	凪(な)ぐ・朝凪(あさなぎ) 油凪(あぶらなぎ)・凪(なぎ)	几
楠◦	[ナン]	[くすのき]	楠公(なんこう) (石楠花(しゃくなげ))	木
ノ 囊	[ノウ] [ドウ] (嚢)	[ふくろ]	胆囊(たんのう) 土囊(どのう)	口
ハ 巴◦	[ハ]	[うずまき] [ともえ]	巴(ともえ) 巴投(ともえな)げ	己
芭◦	[ハ] [バ]		芭蕉(ばしょう)	艹艹艸
杷◦	[ハ]	[さらい]	枇杷(びわ)	木

琶○	頗○	播○	簸	吠	盃	牌	稗	狽
[ハ]	[ハ]	[ハ] [バン]	[ハ]	[ハイ] [バイ]	[ハイ]	*[ハイ]	*[ハイ]	[バイ]
	[かたよる] [すこぶる]	[まく] [しく] [さすらう]	[ひる] [あおる]	[ほえる]	[さかずき]	[ふだ]	[ひえ] [こまかい]	
琵琶(びわ)	偏頗(へんぱ・へんば) 頗(すこぶ)る	播(ま)く・播種(はしゅ) 伝播(でんぱ)・播植(はしょく)	簸弄(はろう)・簸却(はきゃく) 簸(ひ)る	吠(ほ)え面(づら)をかく	祝盃(しゅくはい) 固(かた)めの盃(さかずき)	位牌(いはい)・賞牌(しょうはい) 招牌(しょうはい)	稗史(はいし) 稗飯(ひえめし)	狼狽(ろうばい)
王玉	頁	扌手	竹	口	皿	片	禾	犭犬

楳	煤○	狛	柏○	粕	箔○	駁	曝○	硲
[バイ]	[バイ]	[ハク]	[ハク] [ビャク]	*[ハク]	[ハク]	*[バク] [ハク]	[バク] [ホク]	
[うめ]	[すす] [すすける]	[こま] [こまいぬ]	[かしわ]	[かす]	[すだれ] [のべがね]	[まだら] [ぶち] [なじる] [まじる]	[さらす] [さらける] [さらばえる]	[はざま]
	煤煙(ばいえん) 煤(すす)ける	狛犬(こまいぬ)	松柏(しょうはく) 柏餅(かしわもち)	糟粕(そうはく) 粕漬(かすづ)け	箔(はく) 金箔(きんぱく)	駁(ばく)する 雑駁(ざっぱく)・論駁(ろんぱく)	曝書(ばくしょ)・曝(さら)す 曝(さらば)える	硲(はざま)
木	灬火	犭犬	木	米	竹	馬	日	石

畠○	捌	筏	潑	醱	噺	扮	叛	磐○
	[ハチ] [ハツ] [ベツ]	[ハツ] [バツ]	*[ハツ] (溌)	*[ハツ] (醗)		[ハン] [フン]	[ハン] [ホン] (叛)	[ハン] [バン]
[はた] [はたけ]	[さばく] [さばける] [はける] [はかす]	[いかだ]	[そそぐ] [はねる]	[かもす]	[はなし]	[よそおう] [かざる]	[そむく] [はなれる]	[いわ] [わだかまる]
畠物(はたもの・はたけもの)	捌(さば)く 水捌(みずは)け	舟筏(しゅうばつ) 筏乗(いかだの)り	活潑(かっぱつ) 潑剌(はつらつ)	醱酵(はっこう)	小噺(こばなし) 御伽噺(おとぎばなし)	扮(ふん)する 扮装(ふんそう)	叛逆(はんぎゃく)・謀叛(むほん) 叛(そむ)く	磐石(ばんじゃく) 落磐(らくばん)
田	扌手	竹	氺氵水	酉	口	扌手	又	石

漢字	音読み	訓読み	用例	部首
幡○	[ハン][マン][ホン]	[はた][のぼり][ひるがえる]	八幡宮(はちまんぐう) 八幡製鉄所(やはたせいてつじょ)	巾
挽○	*[バン]	[ひく]	挽歌(ばんか)・推挽(すいばん) 挽回(ばんかい)	扌手
蔓○	[バン] *[マン]	[つる][はびこる][からむ]	蔓る(はびこる)・蔓延(まんえん) 蔓(つる)・金蔓(かねづる)	艹艹艸
蕃○	[バン][ハン]	[しげる][ふえる][まがき][えびす]	蕃殖(はんしょく) 蕃境(ばんきょう)・蕃俗(ばんぞく)	艹艹艸
鰻	[バン][マン]	[うなぎ]	鰻上り(うなぎのぼり)	魚
庇○ ヒ	[ヒ]	[ひさし][かばう]	高庇(こうひ)・庇う(かばう) 庇護(ひご)	广
枇○	[ヒ][ビ]	[さじ][くし]	枇杷(びわ)	木
毘○	[ヒ][ビ](毗)	[たすける]	毘沙門天(びしゃもんてん)	比
匪	[ヒ]	[わるもの][あらず]	匪賊(ひぞく) 匪ず(あらず)	匚
斐○	[ヒ]	[あや]	甲斐性(かいしょう)	文
緋○	[ヒ]	[あか]	緋色(ひいろ) 緋鯉(ひごい)	糸
誹	*[ヒ]	[そしる]	誹る(そしる) 誹謗(ひぼう)	言
轡	[ヒ]	[たづな][くつわ]	轡を並べる(くつわをならべる)	車
梶○	[ビ]	[かじ][こずえ]	梶の木(かじのき)	木
琵○	[ビ]		琵琶(びわ)	王玉
畢○	*[ヒツ]	[おわる][ことごとく]	畢生(ひっせい)	田
弼	[ヒツ]	[たすける][たすけ][すけ]	匡弼(きょうひつ) 輔弼(ほひつ)	弓
逼	[ヒツ][ヒョク](逼)	[せまる]	逼塞(ひっそく)・逼迫(ひっぱく) 逼急(ひっきゅう)	辶⻌辵
豹○	*[ヒョウ]		豹変(ひょうへん)	豸
彪○	[ヒュウ][ヒョウ]	[あや][まだら]	彪蔚(ひょううつ・ひゅううつ) ・彪炳(ひょうへい・ひゅうへい)	彡
瓢○	[ヒョウ](瓢)	[ふくべ][ひさご]	瓢(ふくべ・ひさご) 瓢箪(ひょうたん)	瓜瓜
謬	[ビュウ](謬)	[あやまる]	謬見(びゅうけん)・誤謬(ごびゅう) 錯謬(さくびゅう)・謬る(あやまる)	言
鋲	[ビョウ]		画鋲(がびょう)	金
廟○	*[ビョウ]	[たまや][みたまや][おもてごてん][やしろ]	霊廟(れいびょう)・廟宇(びょうう) 廟議(びょうぎ)	广
錨	[ビョウ]	[いかり]	投錨(とうびょう) 錨を打つ(いかりをうつ)	金
牝	*[ヒン]	[め][めす]	牝馬(ひんば・めうま) 牝牡(ひんぼ)	牛
彬○	[ヒン]	[あきらか][そなわる]	彬彬(ひんぴん)	彡

漢字	音読み	訓読み	用例	部首
斌	[ヒン]	[うるわしい]	斌斌(ひんぴん)	文
瀕○	[ヒン] (瀕)	[みぎわ] [せまる] [そう]	瀕死(ひんし) 瀕(ひん)する	⺢氵水
芙○ (フ)	[フ]	[はす]	芙蓉(ふよう)	艹艹艸
斧○	*[フ]	[おの]	斧斤(ふきん) 斧正(ふせい)	斤
埠	[フ]	[つか] [はとば]	埠頭(ふとう)	土
輔○	[フ] [ホ]	[たすける] [すけ]	輔弼(ほひつ)・輔佐(ほさ) 輔翼(ほよく)	車
撫○	*[フ] [ブ]	[なでる]	逆撫(さかな)で 撫(ぶ)す	扌手
鮒	[フ]	[ふな]	轍鮒(てつぶ)の急(きゅう) 鮒(ふな)ずし	魚
蕪○	[ブ] [ム]	[あれる] [しげる] [みだれる] [かぶら]	蕪雑(ぶざつ)・蕪辞(ぶじ) 蕪(かぶら)	艹艹艸
鵡	[ブ] [ム]		鸚鵡(おうむ)	鳥
楓○	[フウ]	[かえで]	楓糖(ふうとう)	木
鳳○	[ブウ] [ホウ]	[おおとり]	鳳駕(ほうが)	鳥
弗	[フツ] [ホツ]	[ドル] […ず]	弗弗(ふつふつ)・弗素(ふっそ) 弗箱(どるばこ)	弓
吻○	[フン]	[くちさき] [くちびる]	口吻(こうふん) 吻合(ふんごう)	口
焚○	[フン]	[やく] [たく]	焚(た)く 焚刑(ふんけい)	灬火
糞	[フン]	[くそ] [けがれ] [はらう] [つちかう]	鶏糞(けいふん) 胸糞(むなくそ)	米
篦 (ヘ)	[ヘイ] (篦)	[へら] [すきぐし] [かんざし] [の]	竹篦(たけべら) 篦鮒(へらぶな)	竹
碧○	[ヘキ]	[みどり] [あお]	紺碧(こんぺき)・遥碧(ようへき) 碧眼(へきがん)	石
僻	[ヘキ] [ヘイ]	[かたよる] [ひがむ] [ひめがき]	僻(ひが)む・僻事(ひがごと) 僻遠(へきえん)・僻(かたよ)る	𠆢イ人
瞥○	[ベツ] (瞥)	[みる]	一瞥(いちべつ) 瞥見(べっけん)	目
篇○	*[ヘン]	[ふだ] [ふみ] [まき]	詩篇(しへん) 篇目(へんもく)	竹
鞭○	*[ヘン] [ベン]	[むち] [むちうつ]	教鞭(きょうべん)・鞭撻(べんたつ) 鞭打(むちう)つ	革
娩○	*[ベン]	[うむ] [うつくしい]	分娩(ぶんべん)	女
緬	[ベン] [メン]	[はるか] [とおい]	緬羊(めんよう)	糸
甫○ (ホ)	[ホ] [フ]	[はじめ] [おおきい]	衆甫(しゅうほ)	用
圃○	[ホ]	[はた] [はたけ]	花圃(かほ)・圃畦(ほけい) 薬圃(やくほ)	囗
菩○	[ホ] [ボ]		菩薩(ぼさつ)・菩提(ぼだい) 菩提樹(ぼだいじゅ)	艹艹艸

葡○	[ホ][ブ]		日葡辞書(にっぽじしょ) 葡萄(ぶどう)	艹 艹 艸
蒲○	[ホ][ブ][フ]	[がま][かわやなぎ][むしろ]	蒲鉾(かまぼこ)・蒲柳(ほりゅう) 蒲(がま)・蒲団(ふとん)	艹 艹 艸
鋪	[ホ]	[しく][みせ]	店鋪(てんぽ) 鋪道(ほどう)	金
戊○	[ボ][ボウ]	[つちのえ]	戊夜(ぼや)・戊寅(ぼいん) 戊辰戦争(ぼしんせんそう)	戈
牡○	[ボ][ボウ]	[お][おす]	牝牡(ひんぼ)・牡丹(ぼたん) 牡蠣(かき)・牡牛(おうし)	牛
姥○	[ボ][モ]	[うば][ばば]	姥目樫(うばめがし) 姥(うば)・姥桜(うばざくら)	女
莫○	[ボ][バク][マク][モ]	[くれ][ない][なかれ][さびしい]	莫迦(ばか) 莫大(ばくだい)	艹 艹 艸
呆	[ホウ][ボウ][タイ]	[あきれる][おろか]	呆気(あっけ)・阿呆(あほう) 呆然(ぼうぜん)	口
朋○	[ホウ]	[とも][なかま]	朋輩(ほうばい) 朋友(ほうゆう)	月
庖	[ホウ](庖)	[くりや]	庖厨(ほうちゅう) 庖丁(ほうちょう)	广
峯○	[ホウ]	[みね][やま]		山
烹	[ホウ]	[にる]	割烹(かっぽう)・烹炊(ほうすい) 烹煎(ほうぜん)・烹る(にる)	灬 火
捧○	[ホウ]	[ささげる][かかえる]	捧読(ほうどく) 捧腹絶倒(ほうふくぜっとう)	扌 手
逢○	[ホウ](逢)	[あう][むかえる][おおきい][ゆたか]	逢着(ほうちゃく)	辶 辶 辵
蔀	[ホウ][ブ]	[しとみ][おおい]	蔀戸(しとみど)	艹 艹 艸
蓬○	[ホウ](蓬)	[よもぎ]	蓬髪(ほうはつ)・蓬萊(ほうらい) 蓬餅(よもぎもち)	艹 艹 艸
鞄○	[ホウ](鞄)	[かばん][なめしがわ]	鞄持ち(かばんもち)	革
鋒○	[ホウ]	[ほこさき][きっさき][ほこ][さきがけ]	筆鋒(ひっぽう)・舌鋒(ぜっぽう) 先鋒(せんぽう)	金
鴇	[ホウ]	[のがん][とき]	鴇色(ときいろ) 鴇(とき)	鳥
鵬○	[ホウ]	[おおとり]	鵬翼(ほうよく)	鳥
卯○	[ボウ]	[う]	卯(う)・卯酉(ぼうゆう) 卯の花(うのはな)	㔾 卩
牟○	[ボウ][ム]	[なく][むさぼる][かぶと]	牟食(ぼうしょく) 釈迦牟尼(しゃかむに)	牛
茅○	[ボウ]	[かや][ち][ちがや]	茅屋(ぼうおく・かやや) 茅茨(ぼうし)・茅舎(ぼうしゃ)	艹 艹 艸
虻	*[ボウ][モウ](蝱)	[あぶ]	虻蜂取らず(あぶはちとらず)	虫
萌○	[ボウ][ホウ](萠)	[めばえ][めぐむ][きざす][もえる][もやし][たみ]	萌芽(ほうが) 萌生(ほうせい) 萌む(めぐむ) 萌す(きざす) 萌え立つ(もえたつ)	艹 艹 艸
鉾	[ボウ][ム]	[ほこ][きっさき]	蒲鉾(かまぼこ) 鉾先(ほこさき)	金

漢字	音読み	訓読み	用例	部首
蒙○	[ボウ][モウ]	[おおう][こうむる][くらい][おさない]	啓蒙(けいもう)・蒙い(くらい) 蒙味(もうまい)	艹 艹 艸
卜○	[ホク][ボク]	[うらなう][うらない]	亀卜(きぼく)・占卜(せんぼく) 卜占(ぼくせん)	卜
穆	[ボク][モク]	[やわらぐ]	清穆(せいぼく)・和穆(わぼく) 穆穆(ぼくぼく)・穆清(ぼくせい)	禾
マ 柾○		[まさ][まさき]	柾目(まさめ) 柾(まさき)	木
俣○		[また]	俣(また) 水俣(みなまた)	𠆢 亻 人
沫○	[マツ]	[あわ][しぶき][よだれ]	飛沫(ひまつ)・泡沫(ほうまつ) 沫雪(あわゆき)	氺 氵 水
麿○		[まろ]	麿(まろ)	麻 麻
ミ 粍		[ミリメートル]		米
メ 棉	[メン]	[わた]	棉花(めんか)	木
モ 摸	[モ][バク][ボ]	[さぐる][うつす]	摸る(さぐる)・摸索(もさく) 摸する(もする)	扌 手
孟○	[モウ][ボウ][マン]	[はじめ]	孟月(もうげつ) 孟母三遷(もうぼさんせん)	子
杢		[もく]	杢糸(もくいと) 杢(もく)	木
勿○	[モチ][ブツ]	[なかれ]	事勿れ(ことなかれ) 勿体(もったい)・勿論(もちろん)	勹
籾○	(籾)	[もみ]	籾(もみ)・種籾(たねもみ) 籾殻(もみがら)	米
椛○		[もみじ]	椛(もみじ)	木
悶	[モン]	[もだえる]	悶絶(もんぜつ) 悶え死に(もだえじに)	小 忄 心
匁○		[もんめ][め]	百匁(ひゃくもんめ)	勹
ヤ 也○	[ヤ]	[なり][や][か][また]	可也(かなり)	乚 乙
耶○	[ヤ]	[か]	有耶無耶(うやむや)	阝 邑
埜○	[ヤ] 野の異体字	[の]	緑埜(みどの)	土
爺	*[ヤ]	[じじ][おやじ]	老爺(ろうや) 好好爺(こうこうや)	父
鑓	(鑓)	[やり]	一番鑓(いちばんやり)	金
ユ 柚○	[ユ][ユウ]	[ゆず]	柚味噌(ゆずみそ) 柚湯(ゆずゆ)	木
愈	[ユ] (愈)	[いよいよ][いえる][いやす]	愈(いよいよ)	小 忄 心
尤○	[ユウ]	[とがめる][もっとも][すぐれる]	尤物(ゆうぶつ)・尤める(とがめる) 尤も(もっとも)	尢
酉○	[ユウ]	[とり][ひよみのとり]	辛酉(しんゆう)・卯酉(ぼうゆう) 酉の市(とりのいち)	酉
邑○	[ユウ][オウ]	[むら][みやこ][くに][うれえる]	都邑(とゆう)・邑落(ゆうらく) 於邑(おゆう)・辺邑(へんゆう)	阝 邑

祐○	宥○	揖	猷	ヨ 輿○	涌	遥○	傭○
［ユウ］	［ユウ］	［ユウ］ ［シュウ］	［ユウ］ ＊（猷）	［ヨ］	［ヨウ］ ［ユウ］	［ヨウ］	［ヨウ］
［たすけ］ ［たすける］	［ゆるす］ ［なだめる］	［ゆずる］ ［へりくだる］ ［あつまる］	［はかる］ ［はかりごと］ ［みち］	［こし］ ［くるま］ ［のせる］ ［おおい］ ［めしつかい］ ［はじめ］	［わく］	［さまよう］ ［はるか］ ［とおい］ ［ながい］	［やとう］
祐助（ゆうじょ）・天祐（てんゆう） 祐（たす）ける	宥（なだ）める 宥恕（ゆうじょ）・宥（ゆる）す	一揖（いちゆう）・揖拝（ゆうはい） 揖譲（ゆうじょう）	嘉猷（かゆう）・猷（はか）る 猷念（ゆうねん）	輿望（よぼう） 輪輿（りんよ） 乗輿（じょうよ） 輿地（よち） 御輿（みこし） 神輿（みこし・しんよ）	涌（わ）く 涌出（ゆうしゅつ）	遥碧（ようへき）・遥遠（ようえん） 遥遥（はるばる）	傭役（ようえき） 傭兵（ようへい）
礻示	宀	扌手	犭犬	車	氺氵水	辶辶辵	𠆢亻人

楊○	蓉○	熔	蠅	燿○	鷹○	慾	ラ 螺○	萊○
［ヨウ］	［ヨウ］	［ヨウ］ （鎔）	［ヨウ］ ＊（蝿）	［ヨウ］ （耀）	［ヨウ］ ［オウ］	［ヨク］	［ラ］	［ライ］ （莱）
［やなぎ］		［いがた］ ［とかす］ ［とける］ ［いる］	［はえ］	［かがやく］	［たか］	［ほっする］	［つぶ］ ［にし］ ［にな］ ［ほらがい］	［あかざ］ ［あれち］
楊子（枝）（ようじ） 楊貴妃（ようきひ）	芙蓉（ふよう）	熔冶（ようや） 熔接（ようせつ）	蠅頭（ようとう） 蠅叩（はえたた）き	栄燿（えいよう） 光燿（こうよう）	鷹揚（おうよう・ようよう） 禿鷹（はげたか）	情慾（じょうよく）	螺旋（らせん） 法螺（ほら）	蓬萊（ほうらい）
木	艹艹艸	灬火	虫	羽	鳥	小忄心	虫	艹艹艸

洛○	蘭○	リ 李○	哩○	浬○	狸	裡○	鯉○	栗○
［ラク］	［ラン］	［リ］	［リ］	［リ］	［リ］	［リ］	［リ］	［リツ］ ［リ］
［みやこ］ ［つらなる］	［ふじばかま］ ［あららぎ］	［すもも］ ［おさめる］	［マイル］	［かいり］ ［ノット］	［たぬき］ ［ねこ］	［うら］ ［うち］	［こい］ ［てがみ］	［くり］ ［おののく］ ［きびしい］
洛（みやこ）・上洛（じょうらく） 洛北（らくほく）	芝蘭（しらん） 鈴蘭（すずらん）	李下（りか）に冠（かんむり）を 正（ただ）さず			狐狸（こり） 古狸（ふるだぬき）		緋鯉（ひごい）・養鯉（ようり） 鯉（こい）の滝登（たきのぼ）り	甘栗（あまぐり）
氺氵水	艹艹艸	木	口	氺氵水	犭犬	衤衣	魚	木

漢字	音読み	訓読み	用例	部首
葎	[リツ]	[むぐら]	八重葎(やえむぐら) 葎(むぐら)	艹艹艸
掠○	[リャク] [リョウ]	[かすめる] [かする] [かすれる] [さらう] [むちうつ]	掠れる(かすれる) 掠奪(りゃくだつ) 掠める(かすめる) 掠り傷(かすりきず)	扌手
笠○	[リュウ]	[かさ]	蓑笠(さりゅう・みのかさ) 菅笠(すげがさ)	竹
琉○	[リュウ] [ル]		琉璃(るり) 琉球(りゅうきゅう)	王玉
溜○	[リュウ]	[したたる] [たまる] [ためる] [ため]	溜飲(りゅういん) 溜め息(ためいき)	氺氵水
劉○	[リュウ]	[ころす] [つらねる]	劉覧(りゅうらん)	刂刀
亮○	[リョウ]	[あきらか] [すけ]	亮闇(りょうあん) 亮然(りょうぜん)	亠
凌○	[リョウ]	[しのぐ]	凌駕(りょうが)・凌雲(りょううん) 凌ぐ(しのぐ)	冫
梁○	[リョウ]	[はり] [うつばり] [はし] [やな]	橋梁(きょうりょう)・梁木(りょうぼく) 梁上(りょうじょう)・梁(やな)	木
菱○	[リョウ]	[ひし]	菱花(りょうか) 菱形(ひしがた)	艹艹艸
椋○	[リョウ]	[むく]	椋鳥(むくどり) 椋(むく)	木
稜○	[リョウ] [ロウ]	[かど] [いきおい]	稜線(りょうせん)	禾
綾○	[リョウ] [リン]	[あや]	綾子(りんず)	糸
諒○	[リョウ]	[まこと] [おもいやる] [さとる]	諒恕(りょうじょ)・諒(まこと) 諒す(りょうす)	言
遼○	[リョウ]	[はるか]	遼遠(りょうえん)	辶辶辵
嶺○	[リョウ] [レイ]	[みね]	分水嶺(ぶんすいれい) 銀嶺(ぎんれい)・峻嶺(しゅんれい)	山
淋○	[リン]	[そそぐ] [したたる] [さびしい] [りんびょう]	淋菌(りんきん) 淋病(りんびょう)	氺氵水
琳○	[リン]		琳派(りんぱ)	王玉
燐	*[リン]		燐火(りんか) 燐酸(りんさん)	灬火
鱗○	*[リン]	[うろこ]	逆鱗(げきりん) 鱗粉(りんぷん)	魚
麟○	*[リン]	[きりん]	麒麟(きりん)	鹿
婁 ル	[ル] [ロウ]	[つなぐ] [つながれる]	離婁の明(りろうのめい)	女
屢	[ル] (屡)	[しばしば]	屢(しばしば)・屢述(るじゅつ) 屢次(るじ)	尸
伶○ レ	[レイ]	[さかしい] [わざおぎ]	伶人(れいじん)	ヘイ人
怜○	[レイ]	[さとい]	怜・俐(れいり)	小忄心
苓	[レイ] [リョウ]	[みみなぐさ]		艹艹艸

漢字	音読み	訓読み	用例	部首
玲○	[レイ]		玲玲(れいれい)	王玉
礪	[レイ] (砺)	[あらと] [とぐ] [みがく]	砥礪(しれい)	石
蠣	[レイ] (蛎)	[かき]	牡蠣(かき)・蠣(かき) 蠣殻(かきがら)	虫
煉○	[レン] (煉)	[ねる]	試煉(しれん) 煉瓦(れんが)	灬火
憐○	＊[レン]	[あわれむ] [あわれみ]	憐察(れんさつ)・哀憐(あいれん) 憐情(れんじょう)・可憐(かれん)	小忄心
蓮○	[レン]	[はす] [はちす]	紅蓮(ぐれん) 蓮華(れんげ)	艹艹艸
漣○	[レン] (漣)	[さざなみ]	漣(さざなみ) 漣漣(れんれん)	氺氵水
聯	[レン] (聨)	[つらなる] [つらねる]	頸聯(けいれん) 聯互(れんこう)	耳
簾○	[レン] (簾)	[す] [すだれ]	簾(すだれ)・簾政(れんせい) 御簾(みす)	竹

ロ

漢字	音読み	訓読み	用例	部首
櫓○	[ロ]	[おおだて] [やぐら]	櫓(やぐら) 櫓太鼓(やぐらだいこ)	木
魯○	[ロ]	[おろか]	魯鈍(ろどん)	魚
蕗○	[ロ]	[ふき]	蕗(ふき)の姑(しゅうとめ)	艹艹艸
鷺○	[ロ]	[さぎ]	烏鷺(うろ) 鷺草(さぎそう)	鳥
牢	[ロウ]	[いけにえ] [ごちそう] [ひとや] [かたい] [さびしい]	牢獄(ろうごく) 堅牢(けんろう)	牛
狼○	[ロウ]	[おおかみ] [みだれる]	狼狽(ろうばい)	犭犬
蠟○	[ロウ] (蝋)		蠟燭(ろうそく) 蠟涙(ろうるい)	虫
聾	＊[ロウ]		聾唖(ろうあ) 聾(ろう)する	耳

ワ

漢字	音読み	訓読み	用例	部首
肋○	[ロク]	[あばら]	鶏肋(けいろく)・肋間(ろっかん) 肋骨(ろっこつ・あばらぼね)	月肉
禄○	[ロク]	[さいわい] [ふち]	余禄(よろく)・禄(さいわ)い 禄高(ろくだか)	礻示
漉	[ロク]	[こす] [したたらせる] [すく]	水(みず)を漉(こ)す 紙(かみ)を漉(す)く	氺氵水
窪○	[ワ] [ア]	[くぼ] [くぼむ]	窪(くぼ)む 窪目(くぼめ)	穴
歪	[ワイ]	[ゆがむ] [いがむ] [ひずむ] [いびつ]	歪曲(わいきょく)・歪(いびつ) 歪(ゆが)める	止
隈○	[ワイ]	[くま] [すみ]	界隈(かいわい)・隈隈(くまぐま) 隈取(くまど)り	阝阜
或○	[ワク]	[ある] [あるいは]	或問(わくもん)	戈
椀○	[ワン]	[はち]	椀種(わんだね)	木
碗○	[ワン] (盌)	[こばち]	茶碗(ちゃわん)	石

資料1

試験に出る 常用漢字の表外の読み

常用漢字表から出題されそうなものを選びました。1級用の読みは省いてあります。

使い方▼赤シートをあてて、読みのテストをしましょう。

漢字	問題
亜	熱帯に**亜**（つ）いで暑い地帯だ。
愛	先月、**愛**（まな）娘を嫁がせた。
悪	地域に残る旧弊を**悪**（にく）む。
扱	勇んで槍を**扱**（しご）く。
委	**委**（くわ）しいことは会ってから話す。
尉	**尉**（じょう）と姥の能面を飾る。
易	弱いとみて**易**（あなど）ってかかる。
異	障子に**異**（あや）しい影が映った。
衣	歯に**衣**（きぬ）着せぬ物言い。
逸	**逸**（はや）る気持ちをおさえつける。
咽	**咽**（むせ）び泣く。
因	地名は古い伝説に**因**（ちな）んでいる。
運	夜空を星が**運**（めぐ）る。
英	藤の**英**（はなぶさ）が垂れ下がっている。
謁	王に**謁**（まみ）える栄誉を賜った。
閲	あれからはや十年を**閲**（けみ）する。
円	**円**（まど）かな夢を見ている。
応	要請は**応**（まさ）に受け入れるべきだ。
臆	相手の気持ちを**臆**（おしはか）る。
寡	夫の死後は**寡**（やもめ）暮らしだ。
科	責められるべき罪や**科**（とが）はない。
果	世界一周をやり**果**（おお）せた。
過	胸の中を不安が**過**（よぎ）る。
賀	祖父の喜寿を**賀**（よろこ）ぶ。
雅	**雅**（みやび）やかな舞が披露された。
解	もてなしに気持ちが**解**（ほぐ）れた。
壊	不**壊**（ふえ）の信仰心をもつ。
拐	幼児を**拐**（かどわか）す。
階	宮殿の**階**（きざはし）を月光が照らす。
概	連休は**概**（おおむ）ね晴れそうだ。
嚇	刃物をちらつかせて**嚇**（おど）す。
確	**確**（しか）と相違はない。
郭	**郭**詞（くるわことば）は特殊なものが多い。
革	意味のない旧習を**革**（あらた）める。

額	祭壇の前に**額**（ぬか）ずく。
括	ひょうたんには**括**（くび）れがある。
滑	鰻が**滑**（ぬめ）っていた。
轄	交通違反を**轄**（とりし）まる。
刈	村人総出で**刈穫**（がいかく）する。
完	職務を**完**（まっと）うする。
堪	刺身の味は**堪**（こた）えられない。
寛	浴衣に着替えて**寛**（くつろ）いだ。
寛	**寛**（ひろ）い気持ちで人と接する。
患	国の行く末を**患**（うれ）える。
憾	支持されなかったことを**憾**（うら）む。
鑑	父の生き方を**鑑**（かがみ）とする。
頑	**頑**（かたくな）に首を横に振る。
企	ひそかに悪事を**企**（たくら）む。
奇	**奇**（く）しくも一命をとりとめた。

幾	怒りは**幾**（ほとん）ど爆発寸前だった。
揮	腕を**揮**（ふる）って夕食をつくる。
規	税金の使途を**規**（ただ）す。
戯	**戯**（たわ）け者と叱責された。
戯	**戯**（ざ）れ言を述べる。
擬	故事に**擬**（なぞら）えて間違いを諭す。
擬	おでんに雁**擬**（もどき）を入れる。
詰	裏切り行為を**詰**（なじ）る。
朽	風習は既に**朽**（すた）れてしまった。
糾	容疑者を問い**糾**（ただ）す。
糾	禍福は**糾**（あざな）える縄の如し。
挙	人々は**挙**（こぞ）って万歳を叫んだ。
漁	古本を**漁**（あさ）って歩く。
享	生を**享**（う）けて七十年になる。
強	今後のことを**強**（したた）かに計算する。

凝	後に気まずい**凝**（しこ）りが残った。
曲	屋敷に**曲者**（くせもの）が現れる。
勤	日々の仕事に**勤**（いそ）しむ。
均	新しい土を入れて**均**（なら）す。
具	昨夜の出来事を**具**（つぶさ）に語る。
偶	**偶**（たまたま）事件の現場に居合わせた。
勲	先の戦で**勲**（いさお／いさおし）を立てた。
薫	香を衣装に**薫**（た）きしめる。
傾	地すべりで家が**傾**（かし）いだ。
啓	私が**啓**（もう）すことをお聞き届け下さい。
形	**形**（なり）ばかり一人前と親に言われる。
件	あそこにいるのが**件**（くだん）の男だ。
件	もうひと**件**（くだり）先を読んで下さい。
倹	**倹**（つづま）やかな暮らしに満足している。
検	手荷物の中を**検**（しら）べる。

見　国王に**見**(まみ)える栄誉を得た。

謙　**謙**(へりくだ)った態度でふるまう。

賢　**賢**(さか)しらに意見をする。

験　自分の力を**験**(ため)してみたい。

現　夢か**現**(うつつ)か見分けがつかない。

固　私は**固**(もと)よりあなたの味方だ。

故　**故**(ことさら)に事情を話す必要は無い。

交　人生は禍福得喪**交**(こもごも)至る。

効　慣習に**効**(なら)って行動する。

好　昔の**好**(よしみ)でよろしく頼む。

攻　大学では英文学を**攻**(おさ)めている。

校　史料を**校**(くら)べて推論を述べる。

甲　今年の干支は**甲子**(きのえね)だ。

肯　**肯**(あ)えて敵方に寝返る。

肯　頼まれれば**肯**(うべな)わざるをえない。

肯　頑として**肯**(がえ)んじない。

荒　**荒**(すさ)んだ世の中に背を向ける。

購　大枚を投じて宝石を**購**(あがな)う。

項　後れ毛が**項**(うなじ)にかかる。

号　人目もはばからず泣き**号**(さけ)ぶ。

克　父に**克**(よ)く似た子だ。

墾　荒野を**墾**(ひら)いて農地にする。

査　容疑者の侵入経路を**査**(しら)べる。

鎖　関係者皆口を**鎖**(とざ)した。

妻　娘を友人の息子と**妻**(めあ)わす。

彩　濃淡の緑**彩**(あや)なす山を描く。

細　身内だけで**細**(ささ)やかな祝宴を開く。

削　コンクリートを**削**(はつ)る。

殺　甚だしく興味を**殺**(そ)がれた。

参　**参差**(しんし)とした杉並木。

惨　**惨**(いた)ましい最期の様子を聞いた。

散　ボールペンを**散**(ばら)で買う。

残　遺体はかなり**残**(そこ)なわれていた。

仕　これで失礼**仕**(つかまつ)る。

支　行列の先頭が**支**(つか)えているようだ。

私　**私**(ひそ)かに手紙のやり取りを続けた。

脂　松**脂**(やに)をチェロの弓につける。

事　侍従として王に**事**(つか)える。

侍　病人の枕もとに**侍**(はべ)る。

識　今日の講義内容を**識**(しる)しておく。

質　疑問に思うところを**質**(ただ)す。

実　足**実**(まめ)に訪ねてくる。

斜　学校の**斜**(はす)向かいは公園だ。

邪　友人の恋人に**邪**(よこしま)な思いを抱く。

種　**種種**(くさぐさ)の土産物を手渡した。

寿	友の結婚を寿(ことほ)ぐ。
周	新しい法律を周(あまね)く知らせる。
秋	危急存亡の秋(とき)。
終	終(つい)に優勝することができた。
集	草むらに集(すだ)く虫の声がする。
集	落とした菓子に蟻が集(たか)る。
縦	大臣の任免を縦(ほしいまま)に行う。
淑	淑(しと)やかどころかとんだお転婆だ。
熟	熟(こな)れやすいものを選んで食べる。
殉	教えに殉(したが)って死におもむく。
潤	長風呂をして指が潤(ほと)びた。
遵	法に遵(したが)うことを誓う。
緒	話の緒(いとぐち)をつかむ。
署	用紙に氏名を書き署(しる)した。
諸	諸(もろもろ)の事情により開催は中止する。
諸	被害を諸(もろ)に受けた。
序	序(つい)での折にでも寄ってほしい。
徐	話し終えて徐(おもむろ)に立ち上がった。
将	夢か、将(はた)幻か。
尚	年長者を尚(とうと／たっと)ぶ。
掌	総務を掌(つかさど)る部署に配属された。
焦	計画の遅れに焦(じ)れる。
肖	祖父に肖(あやか)った名をつける。
衝	すきを見て敵陣を衝(つ)く。
詳	事の次第を詳(つまび)らかにする。
象	神に象(かたど)って人を作った。
剰	剰(あまつさ)え雨まで降ってきた。
辱	ご厚意まことに辱(かたじけな)い。
審	審(つまび)らかに申し述べる。
辛	寒い朝は寝床を離れるのが辛(つら)い。
尋	水深は約五尋(ひろ)あった。
尽	強打者を尽(ことごと)く倒す。
垂	九十に垂(なんなん)とする老人の話を聞いた。
崇	山をご神体として崇(あが)める。
杉	強風により老杉(ろうさん)が倒れた。
清	月光が清(さや)かに照らす。
精	病院で精(くわ)しい検査を受けた。
斉	書家の文字は斉(ひと)しく整っている。
斉	身を修め家を斉(ととの)える。
席	席(むしろ)旗を先頭に代官所を襲う。
戚	悲劇的な結末を戚(うれ)える。
斥	政敵をすべて斥(しりぞ)ける。
斥	敵の様子を斥(うかが)う。
設	来客の席を設(しつら)える。
戦	度重なる凶悪事件に戦(おのの)く。

戦	風が梢を**戦**（そよ）がす。
潜	有刺鉄線の下を**潜**（くぐ）って逃げる。
薦	宴席で**薦被**（こもかぶ）りを開ける。
措	感嘆**措**（お）く能わずといったところだ。
疎	最近家事が**疎**（おろそ）かになっている。
粗	作品は**粗**（ほぼ）でき上がった。
創	今も古**創**（きず）が時々痛む。
壮	都は**壮**（さか）んな繁栄ぶりを示した。
荘	堂内には**荘**（おごそ）かな雰囲気があった。
則	国際法に**則**（のっと）った処置だった。
族	決まりを守らない**族**（やから）は困る。
存	おかげで命**存**（なが）えることができた。
太	**太**（はなは）だ古い時代の物語だ。
打	**打打**（ちょうちょう）発止の激論を交わす。
態	通行人に**態**（わざ）とぶつかる。

台	目指すは西方浄土、蓮の**台**（うてな）だ。
託	自由になる金のないことを**託**（かこ）つ。
託	多忙に**託**（かこつ）けて約束を破る。
託	これが**託**（ことづ）かった荷物だ。
諾	申し入れを快く**諾**（うべな）う。
谷	追い詰められて進退**谷**（きわ）まる。
丹	**丹**（に）塗りの門が鮮やかだ。
団	**団**（まる）い月が白く輝いている。
痴	**痴**（おこ）がましくも口を出した。
帳	夜の**帳**（とばり）が降りてきた。
長	彼は策略に**長**（た）けている。
長	村のことは一族の**長**（おさ）が決める。
捗	仕事が**捗**（はかど）る。
直	ゴールめがけて**直**（ひた）押しに押す。
貞	婦女の道を**貞**（ただ）しく守る。

訂	誤っていた箇所を**訂**（ただ）す。
泥	暮れ**泥**（なず）む空に一番星が輝く。
敵	こう寒くては**敵**（かな）わない。
適	今回は**適**（たまたま）うまくいっただけだ。
適	礼法に**適**（かな）った所作をする。
迭	近日中に長官が**迭**（か）わるそうだ。
転	**転**（うた）た隔世の感にたえない。
点	春の庭でお茶を**点**（た）てる。
伝	あの会社は**伝**（つて）がなければ入れない。
殿	退却軍の**殿**（しんがり）を命じられる。
塗	汗に**塗**（まみ）れて働く。
徒	親切がかえって**徒**（あだ）となった。
徒	**徒**（いたずら）に時間を費やしただけだ。
都	仕事は**都**（すべ）てやり終えた。
努	**努努**（ゆめゆめ）怠ることなかれ。

凍	**凍**(い)てつくような寒さが続く。
頭	**頭**(こうべ)を垂れて故郷を思う。
動	**動**(やや)もすれば感情的になる。
匿	脱走兵を**匿**(かくま)う。
篤	信仰心に**篤**(あつ)い人物だ。
屯	コンビニの前に若者が**屯**(たむろ)している。
頓	初戦で**頓**(つまず)いてしまった。
鈍	**鈍**(なま)った腕を鍛え直す。
鈍	**鈍**(にび)色の衣を着て喪に服す。
入	喜びも一**入**(しお)だ。
妊	いま彼女は**妊**(みごも)っている。
認	古里の母に手紙を**認**(したた)める。
寧	恥辱を受けるより**寧**(むし)ろ死を選ぶ。
熱	体が**熱**(ほて)ってしまった。
濃	**濃**(こま)やかな心づかいを示す。

破	**破**(わ)れ鐘のような大声で話す。
薄	**薄**(すすき)は秋の七草のひとつだ。
伐	自分の功績を**伐**(ほこ)る。
汎	影響力は**汎**(ひろ)い範囲に及ぶ。
煩	物売りが**煩**(うるさ)く付きまとう。
番	一**番**(つが)いの鶏を飼う。
番	弓に矢を**番**(つが)えて狙いを定めた。
比	常日**比**(ごろ)の行いを省みる。
比	国内では**比**(なら)ぶ者のない実力者だ。
碑	戦死者を悼む**碑**(いしぶみ)がある。
罷	悪法が**罷**(まか)り通る。
標	新しい**標**(しめ)縄を張る。
敏	目的の物を目**敏**(ざと)く拾い出した。
布	**布袋**(ほてい)様は七福神の一人だ。
普	その人の名は**普**(あまね)く知られている。

負	金を**負**(たの)みとする。
賦	米や絹を**賦**(みつぎ)として献上する。
副	骨折箇所に**副**(そ)え木を当てる。
文	過ちを**文**(かざ)るべからず。
蔽	死者の顔を布で**蔽**(おお)う。
陛	**陛**(きざはし)の下で平伏した。
偏	失敗したのは**偏**(ひとえ)に私の責任だ。
便	上役に媚び**便**(へつら)う。
弁	自分の立場を**弁**(わきま)えて発言する。
報	会議の模様を社長に**報**(しら)せる。
放	屁を**放**(ひ)る。
方	いま**方**(まさ)に決勝戦が始まった。
法	規則に**法**(のっと)って処理する。
芳	**芳**(かぐわ)しい黒髪を撫でる。
某	実行のためには**某**(なにがし)かの金がいる。

謀	敵の**謀**（はかりごと）を事前に見抜く。
勃	**勃**（にわ）かには信じ難い。
凡	漢字音の種類を**凡**（すべ）て調べる。
埋	死んだ小鳥を庭の隅に**埋**（い）けた。
味	道理に**味**（くら）い人物。
末	庭木の枝先が**末**（うら）枯れている。
万	**万**（よろず）ご相談にあずかります。
漫	池の周りを**漫**（そぞ）ろ歩く。
漫	**漫**（みだ）りに出歩いてはいけない。
妄	空想の産物を**妄**（みだ）りに口にする。
冶	金を**冶**（い）て根付を作る。
弥	**弥縫**（びほう）策を講じて失態を免れる。
約	**約**（つづま）やかな生活をおくる。
約	**約**（つづ）めて言うとこのようになる。
誘	敵兵を**誘**（おび）きいれる。
遊	ほんの**遊**（すさ）びに作ったものだ。
予	**予**（かね）てより注意を促していた。
予	日程を**予**（あらかじ）め知らせておく。
与	悪事に**与**（くみ）することはできない。
与	それは私の**与**（あずか）り知らぬことだ。
幼	**幼**（いとけな）い少女が涙をさそう。
擁	身を挺して幼子を**擁**（まも）る。
抑	**抑**（そもそも）この戦いに大義はあるのか。
翼	民間の立場から政府を**翼**（たす）ける。
羅	**羅**（うすぎぬ）で着物を作る。
理	乱世を生き抜く**理**（ことわり）を知る。
裏	心の**裏**（うち）で思うことは口にしない。
陸	最近は**陸**（ろく）な物を食べていない。
略	自分の考えは**略**（ほぼ）述べ終わった。
慮	相手の立場を**慮**（おもんばか）る。
領	密書を着物の**領**（えり）に縫い込んだ。
力	一丸となって社業発展に**力**（つと）める。
類	**類**（たぐい）希な才能をもっている。
戻	人道に**戻**（もと）る行いだ。
零	友人にぐちを**零**（こぼ）す。
齢	校庭のクスノキは**齢**（よわい）三百年になる。
歴	十年の月日を**歴**（へ）て再会した。
廉	違反の**廉**（かど）で罰を受けた。
露	事実が**露**（あらわ）となった。
労	ボランティアの人たちを**労**（ねぎら）う。
論	他人のことをとやかく**論**（あげつら）う。
和	親切を受けて心が**和**（な）いだ。

資料2

試験に出る 四字熟語の問題

過去の試験で出題されたものを集めました。意味がわかると四字熟語の漢字も覚えやすくなります。

使い方▼ 四字熟語に赤シートをあてて漢字を確認しながら意味を覚えましょう。

四字熟語	意味
相碁井目（あいごせいもく）	何事にも実力の差はさまざまで、何をするにも力の差はあるものだということ。
阿鼻叫喚（あびきょうかん）	非常に惨たらしいさま。「阿鼻」は無間地獄。現世で父母を殺すなどの最悪の罪を犯した者が落ちて、そこで猛火に焼かれるとされる。
阿附迎合（あふげいごう）	相手の機嫌をとり、へつらい、おもねること。「阿附」は人の言うことをそのまま真似すること。
暗中模索（あんちゅうもさく）	手がかりのないまま、いろいろと試してみること。「模索」は「摸索」とも書く。
意気軒昂（いきけんこう）	意気込んで、威勢の良いさま。「軒昂」は高くあがること。
衣錦還郷（いきんかんきょう）	立身出世して故郷に帰ること。
一目瞭然（いちもくりょうぜん）	一目で明らかにわかるさま。「瞭然」は「了然」とも書く。
一竜一猪（いちりゅういっちょ）	学ぶと学ばぬとによって著しく賢愚の差ができることのたとえ。
一蓮托生（いちれんたくしょう）	善行をした者が極楽浄土の同じ蓮の花の上に生まれ変わること。転じて、事の善悪にかかわらず、仲間として行動や運命を共にすること。
一虚一盈（いっきょいちえい）	「虚」は空しい、「盈」は満ちる意。あるときは空しく、あるときは満ちて、常に変化し、予測しにくいことのたとえ。
一顧傾城（いっこけいせい）	絶世の美女。美女がちらりと見るだけで君主が夢中になり、国を滅ぼしてしまうこと。ここから転じて、江戸時代には遊女のことを「傾城」といった。
一世木鐸（いっせいぼくたく）	世の中を正しく導く人。社会の指導者。

一張一弛（いっちょういっし）
弓の弦を強く張ったりゆるめたりすることから転じて、人に厳しく接したり、やさしく接したりすること。政治家や教育者の心得。

一碧万頃（いっぺきばんけい）
海などの水面が青々と広がっていること。

意馬心猿（いばしんえん）
煩悩のために心が乱れて落ち着かないことのたとえ。

因循姑息（いんじゅんこそく）
古い習慣や方法にとらわれて改めず、その場しのぎに終始する。

内股膏薬（うちまたこうやく）
あちらについたり、こちらについたりする人をあざけっていう語。

烏飛兎走（うひとそう）
年月が慌ただしく過ぎ去ること。月日が速く過ぎること。

雲集霧散（うんしゅうむさん）
たくさんのものが集まったり、散ったりすること。

運否天賦（うんぷてんぷ）
人の運不運は天命であること。「運否」は運不運。「天賦」は天が与えたもの。

雲竜井蛙（うんりょうせいあ）
地位や賢愚などの差が非常に大きいことのたとえ。「竜」は「りゅう」とも読む。

永劫回帰（えいごうかいき）
宇宙は永遠に循環運動を繰り返すもので、人間は今の一瞬を大切に生きるべきである。

栄耀栄華（えいようえいが）
富や権勢を持ち、華やかに栄えること。

易姓革命（えきせいかくめい）
王朝が交代すること。

掩耳盗鐘（えんじとうしょう）
自分の耳をふさいで鐘を盗む。自分で自分を欺くたとえ。

鳶飛魚躍（えんぴぎょやく）
万物がその本性に従って自由に楽しんでいることのたとえ。また、君主の恩徳が遍くゆきわたり、人々がその能力によってそれぞれ所を得ているたとえ。

円木警枕（えんぼくけいちん）
苦労をいとわず勉学に励むたとえ。丸木を枕とし、熟睡するのを防いだ。

横説竪説（おうせつじゅせつ）
自由自在に述べること。縦横に説くこと。

屋梁落月（おくりょうらくげつ）
心底から友人を思うこと。唐代の詩人杜甫が友人の李白を思いやった故事から。「落月屋梁」ともいう。

温柔敦厚（おんじゅうとんこう）
やさしく穏やかなこと。「敦厚」は手厚いこと。

☐ 蓋棺事定（がいかんじてい）
生前の評価は当てにならず、棺に入りふたをして初めて本当の値打ちが決まる。

☐ 鎧袖一触（がいしゅういっしょく）
相手にならないほどの実力差で打ち負かしてしまうこと。

☐ 街談巷語（がいだんこうご）
つまらない噂話。風説。

☐ 街談巷説（がいだんこうせつ）
世間のつまらない噂。「街談巷語」ともいう。

☐ 開門揖盗（かいもんゆうとう）
自ら災いを招くたとえ。門を開いて会釈して盗人を招き入れる意から。

☐ 鶴髪童顔（かくはつどうがん）
老人が元気なこと。老いてなお精気盛ん。

☐ 格物致知（かくぶつちち）
物事の本質をつきつめて理解し、知識を深めること。

☐ 画虎類狗（がこるいく）
無能な者がすぐれた人の真似をしようとしても、却って自分の拙さを露呈してしまうことのたとえ。虎を描こうとして犬のような絵を描いてしまうことから。

☐ 河山帯礪（かざんたいれい）
永遠に変わらない堅い誓約。また、国が永久に栄えること。

☐ 加持祈禱（かじきとう）
病気や災難を除こうと神仏に祈ること。

☐ 禾黍油油（かしょゆうゆう）
稲や黍などがつやつやと勢いよく生長していること。

☐ 臥薪嘗胆（がしんしょうたん）
将来の成功のため、長い間苦しみに耐えること。特に復讐のために苦労を耐え忍ぶこと。呉王夫差、越王勾践の故事から。

☐ 嘉辰令月（かしんれいげつ）
めでたい月日。「嘉」も「令」もよいという意味。「辰」は日。「嘉辰」は「佳辰」とも書く。

☐ 確乎不抜（かっこふばつ）
意志がしっかりしていて動じないこと。また、固く定まり変えることができないこと。

☐ 活剝生呑（かっぱくせいどん）
他人のものをそのまま盗用すること。また、受け売りするだけで、独自性がないこと。

☐ 河図洛書（かとらくしょ）
聖王や名君の出現する吉兆のこと。昔、黄河から竜馬が、洛水から神亀が神秘的な絵図を背負って浮かび出て、聖王の出現と太平の世の到来を告げたという伝説から。

☐ 瓦釜雷鳴（がふらいめい）
小人物が得意げに威張り、わめきちらすたとえ。

☐ 臥竜鳳雛（がりょうほうすう）
才能がありながら機会に恵まれず実力を発揮できない者のこと。「竜」は「りゅう」とも読む。

含飴弄孫（がんいろうそん）
気楽な老後の生活のこと。飴を口に含み、孫と遊ぶ意。

閑雲野鶴（かんうんやかく）
何ものにも拘束されない自由な生活のたとえ。大空にゆったりと浮かぶ雲と、野に遊ぶ鶴の意から。

眼高手低（がんこうしゅてい）
知識はあり批評もするが実際の能力は低いこと。また、理想は高いが実力が伴わないこと。

管中窺豹（かんちゅうきひょう）
見識が極端に狭いこと。

玩物喪志（がんぶつそうし）
物に心を奪われて、大切な志を失うこと。

冠履顛倒（かんりてんとう）
地位や立場などが上下逆さまなこと。価値や秩序が乱れていること。

規矩準縄（きくじゅんじょう）
物事や行為の標準・法則・手本。「規」はコンパス、「矩」は曲尺、「準」は水準器、「縄」は墨縄（直線を引く道具）。

気息奄奄（きそくえんえん）
息も絶え絶えで今にも死にそうなさま。

吉日良辰（きちじつりょうしん）
縁起の良い日。めでたい日。「吉日」は「きちにち・きつじつ・きつにち」とも読む。

鬼斧神工（きふしんこう）
人の技とは思えないような素晴らしい技で作られたもの。

泣血漣如（きゅうけつれんじょ）
悲しみのあまり血の涙を流すほど激しく、さめざめと泣くこと。

鳩首協議（きゅうしゅきょうぎ）
集まって話し合うこと。

鳩首凝議（きゅうしゅぎょうぎ）
人々が額を寄せ合って熱心に相談すること。「鳩」は集める意。

窮鼠噛猫（きゅうそごうびょう）
行き詰まった弱者が思いがけない力を発揮して強者に刃向かうたとえ。「窮鼠猫を噛む」という成句で用いられる。

九鼎大呂（きゅうていたいりょ）
貴重な物や重要な地位のたとえ。「九鼎」は夏王朝の開祖禹が九つの州から献上させた銅で作った鼎で天子の地位の象徴。「大呂」は周王朝の大廟に供えた鐘。

旧套墨守（きゅうとうぼくしゅ）
古いしきたりや方法を固く守ること。

堯鼓舜木（ぎょうこしゅんぼく）
人の善言をよく聞き入れること。

行住坐臥（ぎょうじゅうざが）
日常の立ち居振る舞い。転じて、日常のこと。「坐臥」は「座臥」とも書く。

尭風舜雨（ぎょうふうしゅんう）
神話時代の皇帝である尭や舜のような聖天子の恵みが世界に行き渡っている。

曲学阿世（きょくがくあせい）
真理を曲げて、世間が気に入るような説を立てること。また、そのような人。「阿世」は世間におもねる意。

玉砕瓦全（ぎょくさいがぜん）
名誉を守るため死ぬこと、なすことなく長く生きること。

旭日昇天（きょくじつしょうてん）
朝日が勢いよく天に昇る意から、勢力がきわめて盛んなたとえ。

曲眉豊頬（きょくびほうきょう）
美しい女性のたとえ。

虚心坦懐（きょしんたんかい）
心に何のわだかまりもなく、平静に事にのぞむさま。「坦懐」はわだかまりがなく、さっぱりした心持ち。

挙措進退（きょそしんたい）
立ち居振舞い。仕草。

魚網鴻離（ぎょもうこうり）
求めていたものではなく、意外なものが手に入るたとえ。魚の網に鴻（おおとり、または大きな雁）がかかることから。「離」は網にかかること。

魚目燕石（ぎょもくえんせき）
本物と紛らわしい無価値なもの。魚の目玉と燕山（河北省にある山）の石は、一見珠玉に似ているが偽物であることから。

金烏玉兎（きんうぎょくと）
歳月のこと。「金烏」は太陽、「玉兎」は月の異称。

欣喜雀躍（きんきじゃくやく）
大喜びすること。「雀躍」はスズメが飛びはねるさま。

勤倹尚武（きんけんしょうぶ）
生活を質素にして、武芸に励むこと。

勤倹力行（きんけんりっこう）
仕事に励んで慎ましく、精一杯の努力をすること。

錦心繡口（きんしんしゅうこう）
詩文の才能に優れていることを称えていう。美しい心情と優美な言葉。

君子豹変（くんしひょうへん）
「優れた人間は、過ちは直ちに改め、速やかに正しい方向に向かう」というのが本来の意味。現在では「要領よく今までの主張や態度を変えてしまう」という、どちらかと言えば悪い意味でも使われている。

荊妻豚児（けいさいとんじ）

妻や子供を卑下していう言葉。

卿相雲客（けいしょううんかく）

高位高官のこと。「月卿雲客」ともいう。

経世済民（けいせいさいみん）

世を治め、民を救うこと。

繋風捕影（けいふうほえい）

話や物事がとりとめなく、当てにならないこと。

刑鞭蒲朽（けいべんほきゅう）

刑罰に痛みの少ない蒲の鞭を使ったが、犯罪が減りその鞭も朽ちてしまった。世の中が平和なこと。

鶏鳴狗盗（けいめいくとう）

つまらない技能を持った人のたとえ。「鶏鳴」は鶏の鳴きまねがうまい人、「狗盗」はこそこそと物を盗むのがうまい人。どんなつまらない才能の持ち主でも、役に立つことがある、という意味でも用いられる。

月卿雲客（げっけいうんかく）

公卿や殿上人のこと。高位高官。

牽衣頓足（けんいとんそく）

別れを惜しむこと。

犬牙相制（けんがそうせい）

隣接する国の領土を犬のきばのように入り組ませ、お互いに牽制させる。

牽強附会（けんきょうふかい）

自分の都合のよいように無理にこじつけること。「附会」は「付会」とも書く。

捲土重来（けんどちょうらい）

一度失敗した者が勢いを盛り返し、再挙を図ること。「捲」は砂ぼこりを巻き上げる意で、「巻」とも書く。また「けんどじゅうらい」とも読む。

堅牢堅固（けんろうけんご）

かたくてじょうぶなこと。じょうぶで動じたり破られたりしないこと。

膏火自煎（こうかじせん）

財産や才能があるがために、却って身を滅ぼすことになるというたとえ。あぶらは燃えて明るくなるが、自らを焼いて燃え尽きてしまうことから。

傲岸不遜（ごうがんふそん）

思いあがって、人に従おうとしないさま。

剛毅果断（ごうきかだん）

意志がしっかりとして、決断力に富んでいるさま。

綱挙網疏（こうきょもうそ）

細部にこだわらず、根本を捉えることに力を入れる。

光彩陸離（こうさいりくり）

美しい光がまばゆく輝くさま。「光彩」は「光采」とも書く。

鉤縄規矩（こうじょうきく）

標準や基準になるもの。物事の手本やきまり。

☐ 宏大無辺（こうだいむへん）
限りなく広く大きいこと。

☐ 孝悌忠信（こうていちゅうしん）
真心を持って目上の人に仕えること。

☐ 向天吐唾（こうてんとだ）
人に害を加えようとして、逆に自分がその害を受けることになること。

☐ 梧桐一葉（ごどういちよう／ごとういちよう）
物事が衰える兆しのこと。

☐ 荒唐無稽（こうとうむけい）
話や考えがでたらめで取り留めがないさま。「無稽」は根拠がないさま。

☐ 紅毛碧眼（こうもうへきがん）
赤い髪の毛、青い眼の人。西洋人。

☐ 甲論乙駁（こうろんおつばく）
互いにあれこれ主張して議論がまとまらないこと。

☐ 五穀豊穣（ごこくほうじょう）
穀物が豊かに実ること。「五穀」は米・麦・粟・豆・黍または稗。

☐ 古色蒼然（こしょくそうぜん）
たいへん古めかしいさま。また、古びて趣のあること。「蒼然」は古びた色のさま。

☐ 克己復礼（こっきふくれい）
己の欲望に打ち勝って、礼儀にかなった行いをする。

☐ 胡馬北風（こばほくふう）
ふるさとを懐かしむこと。

☐ 鼓腹撃壌（こふくげきじょう）
平和なようす。争いごとがなく安楽な生活を楽しむさま。

☐ 枯木寒巌（こぼくかんがん）
枯れた木と冷たい岩。世俗に超然とした悟りの境地のたとえ。

☐ 狐狸妖怪（こりようかい）
人間をだます悪い生き物。ひそかに悪事を働く者のたとえ。

☐ 欣求浄土（ごんぐじょうど）
極楽浄土に往生することを心から願うこと。「欣求」は積極的に願い求めること。

☐ 金剛不壊（こんごうふえ）
堅固でこわれないこと。志を変えないたとえ。

☐ 才子佳人（さいしかじん）
才能あふれる男と、美人の誉れ高い女。理想的な男女。

☐ 採薪汲水（さいしんきゅうすい）
自然の中で質素に暮らすことをいう。「採」は「采」とも書く。

☐ 坐臥行歩（ざがこうほ）
立ち居振る舞いをいう。

☐ 山河襟帯（さんがきんたい）
襟のように山が囲み、帯のように河が流れる自然の要害。

☐ 三者鼎立（さんしゃていりつ）
三つの勢力が拮抗して並び立つ状態。

- □ 蚕食鯨呑（さんしょくげいどん）　だんだんと侵略して一気に飲み込むこと。
- □ 斬新奇抜（ざんしんきばつ）　着想が独創的で、それまでに類を見ないほど新しいさま。
- □ 山藪蔵疾（さんそうぞうしつ）　大人物は多少の欠点はあっても多くの人を包み込む度量があるたとえ。
- □ 自家撞着（じかどうちゃく）　同一人物の言動が前後で矛盾していること。自分で自分の言行に反すること。
- □ 只管打座（しかんたざ）　ただひたすらに座禅すること。
- □ 師資相承（ししそうしょう）　師の教えを受け継ぐこと。師から弟子へ受け継いでいくこと。
- □ 獅子奮迅（ししふんじん）　獅子が奮い立って猛進するように、激しく活動することをいう。
- □ 梓匠輪輿（ししょうりんよ）　「梓」は家具職人、「匠」は大工、「輪」は車輪職人、「輿」は車台職人のことで、その総称。
- □ 死屍累累（ししるいるい）　多くの死体が重なりあっているむごたらしいさま。
- □ 自然淘汰（しぜんとうた）　生態的条件や環境に適する生物は生き残り、適しない生物は滅びること。
- □ 七堂伽藍（しちどうがらん）　寺院の主要な七つの建物。塔・金堂・講堂・鐘楼・経蔵・僧房・食堂だが、宗派によって異なる。
- □ 七歩八叉（しちほはっさ）　詩文を作るすぐれた才能。
- □ 疾風怒濤（しっぷうどとう）　激しい風と荒れ狂う波。時代が激しく変化するさま。ドイツ語「シュトルム・ウント・ドラング」の訳語。
- □ 紫電一閃（しでんいっせん）　事態の急激な変化の形容。「紫電」は剣を一振りするとき、一瞬閃く鋭い光のことをいう。
- □ 資弁捷疾（しべんしょうしつ）　生まれつき話しぶりが巧みで、行動が機敏であること。
- □ 四面楚歌（しめんそか）　周り中が敵ばかりで、一人の味方もいないこと。楚の項羽が滅びるときの故事から。
- □ 釈根灌枝（しゃくこんかんし）　末節にこだわって、根本を忘れること。
- □ 杓子果報（しゃくしかほう）　よいものごとを得る好運にめぐまれること。
- □ 杓子定規（しゃくしじょうぎ）　ある基準や形式ですべてを律しようとすること。融通がきかないこと。
- □ 寂滅為楽（じゃくめついらく）　迷いから離れた悟りの境地が、楽しいものであるということ。
- □ 周章狼狽（しゅうしょうろうばい）　大いにあわてふためくこと。「周章」と「狼狽」はともにあわてる意。

秋風落莫（しゅうふうらくばく）
夏が過ぎ秋風が吹いたら、ものさみしい風景に変わること。「落莫」は「落漠」とも書く。

熟読玩味（じゅくどくがんみ）
文章をよく読み、じっくりと味わうこと。「玩味」は「翫味」とも書く。

首鼠両端（しゅそりょうたん）
迷ってどちらとも決めかねるさま。鼠が穴から首だけ出して、辺りをうかがっているさまから。

出処進退（しゅっしょしんたい）
職や地位にとどまることと、辞めて退くこと。身のふり方。身の処し方。

春蛙秋蟬（しゅんあしゅうぜん）
うるさいだけで役に立たない無用の言論。

舜日尭年（しゅんじつぎょうねん）
神話の聖天子、舜と尭が治めていた世の中。平和な年月。

純情可憐（じゅんじょうかれん）
邪念がなく、すなおで愛らしい。

純真無垢（じゅんしんむく）
自然体で飾り気のないようす。清らかで汚れのない心を持っていること。

醇風美俗（じゅんぷうびぞく）
思いやりのある美しい生活態度、風俗や習慣。「醇風」は「淳風」とも書く。

城狐社鼠（じょうこしゃそ）
君主や権力者の陰に隠れて悪事を働く者。身を安全なところに置いて悪事を働く者のたとえ。

生死事大（しょうじじだい）
生き死には重大な問題だが、それを超越して悟りを開くことは最も大切なことである。

情緒纏綿（じょうしょてんめん）
情緒が深くて離れがたいさま。「情緒」は「じょうちょ」とも読む。

笑面夜叉（しょうめんやしゃ）
笑っていても腹に一物あること。

芝蘭玉樹（しらんぎょくじゅ）
すぐれた人材のたとえ。「芝」は霊芝で蘭とともに香草。「玉樹」は玉のように美しい木。

参差錯落（しんしさくらく）
ふぞろいの物がいろいろと入り混じっている。

唇歯輔車（しんしほしゃ）
たがいが助け合うことで成り立つ関係。もちつもたれつの関係。

水到渠成（すいとうきょせい）
学問を十分に行えば自然に道徳も身につくということ。また、物事は時が来れば自然に成就するということ。水が流れると自然に溝ができることから。

推本遡源（すいほんそげん）
物事の根源を考え、そのすべてを知ろうとする。「遡源」は「溯源」とも書く。

杜撰脱漏（ずさんだつろう）
著作などに誤りが多いこと。また、物事のやり方がいい加減でぞんざいなこと。

精衛填海（せいえいてんかい）
不可能なことを企て、徒労に終わること。また、いつまでも悔やみ続けること。

□ 凄凄切切（せいせいせつせつ）
非常に物さびしいこと。

□ 清濁併呑（せいだくへいどん）
包容力の大きいことのたとえ。「清濁」は善と悪、また正と邪。

□ 生呑活剝（せいどんかっぱく）
他人が創作した詩や文章などをそのまま盗用すること。

□ 碩学大儒（せきがくたいじゅ）
学問の広い儒者または大学者。

□ 碩師名人（せきしめいじん）
偉大な学者や名声が高い人。高い徳を備えた人や声望がある人。

□ 赤手空拳（せきしゅくうけん）
武器も持たずに立ち向かうこと。助けを借りずに物事を行うこと。

□ 積善余慶（せきぜんよけい）
善行を積めば必ず慶ばしいことが訪れる。

□ 尺短寸長（せきたんすんちょう）
優れた人にも劣ったところはあり、劣った人にも優れたところはある。

□ 折衝禦侮（せっしょうぎょぶ）
相手の攻撃を打ち砕き、侮りを防いで恐れさせること。

□ 舌端月旦（ぜったんげったん）
言葉で批評すること。

□ 旋乾転坤（せんけんてんこん）
天下国家の情勢を一変させること。「乾」は天、「坤」は地。「乾坤」で天地・世界を指す。

□ 前虎後狼（ぜんここうろう）
前に虎、後ろから狼。次々と災難に襲われること。

□ 前途遼遠（ぜんとりょうえん）
目的達成までの道のりがまだ遠くて困難なさま。

□ 全豹一斑（ぜんぴょういっぱん）
物事の一部を見ただけで、全体を推測したり批評したりすること。見識が狭いことのたとえ。

□ 穿壁引光（せんぺきいんこう）
隣家からもれる光で勉強するような苦学のたとえ。貧しい中でも、熱心に学問に励むこと。

□ 千篇一律（せんぺんいちりつ）
変わりばえがせず、面白味に欠けること。「千篇」は「千編」とも書く。

□ 甑塵釜魚（そうじんふぎょ）
炊事ができないほど貧しいこと。

□ 象箸玉杯（ぞうちょぎょくはい）
贅沢な生活。また、贅沢を求める欲が出始めること。

□ 草茅危言（そうぼうきげん）
国政に対する民間の批判の声。「草茅」は草むら、転じて民間・在野。「危言」は厳しい言葉。

□ 楚材晋用（そざいしんよう）
優秀な人材を他の部署でうまく重用すること。また、優秀な人材が他国に流出すること。

□ 粗酒粗餐（そしゅそさん）
粗末な酒と食事のこと。

☑ 啐啄同時（そったくどうじ）

絶好の機会。逃すことのできない好機。「啐」は卵からかえろうとする雛が殻の中で鳴く声。「啄」は親鳥が殻をつつくこと。本来は禅で悟りに教導することをいう。

☑ 堆金積玉（たいきんせきぎょく）

金銀珠玉を積み上げるように莫大な富を集めること。

☑ 泰山鴻毛（たいざんこうもう）

非常に重いものと非常に軽いもの。隔たりが大きいことのたとえ。

☑ 多岐亡羊（たきぼうよう）

選択肢がいろいろあり、どうしていいか迷うこと。

☑ 断崖絶壁（だんがいぜっぺき）

非常に危険な状況のこと。「断崖」と「絶壁」はともに切り立った崖。

☑ 断簡零墨（だんかんれいぼく）

ちょっとしたメモや、きれぎれになった書き物。文書の断片。

☑ 簞食瓢飲（たんしひょういん）

清貧に甘んじるさま。孔子の弟子、顔回は貧窮に耐えながら学問に励んだ。それを孔子が称賛して言った言葉。

☑ 竹頭木屑（ちくとうぼくせつ）

役に立たないもののたとえ。また、つまらないものでも何かに役立てるため、粗末にしないこと。「竹頭」は竹の切れ端。

☑ 知小謀大（ちしょうぼうだい）

知恵や力がないのに大きなことを企てること。

☑ 丁丁発止（ちょうちょうはっし）

激しく打ち合うさま。激しく議論をたたかわせるさま。

☑ 凋零磨滅（ちょうれいまめつ）

文物などがしぼみ落ちるように滅びてなくなること。

☑ 中原逐鹿（ちゅうげんちくろく）

帝位・政権の争奪戦。「中原に鹿を逐う」と読む。中原は黄河流域の平原地帯中央部で、天下を意味する語。群雄の争いを、鹿を追う猟にたとえた。

☑ 朝盈夕虚（ちょうえいせききょ）

朝に栄えて夕べに滅びる意で、人生がはかないことをいう。

☑ 張三李四（ちょうさんりし）

ごくありふれた平凡な人々。張家の三男と李家の四男。「張」や「李」は中国のありふれた姓。

☑ 長身痩軀（ちょうしんそうく）

背が高く、痩せていること。

☑ 朝秦暮楚（ちょうしんぼそ）

留まらずにふらふら放浪すること。また、信念や主義がすぐに変わる人のこと。

☑ 朝穿暮塞（ちょうせんぼそく）

短期間で頻繁に壊したり作ったりすること。

☐ **長汀曲浦**（ちょうていきょくほ）
長く続くみぎわと曲がりくねった入り江。

☐ **凋氷画脂**（ちょうひょうがし）
苦労しても効果がないこと。努力も無駄に終わること。

☐ **長鞭馬腹**（ちょうべんばふく）
いくら強大な力があっても、及ばないことがあるというたとえ。長い鞭でも馬の腹まで届かない場合があることから。

☐ **朝蠅暮蚊**（ちょうようぼぶん）
取るに足らぬ小人物がはびこること。

☐ **猪突猛進**（ちょとつもうしん）
目標に対して向こう見ずに突進すること。

☐ **治乱興亡**（ちらんこうぼう）
世の中が治まり栄えることと、乱れて衰えること。

☐ **沈魚落雁**（ちんぎょらくがん）
美人の形容。その美しさに圧倒されて魚は水中深く隠れ、雁は見とれて空から落ちてしまうほどだということ。

☐ **通暁暢達**（つうぎょうちょうたつ）
ある事柄に通じていて、文章や言葉がのびのびしていること。

☐ **剃髪落飾**（ていはつらくしょく）
髪をおろして仏門に入ること。「剃髪」は「薙髪」とも書く。

☐ **鉄網珊瑚**（てつもうさんご）
珍品や才人を得るために探すこと。

☐ **甜言蜜語**（てんげんみつご）
蜜のように甘い言葉。聞いて快いへつらいの言葉。

☐ **天壌無窮**（てんじょうむきゅう）
天地とともに永遠、永久に続くこと。

☐ **天神地祇**（てんじんちぎ）
すべての神のこと。

☐ **天長地久**（てんちょうちきゅう）
天地の存在は永遠で尽きることがないこと。

☐ **点滴穿石**（てんてきせんせき）
わずかな力でも根気よく続けていけば、いつかは成し遂げることができるという意味。「雨垂れ、石を穿つ」という表現でも用いられる。

☐ **天佑神助**（てんゆうしんじょ）
天や神の助け。ご加護。「天佑」は「天祐」とも書く。

☐ **東窺西望**（とうきせいぼう）
あっちこっちを見て落ち着きがないこと。

☐ **陶犬瓦鶏**（とうけんがけい）
役に立たないもののたとえ。陶製の犬と素焼きの鶏。

☐ **動静云為**（どうせいうんい）
人の日常の行動や立ち居振る舞いのこと。

☐ **道聴塗説**（どうちょうとせつ）
学問などを正しく理解せず、生半可に知ったかぶりをして人に話すこと。

☐ **堂塔伽藍**（どうとうがらん）
寺院の建物の総称。「七堂伽藍」に同じ。

☐ **党同伐異**（とうどうばつい）
ことの善悪にかかわらず、仲間に味方して敵を攻撃すること。

☐ **稲麻竹葦**（とうまちくい）
たくさんの人や物が入り乱れて群がっていること。また、何重にも囲まれていること。

☐ **桃李満門**（とうりまんもん）
優秀な人材が一門に多く集まるたとえ。

☐ **土階茅茨**（どかいぼうし）
質素な宮殿。君主の美徳をたたえる語。

☐ **兎角亀毛**（とかくきもう）
あり得ないもの。この世に存在するはずがないもの。

☐ **菟糸燕麦**（としえんばく）
名前と実体が合わないこと。

☐ **徒手空拳**（としゅくうけん）
手に何も持たず、身一つで他に頼むものがないこと。「赤手空拳」ともいう。

☐ **兎走烏飛**（とそううひ）
歳月があっという間に過ぎ去っていくたとえ。

☐ **図南鵬翼**（となんほうよく）
大事業を計画するたとえ。南方に飛び立とうとする鵬の翼という意味から。

☐ **土崩瓦解**（どほうがかい）
物事が根本から崩れてしまい、手がつけられない状態のこと。

☐ **塗抹詩書**（とまつししょ）
幼い子供のいたずら。また、幼い子供のこと。

☐ **杜黙詩撰**（ともくしせん／ともくしさん）
詩や文章などに誤りが多く、いいかげんなこと。「杜撰」という語で使われることが多い。

☐ **頓首再拝**（とんしゅさいはい）
頭を深く下げて、うやうやしくおじぎをすること。

☐ **熱願冷諦**（ねつがんれいてい）
熱心に願い求めることと、冷静に本質を見つめること。

☐ **稗官野史**（はいかんやし）
小説。また、民間の言い伝えやうわさ話、物語などを歴史風に書いたもの。

☐ **梅妻鶴子**（ばいさいかくし）
俗世を離れた風流な隠遁生活のたとえ。

☐ **杯酒解怨**（はいしゅかいえん）
酒を仲立ちとして、互いに心のわだかまりを解いていくこと。

☐ **馬牛襟裾**（ばぎゅうきんきょ）
学識も教養もない者。礼儀知らずな者。

麦秀黍離（ばくしゅうしょり）

都の跡が荒れ地になっているのを見て、祖国が滅亡したことを嘆く。

拍手喝采（はくしゅかっさい）

手をたたき、大声でたたえること。「喝采」は「喝彩」とも書く。

白兎赤烏（はくとせきう）

時間のこと。月日のこと。

博聞彊識（はくぶんきょうしき）

物事を広く知って、よく記憶していること。「彊識」は「強識」とも書く。

破綻百出（はたんひゃくしゅつ）

意見や言動などに、次々と欠点やほころびが出てくること。

白虹貫日（はっこうかんじつ）

白い虹が太陽を貫くようにかかる現象。真心が天に通じた表れとも、兵乱が起こる前兆ともいう。「白虹、日を貫く」と読む。

抜山蓋世（ばつざんがいせい）

山を引き抜くほど強大な力と、世を覆い尽くすほどの盛んな意気込み。楚の項羽が最期を迎えるときに歌った詩が語源。

抜本塞源（ばっぽんそくげん）

物事の根本にさかのぼって対処すること。災いの原因を取り除くこと。木の根を抜いて水源をふさぐ意。

波濤万里（はとうばんり）

遠方の外国。また、遠く離れた外国へ行くための航路。

盤根錯節（ばんこんさくせつ）

複雑に入り組んで、解決しづらいこと。また、ある勢力がはびこり排除しがたいこと。

美酒佳肴（びしゅかこう）

美味い酒と、美味い肴（さかな）。美味しいごちそう。「佳肴」は「嘉肴」とも書く。

披星戴月（ひせいたいげつ）

夜が明ける前から夜遅くまで仕事をすること。

筆耕硯田（ひっこうけんでん）

文筆で暮らしを立てること。筆で硯の田を耕す意。

眉目秀麗（びもくしゅうれい）

容貌が優れ、美しいさま。男性について用いる。

百尺竿頭（ひゃくせきかんとう）

到達することのできる最高点のこと。「百尺竿頭一歩を進む」で、最高点に達してさらに努力を重ねて先に進む意味。「百尺」は「ひゃくしゃく」とも読む。

氷肌玉骨（ひょうきぎょっこつ）

美しい女性。また、梅の花のこと。

飛鷹走狗（ひようそうく）

鷹を飛ばし、犬を走らせて狩りをすること。

風餐露宿（ふうさんろしゅく）
旅、また野宿の苦労。「風餐」は風に吹きさらされて食事すること。

浮花浪蕊（ふかろうずい）
長所もなく、どこにでもあるようなもの。

不倶戴天（ふぐたいてん）
どうしても許せないほど深く恨むこと。「倶に天を戴かず」と読み、同じ天の下に生かしてはおけない、の意。君主や父の仇についていう。

伏竜鳳雛（ふくりょうほうすう）
優れた才能を持ちながら機会を得ず、力を発揮できないまま世に隠れている者のたとえ。「伏竜」は「ふくりゅう」とも読む。「鳳雛」は鳳凰の雛のこと。

不失正鵠（ふしつせいこく）
物事の要点を的確にとらえること。

不惜身命（ふしゃくしんみょう）
仏道のため身も命もささげて惜しまないこと。

釜底抽薪（ふていちゅうしん）
根本原因を取り除かなければ、解決することはできない。

舞文曲筆（ぶぶんきょくひつ）
必要以上に言葉を飾り立て、事実を曲げて文章を書くこと。

焚琴煮鶴（ふんきんしゃかく）
風流心がないこと、趣がない単調な景色のたとえ。

文質彬彬（ぶんしつひんぴん）
外見の立派さと内面の実質がほどよく調和していること。

焚書坑儒（ふんしょこうじゅ）
学者が迫害を受け、思想・学問が弾圧されること。「坑儒」は儒者を穴埋めにすること。秦の始皇帝の暴政を象徴するものとされる。

蚊虻走牛（ぶんぼうそうぎゅう）
微小なものが強大なものを制すること。また、小さなことが原因で大きな災難が起こることをいう。「蚊虻」はかとあぶ。微小なもののたとえ。

並駕斉駆（へいがせいく）
能力・地位などに差がないこと。「駕」は馬車、乗り物。「斉駆」は並んで馬を走らせること。

平談俗語（へいだんぞくご）
普段の会話で用いるごく普通の言葉。

碧落一洗（へきらくいっせん）
雨があがったあとに空がきれいに晴れること。

報怨以徳（ほうえんいとく）
受けた恨みに恩徳を以て報いること。

鵬程万里（ほうていばんり）
前途の遠大なことのたとえ。また、前途洋洋たることや大自然の広大さについてもいう。

□ 蓬頭垢面（ほうとうこうめん）
無頓着で、むさくるしいこと。また、疲れて貧しいようす。「垢面」は「くめん」とも読む。

□ 放蕩無頼（ほうとうぶらい）
酒色にふけり、勝手気ままにふるまって素行のよくないさま。

□ 捧腹絶倒（ほうふくぜっとう）
腹をかかえて笑い転げること。「捧」は「抱」とも書く。

□ 泡沫夢幻（ほうまつむげん）
人生のはかなさをいう語。

□ 亡羊補牢（ぼうようほろう）
羊が逃げた後で、その囲いを修繕することから、失敗した後であわてて改善することのたとえ。また、すぐ改善すればその後の過ちを大きくせずに済むたとえ。

□ 暮色蒼然（ぼしょくそうぜん）
夕暮れ時に、辺りが薄暗くなっていくようす。

□ 煩悩菩提（ぼんのうぼだい）
悟りの障害となる煩悩も、そのまま悟りに達するきっかけとなること。

□ 磨穿鉄硯（ませんてっけん）
強い意志を、物事を達成するまで変えないこと。また、鉄の硯がすりへって穴があくほど学問に励むこと。

□ 未来永劫（みらいえいごう）
これから先はるかに長く。

□ 矛盾撞着（むじゅんどうちゃく）
前後のつじつまが合わないこと。論理が一貫しないこと。「撞着」は「撞著」とも書く。

□ 名声赫赫（めいせいかくかく）
世間で盛んによい評判が立つこと。「赫赫」は勢いが盛んなさまで、「かっかく」とも読む。

□ 鳴蟬潔飢（めいせんけっき）
高尚な人物はいかなる場合でも節操を変えないということ。蟬は高潔なので、飢えても汚れたものは食べない、ということから。

□ 明哲保身（めいてつほしん）
聡明な人は危険を避けて身の安全を保つこと。

□ 名誉挽回（めいよばんかい）
失敗して一度失った名誉や信用を取り戻すこと。

□ 盲亀浮木（もうきふぼく）
めったにないことのたとえ。百年に一度だけ水面に浮かび上がってくる盲目の亀が、漂っている木の穴に入ろうとしても容易にできないということから、仏の教えに出合うことの難しさをいった語。

□ 孟仲叔季（もうちゅうしゅくき）
兄弟姉妹の長幼の順。長子・次子・三子・四子。

孟母三遷（もうぼさんせん）
子供の教育には環境が大切であるという教え。孟子の母が、孟子の教育のために環境を選び、三度、居を移した故事から。

孟母断機（もうぼだんき）
学問を途中でやめてはならないと戒めること。

門前雀羅（もんぜんじゃくら）
訪問客が減って寂しい家の様子。人が来ないので、家の前に雀を捕らえる網を張ることができるほどだという意味。

問鼎軽重（もんていけいちょう）
権力や地位を持っている人を軽くみて、取って代わろうとすること。人の権力や能力を軽くみること。

冶金踊躍（やきんようやく）
自分の今の立場や地位に満足できないこと。

夜郎自大（やろうじだい）
自分の力のほどを知らずに、いばっている者。

邑犬群吠（ゆうけんぐんばい）
つまらない人物が、人のうわさなどを盛んに言い合うさま。また、賢人を非難するさま。

融通無碍（ゆうずうむげ）
考えや行動が自由で、とらわれることのないこと。

遊戯三昧（ゆげざんまい）
仏の境地に遊んで何ものにもとらわれないこと。また、遊びたわむれふけること。

妖怪変化（ようかいへんげ）
あやしい不思議な現象を引き起こす化け物。

用管窺天（ようかんきてん）
狭い管から天を窺い見るように、見識が狭いさま。

妖言惑衆（ようげんわくしゅう）
あやしげな言説で人々を惑わせること。

羊質虎皮（ようしつこひ）
外見は立派だが、内容が伴わないこと。虎の皮をかぶった羊の意。見掛け倒し。

羊頭狗肉（ようとうくにく）
外面と内容が一致しないことのたとえ。「羊頭を懸けて狗肉を売る」を略したもの。

容貌魁偉（ようぼうかいい）
姿かたちが堂々と大きく、立派なさま。

抑揚頓挫（よくようとんざ）
文や声の調子を上下させて、勢いを変えたりする。また、勢いが急になくなること。

落雁沈魚（らくがんちんぎょ）
雁は落ち、魚は沈んで身を隠すほどの美人。

落筆点蠅（らくひつてんよう）
過ちを上手にとりつくろうこと。

李下瓜田（りかかでん）

人に疑われるような行いはしないほうがよいというたとえ。「李下」はスモモの木の下、「瓜田」はウリの畑のこと。

六菖十菊（りくしょうじゅうぎく）

適切な時期が過ぎてしまい、役に立たなくなったもの。「六菖」は五月五日の端午の節句の翌日の菖蒲、「十菊」は九月九日の重陽の節句の翌日の菊。「六」は「ろく」とも読む。

竜章鳳姿（りゅうしょうほうし）

竜や鳳凰のように立派な姿。威厳に満ちた容姿。

竜跳虎臥（りょうちょうこが）

筆勢が縦横自在ですばらしいことのたとえ。「竜跳」は「りゅうちょう」とも読む。

良禽択木（りょうきんたくぼく）

環境や職業などはよく見定めて選択すべきであるということのたとえ。また、賢人は立派な主君を選んで仕えるという意味。賢い鳥は棲む木を選ぶということから。

綾羅錦繡（りょうらきんしゅう）

目を見はるくらい美しいもの。また、美しく着飾ること。

臨淵羨魚（りんえんせんぎょ）

ただ望むだけでなく、適切な手段を講じなければ願い事はかなわないという教訓。魚がほしければ、淵に立って願うだけでなく、まず網を用意しなければならないという意。

鱗次櫛比（りんじしっぴ）

鱗や櫛の歯のように整然と並ぶこと。

麟子鳳雛（りんしほうすう）

前途有望である子供のたとえ。

輪廻転生（りんねてんしょう）

人が、車輪が回り続けるように、生まれ変わり続けること。

老萊斑衣（ろうらいはんい）

親孝行すること。孝養を尽くすこと。

魯魚章草（ろぎょしょうそう）

文字の書き間違い。字形の似た字を写し間違えること。

六根清浄（ろっこんしょうじょう）

欲望や迷いがなくなり、心身が清らかになること。

論功行賞（ろんこうこうしょう）

手柄を調べてその程度に応じてふさわしい賞を与えること。

和光同塵（わこうどうじん）

自分の才能を和らげ隠して、俗世間に調和して交わること。

資料3

試験に出る 故事・諺の問題

準1級には「故事・諺」の知識を問う問題が出題されます。意味もいっしょにおさえておきましょう。

故事成語	意味
☐ 愛(あい)、屋烏(おくう)に及(およ)ぶ	人を愛すると、その相手に関するすべてに愛情が及ぶこと。
☐ 匕首(あいくち)に鍔(つば)を打(う)ったよう	匕首(小刀)に鍔は不釣り合い。不調和なもののたとえ。
☐ 挨拶(あいさつ)は時(とき)の氏神(うじがみ)	「挨拶」は争いごとの仲裁をすること。喧嘩や口論の仲裁をしてくれる人のことはありがたい氏神様と思い、素直にその調停に従うほうがよいということ。類 仲裁は時の氏神
☐ 開(あ)いた口(くち)へ牡丹餅(ぼたもち)	思いがけなく幸運がくること。
☐ 秋(あき)の日(ひ)は釣瓶(つるべ)落(お)とし	秋の太陽が急に沈むことを、井戸に落とす釣瓶にたとえていう言葉。
☐ 朝鳶(あさとび)に蓑(みの)を着(き)よ、夕鳶(ゆうとび)に笠(かさ)を脱(ぬ)げ	朝に鳶が舞うときは雨、夕方に鳶が舞うときは晴れる。
☐ 朝(あした)に紅顔(こうがん)ありて夕(ゆう)べに白骨(はっこつ)となる	人の生死は予測できない。
☐ 痘痕(あばた)もえくぼ	好きになったら醜いあばたも可愛いえくぼに見える。
☐ 虻蜂(あぶはち)取(と)らず	二つのものを同時に取ろうとして両方とも得られないこと。
☐ 網(あみ)、呑舟(どんしゅう)の魚(うお)を漏(も)らす	目が粗い網は舟をのむほどの大魚も逃す。法が大まかであるために罪人を逃してしまうこと。
☐ 飴(あめ)と鞭(むち)	相手に、甘く接する場合と、厳しく接する場合の二つの面を、じょうずに使い分けること。
☐ 危(あや)うきこと累卵(るいらん)の如(ごと)し	いつ崩れるかわからないような、非常に危険な状態。
☐ 蟻(あり)の思(おも)いも天(てん)に届(とど)く	弱小な者でも一心に念じれば望みが達せられること。
☐ 慌(あわ)てる蟹(かに)は穴(あな)へ這(は)い入(い)れぬ	ふだん慣れていることでも慌てると失敗する。

家貧しくして孝子顕れ、世乱れて忠臣を識る
家が貧しいと親孝行な子が世に知られるようになり、世が混乱したときには真の忠義の臣がわかるようになる。逆境のときにこそ、その人の真の値打ちがあらわれて認められるということ。

戦を見て矢を矧ぐ
事が起こってからあわてて準備を始める愚かさをいうたとえ。

石臼を箸に刺す
箸で石臼を刺すことはできないことから、無理なことを言うこと。

衣食足りて栄辱を知る
物質的に不自由がなくなって、初めて礼儀に心を向ける余裕ができてくる。

磯際で船を破る
港の近くまで来たのに難破してしまう意から、物事を達成する直前で失敗すること。

磯のあわびの片思い
自分が慕っているだけで、相手にはその気のない恋。

一富士二鷹三茄子
初夢に見ると縁起がよいとされるものを順にあげた言葉。

逸物の鷹も放さねば捕らず
どんなに能力のある者でも、実際に使わなければ何の役にもたたない。

逸物の猫は爪を隠す
本当に能力のある者は、それをひけらかすようなことはしない。

一文銭で生爪剝がす
わずかな金を惜しんで、体を壊しても悔いないこと。けちのこと。

一家は遠のく、蚤は近寄る
困窮するとみな疎遠になって、近くによってくるのは蚤ばかりである。

一擲乾坤を賭す
運を天に任せ、一世一代の大勝負に出ること。

一敗地に塗れる
二度と立ち直ることができないほど、徹底的に打ち負かされること。

一斑を見て全豹をトす
豹のからだの一つのまだらを見て、豹全体を推測することから、ものの一部分から、そのもの全体を推しはかること。

一片の氷心玉壺に在り
ひとかけらの氷が玉壺の中に浮いているような、曇りのない澄みきった心のたとえ。

犬、骨折って鷹の餌食
疲れるだけで何も良いことがないこと。**類** 鷹、骨折って旦那の餌食／骨折り損の草臥れ儲け

命長ければ蓬萊を見る
「蓬萊」は中国の伝説で、仙人の住む不老不死の地と考えられている霊山。長生きをすればこそ幸運にも巡り会うことがある。長生きをすべきだということ。対 命長ければ恥多し

衣鉢を継ぐ
弟子が師からその道の奥義を継承する。教法や奥義を受け継ぐこと。

鰯の頭も信心から
鰯の頭のようなつまらないものでも信じる人には尊く思われる。

陰徳あれば必ず陽報あり
人知れずよい行いをしていれば、やがては世間に知られ、目に見えてよい報いがあるということ。

饑えたる者は糟糠を甘んず
飢えたときは何事もありがたく物を選ぶことはしない。

魚の釜中に遊ぶが如し
釜で煮られるのも知らず泳いでいる魚のように、災難が迫っているのに、のんきにかまえていること。

有卦に入る
「有卦」は、陰陽道で定められた七年間続くとされる幸運の年回り。よいことばかりで、幸運が続くこと。

嘘も誠も話の手管
虚実をおりまぜて話すのが巧みな話術だということ。

独活の大木
身体ばかりが大きくて役に立たない人のこと。

鵜の真似をする烏
鵜のまねをして水に入る烏はおぼれることから、自分の能力を考えずに、他人のまねをして失敗すること。

瓜の蔓に茄子はならぬ
平凡な親から非凡な子どもは生まれないことのたとえ。また、ある事柄からは、それ相応の結果しか生じないということ。

烏鷺の争い
烏は黒く鷺は白いことから、囲碁で勝負を争うこと。

嬰児の貝を以て巨海を測る
とうていできないことのたとえ。

笑顔に当てる拳は無い
こちらに向かってきた人には笑顔で接するほうが効果がある。

越鳥南枝に巣くい、胡馬北風にいななく
南方の越の国から渡ってきた鳥は樹木の南側の枝に巣を作り、北方の胡の国からきた馬は、北風が吹くと故郷をなつかしんでいななくということから、故郷の忘れがたいことや、故郷を恋い慕うことのたとえ。

得手(えて)に帆(ほ)を揚(あ)げる

得意なことで力を発揮する好機を得て、はりきってそれを行うこと。

鴛鴦(えんおう)の契(ちぎ)り

夫婦仲のむつまじいこと。

燕雀(えんじゃく)安(いずく)んぞ鴻鵠(こうこく)の志(こころざし)を知(し)らんや

小さな鳥には大きな鳥の志は理解できない。小人物には大人物の考えや志がわからない。

燕雀(えんじゃく)鳳(ほう)を生(う)まず

平凡なものから、非凡のものは生まれないことのたとえ。

遠慮(えんりょ)なければ近憂(きんゆう)あり

将来のことを考えないでいると、必ず近いうちに困ることが起こる。

鸚鵡(おうむ)能(よ)く言(い)えども飛鳥(ひちょう)を離(はな)れず

鸚鵡は人をまねてうまく話すが鳥でしかない。口ばかり達者で行動が伴わないこと。

大河(おおかわ)を手(て)で堰(せ)く

大きな川の流れを手で堰き止めるということから、無謀で不可能なことをしようとすること。

鬼(おに)の女房(にょうぼう)に夜叉(やしゃ)がなる

鬼のような夫には釣り合う同じような女が女房になる。

尾鰭(おひれ)がつく

話が伝わる間に事実以上のことが付け加わって大げさになる。

親(おや)の欲目(よくめ)と他人(たにん)の僻目(ひがめ)

親は自分の子供を実際よりも良く見ようとするが、他人に対しては少しでも悪く見ようとする。

尾(お)を塗中(とちゅう)に曳(ひ)く

仕えて束縛されるより、貧しくても里で気楽に暮らすほうが良い。

会稽(かいけい)の恥(はじ)を雪(すす)ぐ

ひどい目にあわされた相手に対して雪辱を果たすこと。

骸骨(がいこつ)を乞(こ)う

主人に身をささげて仕えたが、老いさらばえた骨だけは返していただきたい。辞職を願い出る。

海中(かいちゅう)より盃中(はいちゅう)に溺死(できし)する者多(ものおお)し

海で溺死するよりも、酒が原因で命をおとす人のほうが多い。

櫂(かい)は三年(さんねん)、櫓(ろ)は三月(みつき)

櫂を使いこなすのは、櫓を使いこなすのに比べてずっとむずかしく時間がかかるということから、何事も技術を習得して一人前になるのは容易ではないということ。

買(か)うは貰(もら)うに勝(まさ)る

物をもらうよりも自分で買うほうが気楽で良い。

□ **佳肴ありと雖も食らわずんばその旨きを知らず**
おいしいごちそうも食べてみなければその味はわからないことから、聖人の立派な学問も学ばなければその価値はわからないということ。また、才能ある人も、用いてみなければその器量を知ることはできないということ。「佳肴」は「嘉肴」とも書く。

□ **傘と提灯は戻らぬつもりで貸せ**
必要なとき以外は忘れがちな物は返してもらえないつもりで貸せということ。

□ **苛政は虎よりも猛し**
人民を苦しめる苛酷な政治は、虎に襲われて死ぬことよりも恐ろしいということ。

□ **風が吹けば桶屋が儲かる**
思いもよらないところに影響が出る。また、あてにならない期待をすること。

□ **片手で錐はもめぬ**
物事は単独で行うのではなく協力が大切である。

□ **火中の栗を拾う**
自分の利益にならないのに、他人のために危険を冒すたとえ。

□ **渇して井を穿つ**
必要に迫られてから慌てて準備をしても間に合わないこと。

□ **渇しても盗泉の水を飲まず**
どんなに困っていても悪事に手を染めたり、悪人の助けを借りないこと。

□ **河童の寒稽古**
他人には辛そうに見えても、本人は平気なこと。

□ **瓜田に履を納れず**
瓜泥棒の疑いをかけられないように、瓜畑で靴が脱げてもかがんで靴を履き直さない意から、疑いをかけられるようなことは慎むべきだという戒め。**類** **李下に冠を正さず／李下瓜田**

□ **鼎の軽重を問う**
権力者の能力・力量を疑い、その地位にいることに異議を唱える。

□ **鼎を列ねて食す**
料理がたくさん並んだ、豪勢な食事。

□ **金槌の川流れ**
頭の上がらないことのたとえ。また、出世の見込みがないこと。

□ **蟹は甲羅に似せて穴を掘る**
蟹は自分の甲羅の大きさに合った穴をほるところから、自分の能力に応じた振る舞いや望みを持つことのたとえ。

鐘も撞木の当たり柄

接し方しだいで反応も変わってくるということ。

鉦や太鼓で捜す

迷子を探すときに鉦や太鼓を打ち鳴らしたことから、大騒ぎをしてあちこちを探し回ること。

禍福は糾える縄の如し

不幸と幸福は表裏一体で、より合わせた縄のように交互にやってくるということ。**類** **吉凶は糾える縄の如し／沈む瀬あれば浮かぶ瀬あり**

画餅飢えを満たさず

絵に描いた餅は腹を満たさない。

画餅に帰す

考えたり計画したりしたことが、実際の役に立たず無駄になる。絵に描いた餅

亀の年を鶴が羨む

千年の寿命をもつ鶴が、万年の亀をうらやましがる。欲に限りのないこと。

鴨が葱を背負って来る

好都合であること、おあつらえむきであること。

粥腹も一時

わずかなものでも、一時しのぎになること。

枯れ木も山の賑わい

枯れ木も山に趣を添える程度には役立つ意から、つまらないものでもないよりはましだということのたとえ。**類** **蟻も軍勢**

眼光紙背に徹す

書を読んで、文面の奥にある深い意味まで見抜く。

肝胆相照らす

たがいに心の底まで打ち明けて親しくつきあう。

歓楽極まりて哀情多し

喜びや楽しみが極まると、かえって悲しみの情がわく。

冠履を貴んで頭足を忘る

本来大切にすべきことを軽んじて枝葉末節を重んじる。

奇貨居くべし

珍しい品物は、あとで大きな利益が得られるだろうから買っておくとよいという意から、得難い好機は逃さず利用しなければならないというたとえ。

騎虎の勢い

やりかけた物事を、行きがかり上途中でやめることができなくなること。

帰心矢の如し	ふるさとや家に帰りたいと思う気持ちが非常に強いこと。
貴賤の分かつところは行いの善悪にあり	人の尊卑は、行いの善悪により決まるものであり、身分や地位によって決まるものではない。
橘中の楽しみ	橘の実を割ると、その中で二人の仙人が碁を楽しんでいたという故事から、将棋や囲碁をする楽しみのこと。
伽羅の仏に箔を置く	良いものをよりいっそう良くすること。
窮鼠猫を嚙む	弱者も逃げられない窮地に追い込まれれば強者に反撃をして苦しめる。
胸襟を開く	思っていることをすべて打ち明ける。
喬木は風に折らる	高い地位の人ほど、他人からねたまれて失脚することが多い。
錐の嚢中に処るが若し	錐の先が袋から突き出るように、才人は隠れていてもいつか真価を現す。
麒麟も老いては駑馬に劣る	どんなに才能があっても、年齢を重ねて衰えると平凡な人にも及ばなくなる。
気を吐き眉を揚ぐ	喜びを爆発させているさま。気勢を上げているさま。
錦上に花を添う	美しい錦の布の上に、さらに美しい花を飾るという意。美しいものに、さらに美しいものを添えることや、喜ばしいこと、めでたいことが重なることのたとえ。
禽鳥百を数うると雖も一鶴に如かず	たくさんの雀の鳴き声でも、鶴の一声にはおよばない。
金箔がはげる	上辺だけの飾りがとれて、隠れていた実質・本性が現れる。
金蘭の契り	きわめて親密な交わり。
金を山に蔵し、珠を淵に蔵す	黄金も真珠も本来の場所に置くこと。物欲を離れた清廉さ。
薬の灸は身に熱く、毒な酒は甘い	ためになる苦言は聞きづらく、お世辞は耳に快いものである。
轡の音にも目を覚ます	用心深く、油断のないたとえ。仕事が身についた習性。

轡を急にしてしばしば策うつ者は千里の御に非ず

いつもがんばりすぎていては、長丁場には耐えられない。

靴を隔てて痒きを掻く

物事が思うようにならず、歯がゆいことのたとえ。

国に諫める臣あればその国必ず安し

君主の政治や行為を諫める臣下があれば、その国は安泰である。

窪き所に水溜まる

条件の備わったところには、それに応ずるものが自然に集まること。善悪いずれにも用いる。

蜘蛛の子を散らす

大勢が四方に散りぢりになって逃げていくこと。

鞍掛け馬の稽古

実際には役に立たない無駄な修行のたとえ。

車を借る者は之を馳せ、衣を借るものは之を被る

借りたものは、一般に粗末に扱われる。

君子庖厨に入るに忍びず

君子は生を憐れむ気持ちが強いので、殺生がおこなわれる台所に近づくのは忍びない。

鶏群の一鶴

凡人の中に優れた人が一人だけまじっていること。

怪我の功名

失敗と思われたこと、なにげなくやった事が、意外によい結果になること。

袈裟と衣は心に着よ

袈裟を身につけただけでは信仰とはいえない。それらを心の上につけることで、はじめて真の仏道信仰になる。外見よりも中身が重要だということ。

類 **頭剃るより心を剃れ**

芥子の中に須弥山あり

芥子の粒のように小さな人間の中にも一つの世界がある。

外面似菩薩、内心如夜叉

顔は菩薩のように優しいが、心は夜叉のように険悪で恐ろしい。

喧嘩両成敗

喧嘩や争いをした者を、理非を問わないで双方とも処罰すること。

□ **鯉の滝登り**（こいのたきのぼり）
立身出世をめざして勢いよく進むこと。

□ **紅旗征戎我が事に非ず**（こうきせいじゅうわがことにあらず）
大義名分をもった戦であろうと自分には関係ない。

□ **巧詐は拙誠に如かず**（こうさはせっせいにしかず）
巧みに偽りごまかすのは、拙くても誠意があるのに及ばないということ。

□ **香餌の下必ず死魚あり**（こうじのもとかならずしぎょあり）
よい匂いの餌の下には必ず死んだ魚がかかっているように、利益の影には必ず危険がある。

□ **好事魔多し**（こうじまおおし）
良いことには邪魔が入りやすい。

□ **浩然の気を養う**（こうぜんのきをやしなう）
何事にもとらわれず、広く大きな気持ちを持つこと。「浩然の気」は、もともとは天地間にみなぎる万物の活力や生命力の源となる気。

□ **黄泉の路上老少無し**（こうせんのろじょうろうしょうなし）
死は年齢に関係なくおとずれるということ。

□ **口中の雌黄**（こうちゅうのしおう）
雌黄は誤字を塗り消すのに用いられた顔料で、自分の言説の誤りを訂正することのたとえ。

□ **紺屋の白袴**（こうやのしろばかま）
紺屋が忙しさのあまり自分の袴を染められないことから、他人のことに忙しく、自分のことには手が回らないことのたとえ。「紺屋」は「こんや」、「白袴」は「しらばかま」とも読む。**類** **医者の不養生**

□ **虚仮の後思案**（こけのあとじあん）
愚かな者は、必要なときに知恵が出ず、事が過ぎてから考えが浮かぶものである。

□ **孤掌鳴らし難し**（こしょうならしがたし）
人間は一人だけでは生きられないこと、事をなしとげられないこと。

□ **胡蝶の夢の百年目**（こちょうのゆめのひゃくねんめ）
晩年に人生を振り返った時に、夢であったかのように思うこと。

□ **事が延びれば尾鰭が付く**（ことがのびればおひれがつく）
長引くと余計なものが付け加わり面倒になる。

□ **言葉に鞘がある**（ことばにさやがある）
言葉にどこか真実とは思えないところがある。

□ **子供の喧嘩に親が出る**（こどものけんかにおやがでる）
つまらない争いごとに当事者以外が出てきて、余計なことをする。

虎豹は其の爪を外にせず

優れた才能を持つ人は、その才能をひけらかすことはしない。

采薪の憂い有りて朝に造るあたわず

病気になって薪も取れず、参内もできないという、自分の病気をへりくだっていうこと。

采配を振る

陣頭に立って指図をする。指揮する。采配をとる。

鷺は洗わねどもその色白し

生まれついたものは変わらない、変えられないこと。

鷺を烏と言いくるめる

白い鷺を烏と言い張ることから、明らかに間違っていることを、正しいと主張して無理矢理押し通すこと。「鷺を烏」とも言う。**類 鹿を指して馬となす／白を黒と言いくるめる**

桜三月、菖蒲は五月

桜の見頃は三月、菖蒲の見頃は五月。それぞれの花の見頃のこと。「桜三月」は「花は三月」ともいう。

酒は天の美禄

美禄は酒の美称。禄には上から下に賜るものという意味がある。

栄螺に金平糖

たがいに角を突き合せて理屈を並べ、自説を譲らない者を皮肉った言葉。

錆に腐らせんより砥で減らせ

能力を無駄にせず、精一杯を出し切って生きなさいということ。

三軍も帥を奪うべし、匹夫も志を奪うべからず

大軍であってもその総大将を討ち取ることができるが、たとえ身分の低い男でも意志が堅ければその志を変えさせることはできない。

秋刀魚が出ると按摩が引っ込む

秋刀魚が出回る秋になると、気候もよく食欲も出て元気になり、按摩が不要になること。「さんま」「あんま」の語呂合わせ。**類 柚子が色づけば医者が青くなる**

自家薬籠中の物

自分の薬箱の中にある薬のように、自分の思うままに使える物、または人。

敷居を跨げば七人の敵あり

社会に出て活動すれば、多くの敵ができるものである。

至貴は爵を待たず

本当に貴い者には爵位など必要ない。

地獄の沙汰も金次第

地獄の裁きも金を出せば有利になる。世の中のことはすべて金の力で思うままにできるということのたとえ。

☐ 獅子身中の虫
獅子の体内に寄生する虫が獅子を死なせてしまうことから、仏の教えを受けながら、仏教に害をあたえる者のたとえ。また、味方が内部から害をあたえたり、裏切ったり、恩を仇で返したりすること。

☐ 死屍に鞭打つ
死んだ人の言動や行いを非難する。

☐ 爾汝の交わりを結ぶ
たがいに「きさま」「おまえ」などと呼び合えるほどの親密な交わり。

☐ 児孫のために美田を買わず
子孫に財産を残すと、子孫の自立心をそぎ、あまやかすことになるので、財産は残さないということ。

☐ 私聴すれば耳をして聾せしむ
都合の良い話だけを聞き、不都合な意見には耳を貸さないこと。

☐ 漆喰の上塗りに借金の目塗り
しっくいの上に塗ってもはげるのと同様に、借金もその場はしのげても解決にはならない。

☐ 失策は人にあり、寛恕は神にあり
失敗するのは人、許すのは神。過ちは人の常、許すは神の業。

☐ 篠を乱す雨
激しい雨に風が加わって荒れるさま。

☐ 死は或いは泰山より重く或いは鴻毛より軽し
「泰山」は中国山東省の名山。「鴻毛」は鴻の羽毛。命を重んじて大切にすべきときと、潔く投げ捨てるべきときがあるということ。

☐ 自慢の糞は犬も食わぬ
自慢する人はだれも相手にしない。

☐ 霜を履んで堅氷至る
物事の兆候が現れれば、やがて大事がくるということ。

☐ 釈迦に宗旨なし
すべて釈迦の教えなのだから、宗派同士の争いなどは無意味である。

☐ 杓子で腹を切る
できるはずがないこと、また、形式だけのことをするたとえ。

☐ 喋る者は半人足
口が達者な者は半人前の働きしかできない。

☐ 修身斉家治国平天下
天下を治めるには、自分の行いを正しくして家庭をととのえ、次に国家を治め天下を平和にすべきである。

☐ **重箱の隅を楊枝で穿る**

重箱の隅についたものを楊枝でほじくって食べるように、とるに足らない細かいことまであげつらって口うるさく言うこと。重箱の隅をつつく。「楊枝」は「楊子」とも書く。

☐ **戎馬を殺して狐狸を求む**

小さな利益のために、大きな犠牲を払う。

☐ **愁眉を開く**

心配事がなくなり、ほっとした顔つき。

☐ **竪子ともに謀るに足らず**

知恵の浅い者には、大事なことについて話しても意味がない。

☐ **出藍の誉れ**

弟子がその師よりもすぐれていること。

☐ **駿馬痴漢を乗せて走る**

美人がつまらない男と結婚することのたとえ。世の中思うようにいかないこと。

☐ **正直貧乏横着栄耀**

正直者はその正直さゆえ貧乏なのに対し、ずる賢い者は成功して栄える。世の中の仕組みは不合理だということのたとえ。

☐ **猩猩は血を惜しむ、犀は角を惜しむ、日本の武士は名を惜しむ**

だれにでも大切にして守り抜くべきものがある。

☐ **小智は菩提の妨げ**

うわべだけの浅はかな知恵のある者はそれが妨げとなり、悟りを開くことができない。

☐ **知らぬ神より馴染みの鬼**

たとえどんな相手でも、疎遠な人より慣れ親しんだ人のほうが良いということ。

☐ **芝蘭の室に入るが如し**

立派な人と付き合うと、自然とよい影響を受けるというたとえ。

☐ **深淵に臨んで薄氷をふむが如し**

危険な立場にあることのたとえ。

☐ **尋常の溝には呑舟の魚なし**

小さな溝で舟を飲み込むような大魚を見ることはない。小さなところからは大人物は生まれない。

☐ **人生字を識るは憂患の始め**

人は字を覚え学問に励むようになることで悩みや疑問を感じるようになる。無学のほうが気が楽であるということ。

身体髪膚之を父母に受く
人の身体はすべて親から恵まれたものであるから、傷つけずにいるのが孝行の始めである。

身体は芭蕉の如し、風に従って破れ易し
芭蕉の葉は大きければ破れ易すく、幹に芯もない。人間の体も同じようなもの。この身体は借りものであり、儚く消えゆくものということ（だから大事にしなければならない）。

錐刀を以て太山を堕つ
錐のような小さな刃物で、大きな山を切り崩す。微力で大敵に向かっても効果がないことのたとえ。

頭巾と見せて頬かぶり
上辺だけ立派で、中身はお粗末であること。

井蛙は以て海を語るべからず
見識の無い人に、道理を説いても理解できない。

正鵠を射る
物事の本質や急所を正確につくこと。

正鵠を失わず
「正鵠」は、的の中心にある黒い点。矢が的の中心に命中することから、物事の要点、核心をつくことのたとえ。
類 **正鵠を射る**

盛徳の士は乱世に疏んぜらる
立派な徳を持つ人は、乱世においては除け者にされるということ。

赤貧洗うが如し
非常に貧しくて、全てを洗い流してしまったように何も持っていないこと。

積善の家には必ず余慶あり
善い行いをしている家は、必ず子孫に幸福がおとずれる。

雪駄の裏に灸
長居する客を帰らせるまじない。

千丈の堤も蟻穴より崩る
少しの不注意や油断から大事になること。

先祖の屋敷を茄子畑
先祖から受け継いだ財産を子孫がすっかり失うこと。

栴檀は双葉より芳し
「栴檀」は香木の名で、白檀のこと。白檀は双葉のころから芳香を放つ意から、大成する人は幼いときから人並みはずれてすぐれているというたとえ。**類** **鳳凰は卵の中にして超境の勢いあり**

先鞭を著ける
人より先に馬に鞭を打って走らせることから、だれよりも先に物事に着手すること。

創業は易く守成は難し

新たに事業を興すことよりも、それが衰えないように維持していくことのほうが難しいということ。

糟糠の妻は堂より下さず

「糟糠」は米かすと米ぬかのことで、粗末な食べ物を表す。貧しいときから苦労を共にしてきた妻は、成功して富貴になってからも大切にするべきであるということ。

素麺で首くくる

素麺で首をくくれないことから、簡単な仕事もできないこと。

蕎麦の花見て蜜を取れ

何事も時機をみて行えということ。

蕎麦の花も一盛り

どんな人でも年ごろになると、それなりの魅力が出てくるということ。

損せぬ人に儲けなし

損をする覚悟がなければ、大きな儲けもできない。

大海は芥を択ばず

海は何でも受け入れることから、度量が広くどんな人物でも受け入れることのたとえ。

大海を耳掻きで測る

大きい力に小さい力で対抗する。狭い考えで大きな問題を推し量る。

大姦は忠に似たり

大悪人は自分の本性を巧みに隠して、まるで忠臣のようであること。

大行は細謹を顧みず、大礼は小譲を辞せず

大きなことを成し遂げようとする場合、些細なことにこだわる必要はないということ。

大山も蟻穴より崩る

大きな山も小さな穴からしだいに崩れる。少しの油断がもとで大きな災難を招く。

大道廃れて仁義有り

道理が自然に行われていた昔は、道徳は必要なかった。世の道理が失われ、仁義をことさらに唱えるようになった。

大は小を兼ねるも杓子は耳掻きにならぬ

大きい物は小さい物の役目を果たすが、すべてがそうというわけではない。

鷹匠の子は鳩を馴らす

子供は見よう見まねでいつの間にか親の仕事を覚えるようになること。

沢庵のおもしに茶袋

効果がないこと。

叩くに小を以てすれば、則ち小鳴す

小さく叩けば鳴る音も小さい。

棚から牡丹餅	棚の下で寝ころんでいたら上から落ちてきた牡丹餅が開いていた口に入ったという意から、苦労せずに思いがけない幸運に恵まれること。
旅の犬が尾を窄める	家では威張っているのに、外では意気地がなくなる。
環の端無きが如し	いつまでも巡り巡って、終わるところのないたとえ。
玉の輿に乗る	女性が身分の高い人やお金持ちの人に見初められ、妻となること。
矯めるなら若木のうち	悪い癖や欠点は若いうちに直さないと、手遅れになることのたとえ。
田も遣ろう、畔も遣ろう	可愛がっている者に考えなく何もかも与えること。
断じて行えば鬼神も之を避く	断固とした態度で行えば鬼神でさえもその勢いに気おされて避けて行くということから、強く決心して断行すれば、どんなことも成功させられるということ。
澹泊の士は必ず濃艶の者の疑うところとなる	欲のない人は、欲深い人から必ず疑われるということ。良いことでも他人に疑いをもたれるほど表に出してはいけない。
智者は未だ萌さざるに見る	知恵のある者は先が見えるので、何かが起こる前にわかる。
蜘蛛が網張りて鳳凰を待つ	力の弱い者が大きな力を持った者に立ち向かう。無謀な大それた計画。
茶殻も肥になる	捨てるような物でも使い道はある。まったく役に立たない物は世の中にない。
中流に舟を失えば一瓢も千金	つまらない物でも時と場合によって価値がある。
寵愛昂じて尼になす	親が娘を愛おしむあまり、いつまでも嫁にやらないで、ついには尼にしてしまうこと。かわいがることも度が過ぎれば、かえって本人のためにならないことのたとえ。
朝菌は晦朔を知らず	朝菌(朝生えて晩には枯れるきのこ)は晦(つごもり)や朔日(ついたち)を知らないこと。命の短くはかないことのたとえ。

☐ 長鞭馬腹に及ばず
大きな力があってもどうすることもできないことがあること。また、大きすぎるのも役に立たない。

☐ 頂門の一針
急所をついて痛烈に戒めること。急所を押さえた教訓。

☐ 直諫は一番槍より難し
目上の人に意見することは、敵陣に一番で突入するより難しい。

☐ 珍客も長座に過ぎれば厭われる
珍しい客でも、長居をしすぎると嫌われる。

☐ 付け焼刃は鈍りやすい
一時しのぎの知識や技はすぐに底が割れてしまう。

☐ 爪の垢を煎じて飲む
優秀な人の爪の垢を飲みでもして、その人にあやかるように心がける。

☐ 泥中の蓮
悪い環境の中でもそれに影響されずに、清らかさを保っていること。「蓮」は「はちす」とも読む。

☐ 轍鮒の急
「轍鮒」は、轍にできた水たまりであえいでいる鮒。生きるか死ぬかという差し迫った危機に瀕することのたとえ。

☐ 手前味噌を並べる
自分で作ったもの、自分のしたことを自らほめること。自慢すること。

☐ 天機洩漏すべからず
重要な機密はけっして外に漏らしてはならない。

☐ 点滴石をも穿つ
根気よく続けていけば小さな努力でも最後には成功する。

☐ 天は尊く地は卑しくして乾坤定まる
高い者と低い者、それぞれが役割を果たせば社会はうまくいく。

☐ 天網恢恢疎にして失わず
天が張った網は一見目が粗いようだが、悪人を漏らすことはない。悪事を働いた者には必ずその報いがあるということ。**類** 天網恢恢疎にして漏らさず

☐ 豆腐にかすがい、糠に釘
手応えや効果がまったく無い、無意味なこと。

☐ 桃李もの言わざれども下自ら蹊を成す
桃やすももは何も言わなくてもその綺麗な花や実に人々が惹かれることで自然と道ができるように、徳のある人物の下へ世の人々が慕い集まる様子のこと。

☐ 蟷螂ひじを怒らして車轍に当たる
力のない者が身の程もわきまえずに強敵に立ち向かい、無謀な抵抗をすること。

☐ 歳寒(としさむ)くして松柏(しょうはく)の凋(しぼ)むに後(おく)るるを知(し)る	人の真価はつらいときこそ初めて知られる。
☐ どじょう汁(じる)に金鍔(きんつば)	取り合わせの悪いものの代表。鰻に梅干し、など。
☐ 塗炭(とたん)の苦(くる)しみ	泥や火の中にいるような、ひどい苦しみ。
☐ 虎(とら)に翼(つばさ)、獅子(しし)に鰭(ひれ)	強いものが有利な条件を得て、ますます強くなること。
☐ 虎(とら)の能(よ)く狗(いぬ)を服(ふく)する所以(ゆえん)のものは爪牙(そうが)なり	虎が犬を服従させられるのは、強力な爪と牙があるからである。
☐ 鳥窮(とりきゅう)すれば則(すなわ)ち啄(ついば)む	弱者も追いつめられれば大胆に打って出る。
☐ 鳶(とんび)が鷹(たか)を生(う)む	平凡な親が優秀な子を生むこと。
☐ 鳶(とんび)に油揚(あぶらあ)げをさらわれる	突然横から大事な物を奪われること。
☐ 直(なお)きを友(とも)とし諒(まこと)を友(とも)とし多聞(たぶん)を友(とも)とするは益(えき)なり	正直な人、誠実な人、見聞豊かな人を友人にするのは有益である。心なく口先だけ達者な人を友とするのは損である。人間は交わる友や環境によって変わるということ。
☐ 梨(なし)の皮(かわ)は姑(しゅうとめ)に剝(む)かせ、柿(かき)の皮(かわ)は嫁(よめ)に剝(む)かせ	梨の皮は薄く、柿の皮は厚くむくのがよい。何事も適不適があること。
☐ 茄子(なすび)の花(はな)と親(おや)の意見(いけん)は千(せん)に一(ひと)つも仇(あだ)はない	茄子の花は咲くとすべて実をつけるように、親が子を思ってする意見は必ず役に立つ。
☐ 七皿食(ななさらく)うて鮫臭(さめくさ)い	思う存分に食べたあとで、まずいと文句を言うこと。**類** 下種の誇り食い
☐ 難波(なにわ)の葦(あし)は伊勢(いせ)の浜荻(はまおぎ)	その土地によって物の名前や習慣などは違うこと。
☐ 鍋釜(なべかま)が賑(にぎ)わう	生活に欠かせない鍋と釜が揃うことから、暮らし向きが豊かで楽な状態になること。
☐ 難(なん)に臨(のぞ)みて兵(へい)を鋳(い)る	争いが起こってから急いで武器を作ることから、事が起こった後にあわてて準備をしても間に合わないことのたとえ。

握れば拳、開けば掌

手を握れば他人を殴る拳になり、手を開けば他人をなでる掌になることから、たとえ同じ物であっても、心の持ちようでいかようにも変わるということ。

鶏の肋骨を惜しむ

それほどの値打ちはないが、捨てるには惜しいもののたとえ。

人間は実が入れば仰向く、菩薩は実が入ればうつむく

人は地位が上がり、裕福になると高慢で尊大になりがちだが、稲は実るほどに穂先を垂れて謙譲の態度となる。「菩薩」は「米」の別名。

人間万事塞翁が馬

塞翁という老人の馬が、幸運と不運を交互にもたらしたことから、人生の幸・不幸は転々として予測できないということ。単に「塞翁が馬」とも言う。

盗人猛猛しい

盗みをはたらいたものが、ふてぶてしい態度をとったり居直ったりするさま。

塗箸で素麺を食う

塗箸はつるつるすべって素麺を挟みにくいことから、物事がうまくできず、まどろっこしいことのたとえ。

濡れ手で粟

濡れた手で粟をつかむと粟粒がたくさんくっつくことから。楽をして多くの利益を得ること。類 一攫千金

猫も杓子も

なにもかも全て。だれもかれも。

能事畢わる

自分のやることはすべて終わった。すべきことは全部した。

嚢中の錐

袋の中に入れた錐は、すぐに袋を破って先が出てくることから、才能ある人は大勢の中にあっても自然とその才能が現れ、目立つものだということ。

蚤の息も天に上がる

蚤のような弱小のものでも、努力を続ければ何事もなしとげることができる。

蚤の眼に蚊のまつげ

非常に小さい物のたとえ。

暖簾に腕押し

暖簾を押しても何の抵抗もないことから、少しも手ごたえがないことのたとえ。類 糠に釘

這えば立て、立てば歩めの親心	子供がはいはいをすれば、次は早く立って欲しいと思い、子供が立てば今度は早く歩いて欲しいと思う、子の成長を待ちわびる親心のこと。
掃き溜めに鶴	つまらない所に似合わぬ優れたものや美しいものがあること。
破鏡再び照らさず	壊れた鏡はもとのように映したりしない。壊れたら元には戻らない。
莫逆の友	気心が通じ合っている親友。
莫逆の交わり	たがいに争うことのない非常に親しい間柄。
化けの皮が剝がれる	隠していた素顔や本性が現れる。
箸にも棒にも掛からぬ	何のとりえもないこと。どうしようもないこと。
裸で柚子の木に登る	無謀・無茶なこと。柚子の木はトゲが多くて裸で登るのは困難であることから。
白駒の隙を過ぐるが若し	白馬が走り去るのをすきまから覗き見るように、月日の流れは早い。
八朔は婿の泣き節供	八朔（はっさく）は農家の行事。非常に忙しくなるため、主要な働き手である婿にはあまり嬉しくない行事。
腹の皮が張れば目の皮が弛む	腹が満たされると自然と眠くなる。
腹は立て損、喧嘩は仕損	腹を立てれば損をし、喧嘩をしても損をする。怒りは抑えたほうが良い。
晩学といえども碩学に昇る	年をとってから勉強を始めたとしても、深く学問を修めることは可能だということ。
盤根錯節に遇いて利器を知る	人は苦労して初めて力量や価値がわかる。
磐石の安き	とても堅固で安定していること。並外れて安定しゆるぎのないことのたとえ。
万緑叢中紅一点	大勢の男性の中に一人だけ女性がいること。
卑下も自慢のうち	上辺で謙遜していても、それを美徳として自慢している。

菱蔓ほど子ができる
多数の枝分かれをする菱のつるほど子ができること。

肘鉄砲を食わす
誘いや申し出などをはねつける。

飛鳥尽きて良弓蔵れ、狡兎死して走狗烹らる
捕まえる鳥がいなくなれば良い弓も捨てられ、兎がいなくなれば猟犬も食われる。

羊を亡いて牢を補う
羊を失ってから囲いを修理する。失敗した後で慌てて悔い改める。

匹夫も志を奪うべからず
身分の卑しい人間であっても、志を持っている者なら、それを動かすことはできないこと。人の志は軽んじてはならないということ。

人の頭の蠅を追うな
他人の世話を焼くよりも、自分のことをしっかりしろということ。

人は尭舜にあらず、何ぞ事々によく善を尽くさん
人の能力には限界があるのだから、伝説の聖天子のように一人ですべてを兼ね行うことはできないということ。

人を犯す者は乱亡の患いあり
他人を力でどうにかしようとする者は、そのむくいが自分に及び、乱れて亡びることになるということ。

人を呪わば穴二つ
人に害を与えれば、自分にかえってくるものである。穴二つは、他人と自分の墓穴のこと。

百尺竿頭に一歩を進む
すでに言い尽くしたうえでさらに説くこと。努力を尽くしたうえに、さらに尽力すること。

百年河清を俟つ
黄土で濁る黄河の水が澄むのをいくら待ってもむだであることから、見込みのないものをいつまでも待つことのたとえ。

氷炭相容れず
氷は火で溶け、炭火は水で消えることから、性質が正反対で合わないことのたとえ。

瓢箪から駒が出る
「駒」は馬のこと。瓢箪から馬が出るような、ありそうにないことが現実になること。冗談が実現すること。

瓢箪に釣り鐘
物の大小や軽重などがひどく違うこと。

蛭に塩
蛭に塩をかけると縮んでしまうことから、恐ろしいものや苦手なものの前で縮み上がるようすのたとえ。類 青菜に塩／蛞蝓に塩

枇杷が黄色くなると医者が忙しくなる	枇杷が黄色く熟す初夏には病人が増えだすため医者が多忙になる。
貧賤の知は忘るべからず、糟糠の妻は堂より下さず	貧しかったときの友人を忘れたり、苦労をともにした妻を追い出すようなことをしてはいけない。
貧賤も移す能わず	貧しくなったからといって生き方を変えることはない。
富貴にして故郷に帰らざるは、繍を衣て夜行くがごとし	出世しても故郷に帰らなければ、これを古い知人に知らせることができない。
富貴も淫する能わず、貧賤も移す能わず	出世したからといって心を乱されることもなく、貧しくなったからといって生き方を変えることはない。
夫婦喧嘩は犬も食わぬ	夫婦喧嘩の原因はつまらないものや小さいものであり、すぐに仲直りするから仲裁に入る必要はないということ。
河豚好きで灸嫌い	死ぬおそれもある河豚を好み、健康のことなど少しも考えず灸も嫌いなこと。
覆轍を踏む	覆轍は前の車が転倒した跡。先人の失敗をなぞる。
武士は食わねど高楊枝	武士は貧しくて食事ができなくても、腹一杯食べたかのように楊枝を使って見せる。武士の体面を重んじる気風を表した言葉。また、やせがまんすること。「楊枝」は「楊子」とも書く。
筆を誤りて蝿を作る	失敗を上手に処理して逆にうまく仕上げること。
船に懲りて輿を忌む	船でひどい目に遭った人が、同じ乗り物であれば輿でも嫌う。
芙蓉の顔、柳の眉	ハスの花のように美しい顔と、柳のように美しい眉のことで、美人のこと。
文章は経国の大業にして不朽の盛事なり	文章は国を治めるための重要な事業であり、永久に朽ちることのない盛大な仕事である。

☐ 蚊虻牛羊を走らす

カやアブのような虫が、牛や羊のような大きな動物に集まり、かゆさで走らせること。転じて、小さなものが大きなものを制すること。小さなものでも油断していると、それが原因で大きな災いを引き起こすことがあるというたとえ。

☐ 下手な按摩と仲裁は初めより悪くなる

下手な按摩や下手な仲裁をすると、かえってこじらせてしまうということ。

☐ 下手な鍛冶屋も一度は名剣

長年同じことをしていれば、一度はよい仕事ができることもある。

☐ 鳳凰群鶏と食を争わず

鳥の王者である鳳凰は鶏の群れに混じって食べ物を争わないことから、俗界を超越していること。

☐ 蓬莱弱水の隔たり

遠い隔たりがあること。東の果てにある蓬莱と、北の果てにある弱水に遠い隔たりがあることから。

☐ 北辰其の所に居て衆星之に共う

北極星が動かず、ほかの星がその周りを回って付き従うように、君主が徳をもって治めれば、人民が心から帰服するようになるということ。

☐ 輔車相依る

頬骨と下あごの骨が互いに頼り合っていることから、両者が互いにもちつもたれつの関係にあること。利害関係が深いことのたとえ。

☐ 牡丹に唐獅子、竹に虎

とりあわせがよいこと。絵柄として調和しているもの。

☐ 骨折り損の草臥れ儲け

努力のかいもなく効果が上がらず、疲れだけが残る。

☐ 洞が峠を決め込む

有利な方へ味方しようと形勢を見守り動かぬこと。

☐ 法螺と喇叭は大きく吹け

嘘をつくならすぐ嘘とわかるような大きなほうが悪意がなくてよい。

☐ 惚れた腫れたは当座のうち

相手に惚れて夢中になっているのは、恋の初めのときだけである。

☐ 煩悩の犬は追えども去らず

煩悩は人につきまとい、飼い犬がまといつくように離れない。

☐ 負け犬の遠吠え

負け惜しみを言うこと。弱い人物が陰口を言うこと。

□ 負け相撲の痩せ四股
負けた後に強がっても、少しも力強さを感じない。

□ 纏まる家には金もたまる
団結できる家族（組織）なら金も自然とたまる。

□ 学びて厭わず、教えて倦まず
学ぶことも人に教えることも嫌になることはない。

□ 眉に唾をつける
眉に唾をつけると狸に化かされないという俗信から、だまされないように用心する。

□ 身から出た錆
刀身から出た錆がその刀を腐らせることから、自らの犯した悪行が原因で自らを苦しめること。自業自得。
類 **刃の錆は刃より出でて刃を腐らす**

□ 微塵積もりて山となる
塵のようなごくわずかなものであっても多数集まれば山となること。小さなことでも蔑ろにすべきではないということ。

□ 水到りて渠成る
水が流れると、自然に掘り割りができるように、条件が整えば、物事はおのずとできあがるということ。学問を積んでいけば、自然に徳が備わる、成就することのたとえ。

□ 御簾を隔てて高座を覗く
ぼんやりとしてはっきりと認識できず、歯がゆいこと。

□ 味噌漉しで水を掬う
いくらやっても無駄なこと。

□ 三たび諫めて聴かざれば則ち退く
三度いさめても聞き入れてもらえないのであれば身を退けたほうが良い。

□ 蓑笠を着て人の家に入らぬもの
濡れた蓑や笠を着て家に入ると、水滴で汚してしまうから外で脱いでから入れということ。

□ 蓑作る人は笠を着る
作った人は使わずに、他の人が使う。

□ 蓑になり笠になる
風雨をしのぐ蓑となり、日差しをさえぎる笠となるようにかばうこと。

□ 六日の菖蒲十日の菊
菖蒲は5月5日の端午の節句に、菊は9月9日の重陽の節句に必要で、その一日おくれで手に入ったものは意味がないことから、必要なときに間に合わず、役に立たないことのたとえ。

□ 昔とった杵柄
若い頃に身につけた米つきの技量は年をとっても衰えないことから、昔磨いたもので、今も自信のある技術や腕前。

□ 葎の雫、萩の下露
人間も日々の小さな行いを積んでいくことが大切だということ。

□ 盲亀の浮木、優曇華の花
非常に珍しいことのたとえ。

□ 勿怪の幸い
思いがけない幸福、想像もしなかった幸運。

□ 元の鞘に収まる
一時絶交または離縁していた者が、再びもとの関係に戻る。

□ 桃栗三年柿八年、柚は九年の花盛り
何事も年月がかかることから、辛抱強くいなさいということ。

□ 貰うものは夏も小袖
貰える物なら役に立たなくてももらう。欲深いこと。

□ 門前雀羅を張る
「雀羅」は雀を獲る網。門前で群れ遊んでいる雀を網で捕らえられるくらい閑散としている。訪れる人もなく、さびれていることのたとえ。**類** 閑古鳥が鳴く／**対** 門前市を成す

□ 薬餌に親しむ
病気がちなようす。病弱なさま。

□ 焼け木杭に火がつく
一度燃えたことのある棒は再び火がつきやすいことから、過去に関係のあった間柄は再度関係を結びやすいということ。特に男女の仲について用いられる。

□ 野に遺賢なし
すぐれた人物はすべて国に登用されて民間に残っていない。人材が国に集まって正しい政治が行われ国家が安定していることのたとえ。

□ 藪をつついて蛇を出す
余計なことをして、かえって災難をまねくことのたとえ。

□ 闇夜に烏雪に白鷺
闇夜の烏や雪の中にいる白鷺のように、見つけにくいこと。見分けにくいことのたとえ。「闇夜に烏雪に鷺」とも言う。

幽谷より出でて喬木に遷る
低位から高位に昇ることを望む。出世を望むこと。

幽明境を異にする
「幽明」は、明るいことと暗いこと。転じて、あの世とこの世。死に別れること。**類** **幽明処を隔つ／幽明相隔てる**

歪み木も山の賑わい
つまらないくだらないものでも、ないよりはまし。役立たずでも数いれば賑やかである。

湯の辞儀は水になる
熱い湯も譲り合っていると冷めて水になってしまう。遠慮もほどほどに。

弓は袋に太刀は鞘
弓は弓袋に刀は鞘に収まる。世の中が平和であることのたとえ。

楊枝を一本削ったこともない
細工仕事に不慣れであること。不器用なことのたとえ。

楊柳の風に吹かるるが如し
柳が風を受け流すように適当にあしらうこと。逆らわないこと。

欲の熊鷹股裂くる
欲張ると良いことはない。

葦の髄から天を覗く
細い葦の茎の管を通して天井を見て、それで天井の全体を見たと思い込むこと。

世渡りの殺生は釈迦も許す
生活のために動物を捕まえるなどの多少の無慈悲は仕方ないということ。

洛陽の紙価を高める
著書が好評を博して盛んに売れること。晋の左思が「三都賦」を作ったとき、人々が争って書写したため紙が品薄になり、洛陽の紙の値段が高騰したという故事に基づく。**類** **洛陽の紙価貴し**

梨花一枝春雨を帯ぶ
美しい人が悲しむ姿のたとえ。

李下に冠を正さず
人から疑われるようなことは避けるべきである。

六親和せずして孝慈あり
六親（親子、兄弟、夫婦）の間が不仲になると、孝行や慈悲が必要となる。孝慈が持ち上がるときは六親の仲が悪い証である。

理屈と膏薬は何処へでも付く
膏薬を体のどこにでもつけられるように、理屈もどこにでももっともらしくつけられるものだということ。

立錐の余地もない
大勢集まって、少しのすきまもない。

溜飲を下げる
腹立たしい気持ちがすっとすること。

柳下恵は飴を見て老人を養う物とし、盗跖は錠を開けるに良き物とす
柳下恵（りゅうかけい）は徳の高い人物。盗跖（とうせき）は盗賊。その人によって見方は変わるものである。

梁上の君子
泥棒、盗賊。ねずみを言うこともある。

両天秤を掛ける
二つのものを比較する。対立するもの両方のどちらを選んでも損がないようにする。

良禽は木を択ぶ
賢い鳥が良い木を選んで巣を作ることから、賢い臣下は自分が仕える君主をよく選んで士官するということ。
類 良禽は木を相（み）て棲む

瑠璃の光も磨きがら
瑠璃も磨かないと輝かない。素材が良くても努力を怠れば大成しない。「瑠璃」は「瑠璃」とも書く。

礼儀は富足に生じ、盗窃は貧窮に起こる
豊かさから礼儀が生まれ、貧しさから盗みが生じる。

蠟燭は身を減らして人を照らす
自分自身を顧みず他者のために尽くすことのたとえ。

魯魚の誤り
似通った字を書き間違える。写し間違えること。

賄賂には誓紙を忘る
わいろに目がくらんで誓いを忘れること。

山葵と浄瑠璃は泣いて誉める
良質のわさびは辛くて涙が出る。浄瑠璃も泣かされるものが良い。

破れ鍋に綴じ蓋
壊れた鍋にもそれに合った蓋がある。どんな人にもふさわしい相手がいる。

矢印の方向に引くと、取り外せます。→